ANTONIO OLINTO

MEMÓRIAS PÓSTUMAS DE UM IMORTAL

João Lins de Albuquerque

antonio OLINTO 90 anos de paixão

memórias póstumas de um imortal

cultura

Rua Pimenta Bueno, 324
03066-000 – São Paulo – SP
Fone: (11) 2894-5100
Fax: (11) 2894-5099

sac@editoradecultura.com.br
www.editoradecultura.com.br

Primeira edição: dezembro de 2009

Impressão:	*5ª*	*4ª*	*3ª*	*2ª*	*1ª*
Ano:	*13*	*12*	*11*	*10*	*09*

Dados Internacionais de Catalogação na Publicação (CIP)
(Elaboração: Aglaé de Lima Fierli, CRB-9/412)

A31a Albuquerque, João Lins
Antonio Olinto: 90 anos de paixão. Memórias póstumas de um imortal / João Lins de Albuquerque. – São Paulo: Editora de Cultura, 2009.
320p; il.; 16x23cm. (Brasil Memória).

ISBN : 978-85-293-0132-7

1. Olinto, Antonio – Memórias. 2. Literatura brasileira – Poesias. 3. Literatura brasileira - Romances. 4. Olinto, Antonio – Memórias. I. Título. II. Série.

CDD - B869.8092
920

Índice para Catálogo sistemático

Antonio Olinto : Literatura brasileira : Memórias	B869.8092
Literatura brasileira : Cultura brasileira : Crítica literária	B869.09
Bibliografia : Antonio Olinto : Literatura brasileira	B869. 09
Cultura brasileira : História : Literatura	981.064

Este livro é um tributo a Antonio Olinto,
por sua luta em defesa da Língua Portuguesa
e das culturas brasileira e africana

JLA

No escritório em sua casa, onde era cercado de livros, obras de arte e estatuária africana

foto: Marco Rodrigues/Acervo ICAO

A memória vence o tempo,
e só na memória palpita
uma possível imortalidade.

Marcel Proust

A memória é a ressurreição.

Michelet

Um país sem memória está morto.

Antonio Olinto

Para minhas queridas filhas Adriana e Katrin.
E para Brita Maria, mulher, amiga e companheira.

1954: AO em sua mesa de trabalho no Ministério da Viação e Obras Públicas, no mesmo cargo ocupado por Machado de Assis.

foto: Acervo ICAO

A PAIXÃO E A POESIA

Só a paixão e a poesia
conseguem abrir caminho
no meio das letras soltas
que não formaram palavras
e pendem de corpos nus.

Só a paixão
rompe o silêncio
e rasga o nada
em que tudo se transforma.

Só a poesia
diz alguma coisa
grita um grito
que entra na carne
e pousa no ventre.

Só a paixão e a poesia
Voltam a juntar as letras.

Antonio Olinto

Nota da editora

Este livro vinha sendo carinhosamente preparado para comemorar os 90 anos de Antonio Olinto e deveria ter sido lançado em maio de 2009 na Academia Brasileira de Letras.

Ao longo da coleta das entrevistas, que durou cerca de seis meses, o jornalista João Lins de Albuquerque me ligava com frequência para relatar a última do escritor.

– Imagine que ele vai dar uma palestra no interior do Ceará e, para chegar, vai viajar não sei quantas horas de jipe.

Na verdade, ele estava emendando um programa em outro, aproveitando uma conferência dada na Bahia. Ficara mais perto do ouvido dos cearenses, era só tomar o avião, depois o jipe...

Triiiiiiiimm!

– Você pode não acreditar, mas o nosso amigo vai desfilar DE NOVO na Sapucaí!

E no domingo, 22 de fevereiro, lá estava ele, saudando o público no carro alegórico da Mocidade Independente de Padre Miguel, ao lado de Cícero Sandroni, fazendo eco ao samba-enredo *Clube literário – Machado de Assis e Guimarães Rosa... Estrelas em poesia!* Decerto havia gostado da experiência inaugural, dois anos antes, nas hostes da Mangueira, com Domício Proença Filho, Ivan Junqueira e outros acadêmicos .

Apaixonado pela prosa animada de Antonio Olinto, salpicada de personagens incríveis e de citações extraordinárias, e sendo ele mesmo um *conversationist* de talento, João havia começado a pensar numa entrevista-livro com o escritor ainda em 2008. Bastou falar com Olinto para se iniciar a execução do projeto.

O velhinho, que nada tinha de velhinho, era mesmo um azougue. Com seus olhos de azul profundo, ia antevendo possibilidades, criando missões e executando tarefas sem atraso, lado a lado com os compromissos da agenda regular – era escritor profissional e escrevia profissionalmente suas colunas, crônicas e artigos com total disciplina. E, sendo crítico literário, havia por trás de sua quota diária de palavras um bom tempo de leitura e reflexão.

E assim ele foi entremeando palestras, leituras, negociações para criação de bibliotecas em comunidades carentes do Rio de Janeiro, frequência às reuniões da Academia, idas e vindas para prestigiar lançamentos, aberturas de exposições e eventos culturais com que preenchia sua vida, viagens e ... claro, as manhãs dedicadas às entrevistas com João.

Às vésperas de cair doente, com a inseparável Beth a acompanhá-lo, Antonio Olinto dedicou a Quarta-feira de Cinzas ensolarada a posar para a câmera de outro de seus admiradores, o jornalista José Aparecido Miguel. O ensaio era para este livro, que tanto o estusiasmava. O Rio estava tão fotogênico e ele, tão bem nas fotos que apostei em sua pronta recuperação quando, no início da semana, soube de sua hospitalização. Estávamos abrindo março.

Comecei a perder a aposta quando houvemos por bem cancelar o lançamento de maio. Muita gente já estava envolvida com a festa, preparando discursos e imaginando como abrilhantar a celebração, já prelibando o prazer de ver abrir-se o sorriso gostoso de Antonio Olinto, que amendoava os olhos azuis. Seria em junho? Seria em agosto? Fomos segurando o livro, esperando que ele se levantasse para assinar os autógrafos. Precisava ser neste ano.

Agora, embora póstumas, estas memórias de Antonio Olinto serão festejadas. O público haverá de reconhecer nestas conversas o que distingue o literato do simples escriba. E, animando-se a ler sua obra-prima, *A casa da água*, constatará o quanto este imortal mereceu seu lugar na Academia e na história da literatura brasileira.

Um brinde a Antonio Olinto, que conquistou a eternidade aos 90 anos de sua intensa vida.

Mirian Paglia Costa
Editora

Antonio Olinto e Zora em Estocolmo

foto: Acervo ICAO

Em 2008, portanto, quase às vésperas das comemorações dos 90 anos de Antonio Olinto, a escritora e também acadêmica Nélida Piñon afirmou dele que se trata de um mestre: "Mestre da vida e da arte". Diante do vasto conjunto de sua obra de romancista, poeta, ensaísta, crítico militante e de sua vida intelectual e profissional como jornalista, editor, adido cultural etc., as palavras de elogio de sua confrade são, mais do que justas, insofismáveis.

Para atermo-nos a um único exemplo, citaremos o que os críticos consideram sua obra-prima, o romance intitulado *A casa da água*, de 1969, primeiro de uma trilogia, seguido por *O rei de Keto* e *Trono de vidro*. Esse mergulho na cultura da África, que sua atividade como diplomata e adido cultural naquele continente lhe permitiu conhecer em profundidade, consagrou-o internacionalmente. É o que se constata com as diversas versões do romance em uma vintena de idiomas, incluindo inglês, francês, espanhol, italiano, russo e sueco.

Segundo o crítico Wilson Martins, com o qual concordamos plenamente, "Antonio Olinto introduziu em nossa ficção a temática africana, (...) não o romance dos escravos que vieram para o Brasil, mas o dos seus descendentes, que, regressando aos territórios ancestrais, lá implantaram um prolongamento da civilização brasileira. Nessa linha de inspiração, *A casa da água* é não só o ponto alto da sua bibliografia, mas, sem dúvida, uma das obras-primas do romance universal".

Em 1994, recebeu o Grande Prêmio da Academia Brasileira de Letras como reconhecimento dos altos méritos intelectuais, não de uma obra apenas, mas do conjunto de sua obra.

O nome de outro livro seu, *Copacabana*, de 1975, batizou uma praia no Mar Negro por iniciativa do governo romeno, em vista do sucesso que ele alcançou nesse país.

Antonio Olinto: 90 anos de paixão, de João Lins de Albuquerque, obra que muito me honra prefaciar, é mais um reconhecimento a essa personalidade tão representativa de nossas letras, aqui e no exterior.

Cícero Sandroni
da Academia Brasileira de Letras

Introdução

"A vida é como pedalar uma bicicleta. Parou, caiu. Nunca pare de pedalar e pedale sempre com entusiasmo." Essas palavras, saídas da boca minúscula de Antonio Olinto, parecem ter o mesmo peso profético das falas dos apóstolos que querem salvar a humanidade. Pequeno, de meigos olhos azuis, ele caminha com passos curtos por seu apartamento sinuoso, abarrotado com livros e máscaras africanas. Atento a tudo o que se diz e pronto para responder a qualquer questão, Antonio Olinto somente divaga quando, hipnotizado, lança seu olhar para um dos dez quadros que, nas paredes de suas duas salas de estar, retratam a beleza e o grande amor de sua vida: a também escritora e jornalista Zora Seljan, sua musa e sua santa, sua mulher e companheira de todos os tempos, para a qual infinitas vezes tantos versos e tantos cantos dedicou:

> Ave Santa, Ave o que vai além do ser normal
> Ave a palavra que a santa diz
> Ave Zora na sua fé, no seu avanço
> além do necessário
> no rumo das tempestades, das montanhas e do sol,
> em breve chegou o tempo em que a santa
> completa em si compreendeu sua própria presença
> e começou a pôr as mãos sobre corpos sem dor

Poeta, escritor de contos, romances, ensaios, africanista, diplomata, professor, poliglota, palestrante, membro da Academia Brasileira de Letras e jornalista atuante, que há 70 anos publica crônicas diárias nos principais jornais do Brasil, Olinto é um monumento vivo da cultura brasileira. Um gigante do conhecimento, que armazena dentro de si imenso capital cultural. Seu lema de vida é abrir-se sempre num renovado nascimento. É gideano ao defender a teoria da disponibilidade: o evangelho da libertação de si mesmo. Para Olinto, o homem é solicitado, a cada instante, por um compromisso. A disponibilidade é, para ele, uma espécie de virgindade mental, que lhe permite sentir em todas as coisas a alegria nelas contida. Humilde, defende em poesia a crença no aprendizado contínuo:

> É preciso aprender tudo
> Novamente
> Dar o primeiro passo outra vez
> Pegar roupas sem nome ainda
> Num tateio

Enfiar as meias no pé direito
Depois no esquerdo
Calçar os sapatos
Como é difícil calçar os sapatos
Colocar um pano sobre o sexo
Cobrir o peito
Num longo reaprendizado
Até que a mortalha caia perfeita
E consigas reconhecê-la
No grito da criança
Rompendo livre o escuro ventre
Puxando o cordão preso no umbigo
Aprender de novo a usá-lo
No pulo da brincadeira
A cada morte é preciso
Abrir-se em
Renovado nascimento.

Predestinado a ser padre, escapou do sacerdócio "por vontade divina", assegura ele com um sorriso convicto, pousando a mão firme sobre a pequena estátua de seu patrono, o milagroso Santo Antônio. Incansável, traduz a vida como uma jornada do possível e do impossível, numa trajetória em que o amor, o entusiasmo e a esperança são as bagagens essenciais do viageiro. Um dos autores brasileiros mais consagrados de todos os tempos, Olinto alcança, com *A casa da água*, o momento culminante de sua notável obra de ficcionista. Essa epopeia olintiana, traduzida para mais de 20 idiomas, tem o mérito de ser um feito literário magistral por sua pujança documental e criadora, mas também por ressuscitar com "a força dos deuses" a África negra no Brasil, trazendo de lá – como ninguém o fez – a riqueza espiritual e a memória mais autêntica dos escravos, cujo sangue corre também em nossas veias.

Em Olinto, a vida sempre foi objeto de reflexão. Reflexão do homem perante o mundo, perante o enigma da vida, perante o passado, o presente e o futuro. É, nesse sentido, um proustiano tentando compreender o significado do tempo, embora com humildade reconheça que a única coisa que realmente existe é a eternidade incomensurável, sem princípio nem fim.

"O tempo é apenas uma criação dos mortais", diria ele, indicando, porém, com o dedo em riste, a imensa alegria que sente de viver todos os minutos e segundos dessa nossa existência temporal.

Que memórias temos nós do passado? O que podemos dizer de tudo o que ficou para trás? Qual o significado do presente? O que nos reserva o futuro?

Do alto de seus 90 anos bem-vividos, Antonio Olinto exibe memória cristalina como a água da cachoeira branca que cai solta sobre sua juventude no Piau, interior de Minas Gerais. Quando fala de sua infância e juventude, de seus dias de menino, sua fotografia do passado é espantosamente clara. O presente, captado por ele com uma resolução de imagem inequívoca, deve ser vivido com intensidade e alegria. O futuro – que se encontra nas mãos de Deus – já é amanhã mesmo, tão próximo de nós, na visão antecipadamente tranquila desse homem simples e crédulo, culto, competente e sobretudo modesto. Esse escritor que, ao lado de Jorge Amado, foi o que mais vezes figurou na lista brasileira dos candidatos ao Prêmio Nobel de Literatura.

Com a força assombrosa de seu verbo singular, Antonio Olinto, repensando tudo o que fez e deixou de fazer em quase um século de vida, sonha ainda com um Brasil mais justo e mais moderno. Um país onde nossa geração e a futura – dos mais jovens aos mais velhos – terão de usar total determinação no esforço de criar condições reais e imediatas para que toda a população possa participar do desenvolvimento e do progresso social do país – do pão à poesia.

"É preciso amar o mundo, a natureza, o homem. Para saber contar, é preciso amar a palavra", diz Olinto, convencido de que o destino da vida é a arte, e não a inevitabilidade da morte. "Até a estrela que morre continua iluminando o universo", diz. Para ele, nada no mundo tem existência tão real, tão verdadeira quanto as obras de arte. Como recordou o crítico e historiador da nossa literatura, Otto Maria Carpeaux, "a crítica desaparece, as filosofias mudam, as gerações humanas se extinguem; mas, quando o mundo um dia se incendiar como um farrapo de papel, então as obras de arte serão as últimas testemunhas vivas que entrarão na casa de Deus. Só então as trevas".

Escolhido na Bahia para ser ministro de Xangô no candomblé de Afonjá, Antonio Olinto figura ao lado de outras celebridades do cenário político, artístico e intelectual brasileiro, como Dorival Caymmi, Jorge Amado, Vinicius de Moraes, Gilberto Gil, Vivaldo da Costa Lima e Camafeu de Oxóssi, na defesa engajada dos cultos afro-brasileiros. Eles foram proibidos no Brasil até 1934 e liberados no primeiro governo de Getúlio Vargas. Antes, somente se contemplavam as manifestações religiosas dos negros brasileiros com punições e racismo.

A vida e a obra de Antonio Olinto, como a de outros grandes criadores da literatura mundial, saíram da terra, da lama avermelhada de Ubá, sua terra natal, onde a fazenda constituía a maior expressão do município e o cinema mudo de seu pai era o palácio dos sonhos da população, que deu figuras tão importantes quanto o compositor Ary Barroso. E é a partir de Ubá e do distrito de Piau, onde nasceu Áurea, sua mãe, que ele vislumbra os mais distantes pontos do universo, para mergulhar em seguida no território explícito de suas paixões e aventuras e tornar-se, simplesmente, "cidadão do mundo".

> "Era como se todas as ruas do mundo saíssem do Piau. Lá fui batizado, passei boa parte de minha infância e todos são meus parentes. O vilarejo só tem mil habitantes, mas todos somos primos!"

Ao recapitular sua infância na minúscula vila, na década de 1920, Olinto deixa clara a vontade de recordar um tempo em que a vida se limitava realmente a um jeito muito simples de viver, quando a infância era um período de inocência, numa Minas Gerais que talvez não se tenha perdido inteiramente.

> "Para mim, as memórias significam um longo processo de imersão no passado, cujo ponto preambular é a infância enquanto repositório das promessas irrealizadas, momento incorruptível da vida e dimensão inesgotável da existência."

Piau é sua projeção do passado e do futuro, seu exílio e sua redenção: é São Paulo, Rio, Lagos, Dacar, Abidjan, Londres, Sidney, Nova York, Paris, Roma, Genebra, Estocolmo, Sófia ou Bucareste, para citar apenas alguns dos horizontes transpostos pelo homem e pelo poeta. Autêntico mineiro da mata, Antonio Olinto Marques da Rocha, impulsionado pela sua própria capacidade criadora, pôs em prática a máxima de Tolstói: "Escreve sobre tua aldeia e serás universal!". E foi assim que ele desenhou o mapa de seu destino.

Defensor da necessidade da preservação da identidade brasileira, deixa clara a constante busca de um país que valorize seus costumes, suas tradições e sua cultura. Preocupado com a educação e movido por grande amor pelo Brasil, organiza a primeira exposição nacional de poesia sob a égide de André Malraux, dois dias após o término da Segunda Guerra Mundial, em maio de 1945. De sua ternura pela África e pelos escravos, que para lá partiram depois da Abolição, nasce a trilogia Alma da África, composta pelos romances *A casa da água*, *O rei de Keto* e *Trono de vidro*, obra extraordinária sobre a esperança de um continente de viver em liberdade, em paz com seus mitos, com seus deuses, com suas tradições. E, sobretudo, longe da colonização opressora e racista, dos grilhões, das torturas e das mais abjetas humilhações impostas através dos séculos aos filhos daquelas terras.

Mestre do viver, Antonio Olinto é um intelectual ativo e original, que, com sua arte, navega no tempo com a desenvoltura dos jovens e com o vigor dos que nasceram para os desafios. Não nasceu apenas para ser um dos maiores poetas e escritores brasileiros, mas também para transubstanciar-se em um dos mais eloquentes e apaixonados observadores destes tempos em que tivemos a felicidade (ou infelicidade) de viver. Maior ainda que o grande poeta, Olinto é sobretudo um perito da arte de viver e sobreviver.

Não foi maquinista de trem, conforme a arquitetura de seus sonho de menino, mas passou toda a vida viajando. Indo e voltando, atravessando as mais diferentes fronteiras e levando para os povos do mundo uma parte importante da cultura brasileira. E, tendo chegado aos 90 anos, em maio de 2009, teve a coragem de acenar ainda, resoluto, com a missão evangélica que abraçou, até o último dia de sua vida: "a defesa da cultura nacional e da língua portuguesa".

Para a realização deste trabalho, que registra alguns dos momentos mais significativos da vida, da produção literária e jornalística de Antonio Olinto, várias fontes foram consultadas: seus romances, seus livros de poesia, seus livros técnicos, cartas, arquivos pessoais, depoimentos, testemunhos, extensa bibliografia e, naturalmente, o próprio homem. O acesso à documentação pessoal do escritor, assim como a seleção de fotos constantes desta obra, deve-se à colaboração inestimável e paciente de Beth Almeida, editora-adjunta do *Jornal de Letras* e assistente de Antonio Olinto.

Viagem narrada do universo real e imaginário de Antonio Olinto, trata-se do relato franco e do enigma que, juntos, compõem o repertório que o leitor encontrará neste registro. É natural também que, por vezes, um fantasma ou outro do escritor aflore neste livro, pela associação imediata que possamos estabelecer entre o que dele se leu e o que dele se escuta. Porque Antonio Olinto não só domina a prosa e o verso: é um orador nato, um dos grandes narradores que já existiram. Não foi bastante ler Olinto para realizar esta obra. Foi necessário escutá-lo atentamente para colher, no calor presencial, detalhes mais íntimos de sua trajetória mágica e destemida pela vida. Foi a partir do depoimento vivo, colhido ao longo de seis meses, que chegamos ao resultado desta narrativa aberta e desafiadora, que não é e nem pretende ser uma biografia.

João Lins de Albuquerque

Antonio Olinto, registrado Antonio Olyntho Marques da Rocha, nasceu em Ubá (MG), em 10 de maio da 1919, filho de José Marques da Rocha e de Áurea Lourdes Rocha, e tornou-se imortal em 31 de julho de 1997, quando eleito para a Cadeira nº 8 da Academia Brasileira de Letras.

Depois dos estudos primários na cidade natal, ingressou no Seminário Católico de Campos (RJ), onde concluiu o curso secundário. Prosseguiu os estudos no curso de filosofia do Seminário Maior de Belo Horizonte (MG) e no Seminário Maior de São Paulo (SP). Tendo desistido de ser padre, foi durante dez anos professor de latim, português, história da literatura, francês, inglês e história da civilização em colégios do Rio de Janeiro. Publicou então seu primeiro livro de poesia, *Presença* (1949). Foi secretário do Grupo Malraux, tendo organizado a 1ª Exposição de Poesias, montada na Escola Nacional de Belas Artes, no Rio de Janeiro. Juntamente com sua atividade de professor, ingressou no setor publicitário e no jornalismo. Seu livro *Jornalismo e literatura* foi adotado em cursos de jornalismo em todo o Brasil. Da mesma época é seu livro de ensaio o *Diário de André Gide*.

Foi crítico literário de *O Globo* ao longo de 25 anos, responsável pela seção "Porta de Livraria", onde noticiava os principais fatos da vida literária e livreira, e colaborou em jornais de todo o Brasil e de Portugal. Convidado pelo governo da Suécia para as comemorações do Cinquentenário do Prêmio Nobel, em 1950, fez então conferências nas universidades de Estocolmo e Uppsala e entrevistou William Faulkner, Bertrand Russell e Per Lagerkvist. Em 1952, a convite do Departamento de Estado dos Estados Unidos, percorreu 36 estados norte-americanos, fazendo conferências sobre cultura brasileira. Poeta e ensaísta, sua obra está vinculada, cronologicamente, à Geração de 1945. Teve publicados na década de 1950 quatro volumes de poesia e dois de crítica literária.

Nomeado diretor do Serviço de Documentação do então Ministério da Viação e Obras Públicas pelo presidente Café Filho, em setembro de 1954, ali lançou a Coleção Mauá, de livros técnicos, promoveu exposições de pintura dedicadas a obras que privilegiassem ferrovias, estradas e os caminhos do mar – Salão do Automóvel, Salão Ferroviário, Salão da Estrada, Salão do Mar – e dirigiu a revista *Brasil Constrói*, redigida em quatro idiomas. Data dessa época o lançamento de mais de trinta concursos literários ligados a livros (exemplos: as melhores vitrines com livros, cartilhas, contos esportivos), culminando com o lançamento do Prêmio Nacional Walmap, considerado o pioneiro dos grandes prêmios literários do país.

Nomeado adido cultural em Lagos, Nigéria, pelo governo parlamentarista de 1962, em quase três anos de atividade fez cerca de 120 conferências na África Ocidental, promoveu uma grande exposição de pintura sobre motivos afro-brasileiros, colaborou em revistas nigerianas, enfronhou-se nos assuntos da nova África independente e, como resultado, escreveu uma trilogia de romances – *A casa da água*, *O rei de Keto* e *Trono de vidro* –, que recebeu o título geral de *Alma da África*. Eles estão hoje traduzidos para uma vintena de idiomas (inglês, italiano, francês, polonês, romeno, macedônio, croata, búlgaro, sueco, espanhol, alemão, holandês, ucraniano, japonês, coreano, galego, catalão, húngaro e árabe) e com mais de trinta edições fora do Brasil. Seu livro Brasileiros na África, de pesquisa e análise sobre o regresso dos ex-escravos brasileiros ao continente africano, tem sido, desde sua publicação em 1964, motivo de teses, seminários e debates. De 1965 a 1967 foi professor visitante na Universidade Colúmbia, em Nova York, onde ministrou curso sobre ensaística brasileira. Na mesma ocasião, fez conferências nas Universidades Yale, Harvard, Howard, Indiana, Palo Alto, UCLA (Califórnia, campus de Los Angeles), Louisiana e Miami. Escreveu uma série de artigos sobre a Escandinávia, o Reino Unido e a França.

Em 1968, foi nomeado adido cultural em Londres, onde desenvolveu atividade incessante, através de conferências e um mínimo de cem exposições ao longo de cinco anos.

Membro do PEN Clube do Brasil, ajudou a organizar três congressos do PEN Clube Internacional no Brasil: em 1959, 1979 e 1992. Passou a participar também das atividades do PEN Internacional, com sede em Londres, tendo sido eleito, no começo dos anos 1990, para o cargo de vice-presidente internacional. Na qualidade de *Visiting Lecturer*, deu cursos de cultura brasileira na Universidade de Essex, Inglaterra.

Dirigiu e apresentou os primeiros programas literários de televisão no Brasil, na TV Tupi, e em seguida nas TVs Continental e Rio. Fez conferências sobre cultura brasileira em universidades e entidades culturais em Tóquio, Seul, Sidney, Luanda, Maputo, Dacar, Lomé, Porto Novo, Lagos, Ifé, Warri, Abidjan, Tanger, Arzila, Buenos Aires, Lisboa, Coimbra, Porto, Madri, Santiago, Barcelona, Lion, Paris, Marselha, Milão, Pádua, Veneza, Bérgamo, Florença, Roma, Belgrado, Zagreb, Bucareste, Sófia, Varsóvia, Cracóvia, Moscou, Estocolmo, Copenhague, Aarhus, Londres, Manchester, Liverpool, Colchester, Newcastle, Edimburgo, Glasgow, St. Andrews, Oxford, Cambridge, Bristol, Dublin.

Conheceu, em 1955, a escritora e jornalista Zora Seljan, com quem se casou. A partir de então, os dois trabalharam juntos em atividades culturais e literárias. Quando Antonio Olinto foi crítico literário de *O Globo*, Zora Seljan assinava a crítica de teatro no mesmo jornal – às vezes, as duas colunas saíam lado a lado na página. Antes de os dois seguirem para a Nigéria, já Zora havia escrito a maioria de suas peças de teatro afro-brasileiras, das quais mais tarde, em Londres, uma delas, *Exu, cavaleiro da encruzilhada*, seria levada em inglês por um grupo de atores ingleses e norte-americanos sob a direção de Ray Shell, que participara de produção de *Jesus Christ Superstar*. Na Nigéria, Zora Seljan foi leitora na Universidade de Lagos. De volta da África, Antonio Olinto publicaria um relato de sua missão ali, *Brasileiros na África*, e Zora Seljan lançaria dois livros: *A educação na Nigéria* e *No Brasil ainda tem gente da minha cor?* Em 1973, os dois fundaram um jornal, em Londres e em inglês, *The Brazilian Gazette*, que durou mais de 15 anos.

Antonio Olinto e Zora Seljan foram eleitos para o Conselho Fiscal do Sindicato dos Escritores, em 7 de maio de 1997. Ela faleceu no Rio de Janeiro em 25 de abril de 2006.

Em 31 de julho de 1997, ele foi eleito para a ABL, na Cadeira nº 8, sucedendo o escritor Antonio Callado e sendo recebido, em 12 de setembro de 1997, pelo acadêmico Geraldo França de Lima.

Foi eleito para o cargo de diretor-tesoureiro nas gestões de 1998-99 e 2000. Nesse período, foi também diretor da Comissão de Publicações. Sob a sua direção, saíram 24 volumes da *Coleção Afrânio Peixoto*. Coordenou o seminário Monteiro Lobato: Meio Século Depois (1998) e o ciclo A Língua Portuguesa nos 500 Anos do Brasil (ABL, 1999), e participou do seminário A Língua Portuguesa em Questão (CIEE-São Paulo, 1999) e dos ciclos de conferências sobre Machado de Assis e Rui Barbosa (ABL, 1999).

Nos últimos anos, proferiu ainda conferências em seminários no Brasil e no exterior. A convite do governo português, em 2000, participou das Jornadas da Lusofonia, realizadas em Lisboa, Estocolmo, Gotemburgo, Lund e Copenhague.

Em 1998, voltou a circular o *Jornal de Letras* (nº 0 em agosto), sendo Antonio Olinto o editor-chefe dessa nova fase. Em setembro, no quadro das comemorações da Independência, a Embaixada do Brasil na Romênia inaugurou, em Bucareste, a Biblioteca Antonio Olinto.

Desde 1º de janeiro de 2001, vinha desempenhando as funções de diretor-geral do Departamento de Documentação e Informação Cultural da Secretaria das Culturas do município do Rio de Janeiro e, na sua gestão, inaugurou duas bibliotecas em comunidades carentes e assegurou a manutenção das 23 bibliotecas municipais em prédios fixos, além de dirigir o Museu da Cidade e o Arquivo Geral da Cidade.

Em 2002, foi eleito presidente da Comissão Nacional Organizadora do Centenário de Nascimento de Ary Barroso, que foi celebrado com várias comemorações pelo país e no exterior. Para homenagear o conterrâneo, Antonio Olinto lançou o livro *Ary Barroso, a história de uma paixão*, apresentado em várias capitais e em sua cidade natal, Ubá. Em paralelo ao lançamento carioca do livro, em 17 de julho de 2003, apresentou suas pinturas *naïves* no Shopping Cassino Atlântico.

Em 2004, ministrou na UniverCidade curso de doze conferências subordinado ao tema "Uma visão literária do Brasil, de Anchieta a Rachel de Queiroz". Por sua iniciativa, foi criado o Instituto Antonio Olinto e Zora Seljan, que recebeu o patrimônio cultural do casal, constante de duzentas esculturas de madeira da África, bem como de 15 mil volumes da biblioteca de ambos e de cerca de 5 mil fotografias ligadas à literatura brasileira.

Recebeu, pelo conjunto de obras, o Prêmio Machado de Assis, 1994, da Academia Brasileira de Letras, a mais alta láurea literária do Brasil. Em 2000, recebeu o título de Doutor *Honoris Causa* da Faculdade de Letras do Conjunto Universitário de Ubá (MG) e o Diploma de Excelência da Universidade Vasile Goldis de Arad (Romênia), pelo seu trabalho de difusão da cultura brasileira naquele país. Em 2003, inaugurou na Faculdade de Letras Ozanan Coelho, de Ubá, uma biblioteca de 34 mil volumes, que recebeu o seu nome. Em 2004, o Real Gabinete Português de Leitura do Rio de Janeiro outorgou-lhe o título de Sócio Grande Benemérito.

Até os últimos dias em que gozou de saúde, continuou militando pela criação de bibliotecas, dando palestras, comparecendo às reuniões de trabalho da Academia Brasileira de Letras e escrevendo. Um de seus derradeiros artigos, datado de janeiro de 2009, versou, como não podia deixar de ser, sobre a eleição de Barack Obama à Presidência dos Estados Unidos. No dia 28 de fevereiro, o *Jornal do Brasil* publicou sua última crônica, abordando um assunto de seu coração: a cidade natal e suas memórias. No caso, o vice-presidente José Alencar, conterrâneo de Ubá e prefaciador de seu livro sobre outro amigo de infância, Ary Barroso.

Sua obra é composta de poesia, romance, ensaio, crítica literária, dicionários e literatura infantil.

OBRAS

Poesia

Presença, Editora Pongetti, 1949 No dia
Resumo, Livraria José Olympio, 1954
O homem do madrigal, Livraria José Olympio Editora, 1957

Nagasaki, Livraria José Olympio Editora, 1957

O dia da ira, Livraria José Olympio Editora, 1959
The Day of the Wrath, tradução inglesa por Richard Chappel, edição Rex Collins, Londres, 1986

As teorias, Edição Sinal, 1967

Theories and Other Poems, tradução inglesa por Jean McQuillen, edição Rex Collins, 1972

Antologia poética, Editora Leitura, 1967

A paixão segundo Antonio, Editora Porta de Livraria, 1967

Teorias, nova e velhas, Editora Porta de Livraria, 1974

Tempo de verso, Editora Porta de Livraria, 1992

50 Poemas escolhidos pelo autor, Editora Galo Branco, 2004

Ave Zora, ave aurora, Instituto Cultural Antonio Olinto, Rio, 2006

Romance

A casa da água, Edições Bloch, 1969 / Círculo do Livro, 1975 / Difel, 1983 / Nórdica, 1988 / 5ª edição, Nova Fronteira, 1999

The Water House, tradução inglesa por Dorothy Heapy, edição Rex Collins, 1970
La maison d'eau, tradução francesa por Alice Raillard, Edição Stock, 1973
La casa del agua, tradução argentina por Santiago Kovadlof, Editorial Losada, 1973
Dom Nad Woda, tradução polonesa por Elisabeth Reis, edição Wydawnictwo Literackie, 1983
Dom Nad Woda, edição polonesa em braile, Polska Braille, 1985
The Water House, tradução americana por Carrol & Graff, 1985
Casa dell'acqua, tradução italiana por Sonia Rodrigues, Edição Jaca Book, 1987
Bophata Kyka, tradução macedônia, Macedônia Makepohcka Khnra, Skopje, 1992

O cinema de Ubá, Livraria José Olympio Editora, 1972

Copacabana, Coleção Biblioteca de Literatura Brasileira, Lisa, 1975

O rei de Keto, Ed. Nórdica, 1980

Le roi du Keto, tradução francesa por Généviève Leibrich, Edição Stock, 1983
Il re di Keto, tradução italiana por Sonia Rodrigues, Edição Jaca Book, 1984
The King of Keto, tradução inglesa por Richard Chapell, edição Rex Collins, Londres 1987
Kungen av Ketu, tradução sueca por Marienne Eyre, Edição Norsteds, Estocolmo, 1988

Os móveis da bailarina, novela, Edição Nórdica, 1985.

The Dancer's Furniture, tradução inglesa por C. Benson, Editora Nórdica, 1994
I mobili della ballerina, tradução italiana por Bruno Pistochi, L'Umana Aventura, 1986
Les meubles de la danseuse, tradução francesa, L'Aventure Humaine, 1986
Die mobel der tanzerin, tradução alemã, Humanis, 1987

Mobile Dansatoarei, tradução romena por Micaela Ghitescu, Edição Nórdica, 1994

Trono de vidro, romance, Editora Nórdica, 1987

Trono di vetro, tradução italiana por Adelina Aletti, Jaca Book, 1993

The Glass Throne, tradução inglesa por Richard Chapell, Sel Press, 1995

Tempo de palhaço, Editora Nórdica, 1989

Timpul paiatelor, tradução romena por Micaela Ghitescu, Editura Univers, Bucaresti, 1994

Sangue na floresta, Editora Nórdica, 1993

Alcácer-Kibir, Editora CEJUP, 1997

A dor de cada um (primeiro romance da "Coleção Anjos de Branco"), Mondrian, 2001

Conto

O menino e o trem, Editora Ao Livro Técnico, 2000

Ensaio

Jornalismo e literatura, MEC, 1955

O diário de André Gide, MEC, 1955

Dois ensaios, Livraria São José, 1960

Brasileiros na África, Edições GRD, 1964

O problema do índio brasileiro, Embaixada do Brasil em Londres, 1973

Para onde vai o Brasil?, Editora Arca, 1977

Do objeto como sinal de Deus, Riex, 1983

The Objects as a Sign from God, tradução inglesa por Ira Lee, Riex, 1983

O Brasil exporta (História da exportação brasileira), Banco do Brasil, 1984

Literatura brasileira, Editora Lisa, 1994

Letteratura brasiliana, tradução italiana por Adelina Aletti, Jaca Book, 1993

Scurt Istorie a Literaturii Braziliene (1500-1994), tradução romena por Micaela Ghitescu, Editora Allfa, 1997

Antonio Olinto apresenta Confúcio e o caminho do meio, Rio de Janeiro, Editora Bhum / Ao Livro Técnico, 2001

Ary Barroso, história de uma paixão, Mondrian, 2003

African Art Collection, tradução inglesa por Ira Lee, Londres, 1982

Artes plásticas

A invenção da verdade, Editorial Nórdica, 1983

A verdade da ficção, Cobrag, 1966

Cadernos de crítica, Livraria José Olympio Editora, 1958

Crítica literária

Ainá no reino do baobá, Editora Lisa, 1979

Literatura Infantil

Regras práticas para bem escrever, de Laudelino Freire (1873-1937), obra ampliada e atualizada por Antonio Olinto, Lótus do Saber Editora, 2000

Manual de estilo

Minidicionário poliglota, Editora Lerlisa

Minidicionário Antonio Olinto, inglês-português, português-inglês, Editora Saraiva, 1999

Minidicionário Antonio Olinto,espanhol-português, português-espanhol, Editora Saraiva, 2000

Minidicionário Antonio Olinto da língua portuguesa, Editora Moderna, 2000

Dicionários

Aos 5 anos, “Olintinho”, como sua mãe o chamava e ele mesmo assinava em cartas aos parentes.

foto: Acervo ICAO

Parte I Conversações com Antonio Olinto

1
O entusiasmo

Como chegou aos 90 anos com tanta energia? Porque não parei um minuto! Sempre trabalhei muito e nunca tive tempo para cultivar tédio, tristezas ou desesperanças. Sempre estive ocupado. Passei muitos anos encerrado dentro de seminários rezando, estudando latim e teologia. Imagine que desisti do sacerdócio aos 18 anos!

Noventa anos se passaram e nenhum sinal de cansaço, de tédio, de tristeza ou vontade de abandonar os sonhos. Qual o segredo de Antonio Olinto? O segredo é o entusiasmo diante da vida. Desde criança fui entusiasta do aprendizado. Queria saber tudo, descobrir tudo. Isso se acentuou de tal forma que noventa anos, francamente, não é nada. Hoje, aprendo coisas com o mesmo entusiasmo dos tempos de criança. Com quatro anos já lia normalmente. Precoce, era uma atração para as amigas de minha mãe. Quando se reuniam, me davam a revista *Tico-Tico* e eu lia, em voz alta. Elas então comentavam: "Nossa, ele lê mesmo!". Ler, entrar no mundo da leitura, era minha grande aventura de menino pobre, sem brinquedos. E desde aqueles tempos, nunca mais parei de ler. Sempre fiquei atrás de novos segredos, como um detetive alucinado: em busca de um novo livro, de uma nova história, de uma nova palavra. Meu objetivo era aprender o maior número possível de palavras. Com seis anos entrei no colégio. Depois me fizeram ler poesia no teatro. Cheguei no teatro li, decorei e recitei poesia. Tive um começo de vida tão ligado à palavra e à leitura, que aos seis anos já me considerava um veterano.

A leitura influenciou sua alma? Totalmente, o tempo todo.

E isso lhe trouxe felicidade? Imensa. Eu não podia deixar de ler. Era uma obsessão. Aos quatro anos sentia imensa alegria de ler. Claro que lia *Tico-Tico*, histórias em quadrinhos. Coisas simples, quase banais. Mas aquela leitura era, para mim, completa. Quando fiquei maior, comecei a ler os romances de minha mãe. Naqueles tempos, não havia nem novela de rádio. Televisão não existia. Por isso, as pessoas liam muito, viviam de histórias. Eu me lembro do *Soldado desconhecido*, publicação que jogavam por baixo da porta. Uma espécie de convite de assinatura. Você aceitava a primeira oferta gratuita e, depois,

5/07/1958. Recém-casados, Zora e Antonio Olinto batizando Kátia, filha de Amine e Yanko Seljan, irmão mais novo de Zora. D. Áurea Loures, mãe de Olinto, é a penúltima à direita da foto.

fotos: Acervo ICAO

1960: D. Áurea e José Rocha, os pais do escritor, entre Zora e Olinto.

Marciano e Amélia, os avós maternos do escritor.

pagava pelos próximos números. Quando comecei a ler *Soldado desconhecido*, não entendia bem a trama porque eram histórias de amor para adultos. Às vezes não compreendia as angustias do personagem. Sabia que moça chorava porque estava triste. Mas por que estava triste? Isso me fazia pensar, ampliar meu questionamento diante da vida. Portanto, até os romances lidos por minha mãe influenciaram minha formação. Aliás, Áurea, minha mãe, teve uma participação muito importante nesse meu interesse pela leitura.

A influência materna foi maior no menino e no homem Antonio Olinto do que a paterna? Em primeiro lugar, a presença de minha mãe era constante, contínua. Estava sempre ao meu lado, em Ubá ou no Piau, onde nasceu. No Piau, ficava com ela sozinho enquanto meu pai sumia nas viagens, com o negócio do cinema, que lhe dava o sustento. Todos os fins de semana me levava à missa na Igreja do Divino Espírito Santo. Me vestia e me obrigava usar sapatos. Não era normal, no Piau, menino usar sapatos. Era um arraialzinho, onde a criançada toda andava descalça. Mas, em dias de missa, ia todo arrumado para a igreja. Foi ela que me despertou também o interesse pela música. Na Igreja, sussurrava: "Preste atenção à música, Olintinho. Preste atenção à música". Eu devia ter uns 5 anos e nunca havia "prestado atenção à música". Foi ela, minha mãe, que me fez prestar atenção naquele coral, naquelas vozes femininas que inundavam de sons melódicos a Igreja do Divino Espírito Santo. Depois, já em casa, ela tentava me explicar o significado e a beleza dos hinos natalinos, a poesia e a importância da música.

Montanhas de Ubá

foto: Kaká Franco

E o pai? Meu pai, José Marques da Rocha, era outra coisa. Era mais "pão-pão, queijo-queijo". Era assim: "Você tem que ser macho, menino! Tem que ser homem!". E eu dizia: "Mas eu sou homem pai, ora essa!". E ele replicava: "Mas tem que agir como homem!". Meu pai era assim, mas era um bom homem. Seu casamento com minha mãe foi tranquilo. Eram felizes à sua maneira. Se respeitavam. No final da vida, ela ficou muito doente. A partir de então, nem ele e nem ela eram mais felizes. A doença é uma coisa horrorosa. Ela acabou sendo internada numa clínica, fora do Rio. Com a saúde bastante debilitada, minha mãe foi internada no dia 6 de novembro de 1968. Necessitava de soro e oxigênio. Desde então, permaneceu imersa no sono, até que no dia 8 voltou a si: era o dia de Nossa Senhora da Conceição. Lembro que fui visitá-la, com Zora, minha mulher. Ela veio assim, andando devagarinho, com passos miúdos, depois sentou-se com dificuldade e disse: "Meu filho querido; como vai, meu filho?". Eu disse: "Bem, mãe. Vou bem". Aí Zora me segurou pelo braço, com certa força, me puxando para o lado, tentando dizer algo e ela, então, protestou: "Não segura no meu filho desse jeito!". Imediatamente, Zora se recolheu para um cantinho e não mexeu mais no "menino" Olinto. Mesmo doente minha mãe queria ter, abraçar seu menino, sem interrupções. Eu fui com ela até o final da vida como o menino de Ubá, seu inseparável companheirozinho do Piau, de seus momentos de alegria e de solidão, de suas missas musicadas na Igreja do Divino Espírito Santo. Sempre tive uma ligação muito forte com minha mãe, muito mais do que com meu pai. Foi com ela que sempre me identifiquei. A criação de filho único garantiu-me dedicação exclusiva e a sensação gratificante de que eu,

foto: Portal ferias.tur.br

Piau em 2009:
a cidade da mãe de
Antonio Olinto.

para ela, era a figura mais importante do mundo. Minha mãe gostava de me exibir, como seu filho precoce e inteligente. Achava que eu tinha nascido para isso. Orgulhava-se de ter influenciado minha formação. Pensava que era normal que eu já lesse aos 4 anos de idade! Faleceu aos 76 anos e foi enterrada no cemitério de São Francisco de Pádua, no Catumbi. Depois, alguns anos após sua morte, consegui que seus restos mortais fossem transferidos para o Piau, onde repousa.

Então, já lia com 4 anos? Como aprendeu? Perfeitamente. Como filho único, tive o privilégio de ter uma babá analfabeta, pobrezinha, como muitas outras, na época. Minha tia Conceição chegou para a babá e disse: "Mafalda, você vai aprender a ler!". E arrumou uma professora. A babá, enquanto me segurava nos braços, seguia as lições da professora. E, eu, por tabela, comecei também a prestar atenção. Meses depois, a professora descobriu que a babá não tinha captado praticamente nada... "Mas, Mafalda, você não aprende nada, menina! Não sabe nada! Quer ver que o Olintinho sabe mais que você. Leia aí, Olintinho!". E eu li. Tinha aprendido a ler por acaso. Desde criança, prestava, muita atenção às coisas. Me alfabetizei nos braços da minha babá.

E quais as consequências dessa alfabetização precoce? Quando entrei para o colégio, a professora do primeiro grau me disse: "Você agora vai aprender a ler, mocinho. Está bem?". E eu respondi: "Eu já sei ler!". E ela retrucou: "Você já sabe ler, menino?". Eu disse: "Eu sei ler". "Então leia, aqui", disse ela. Eu li. E ela, surpresa, falou: "Você não pode ficar no primeiro ano". Chamou a diretora. "Este menino tem que ir para o segundo ano, ele já sabe ler!". Cheguei ao segundo ano e a outra professora disse: "Mas, menino, você já sabe ler e escrever?". E eu retruquei: "Sei". Então, eu escrevi e li um texto que ela me deu.

E qual sua reação? A professora, bastante surpreendida, resolveu adiantar meu futuro. Ela disse: "Então, rapazinho, você vai para o terceiro ano". E assim foi. Comecei no terceiro ano porque já, há muito tempo, tinha mergulhado no mundo da leitura, das palavras, das terminologias. Era um colecionador de palavras e estava na frente dos outros.

Colecionador de palavras? Exatamente. Em vez de passarinhos, selos ou borboletas, quando menino, colecionava palavras. Minha técnica era simples: primeiro eu descobria a palavra, depois escrevia a palavra e, em seguida, ficava lendo a nova palavra. Ao cabo de alguns anos, descobri que tinha um enorme capital de símbolos. E ao decifrar esses símbolos, comecei muito cedo compreender que quem entende as palavras, entende também a vida. Tem o mundo dentro da cabeça. No meu caso, quanto mais palavras habitavam meu cérebro, maior era o impacto na minha forma de pensar. Mais tarde, comecei a devorar dicionários. Lia três páginas de dicionário por dia. Naturalmente, todo esse capital de símbolos acabou afetando meu próprio futuro. Era normal que, depois acabasse professor, jornalista e finalmente escritor, profissões que exigem também disciplina, dedicação, energia, imaginação e, naturalmente, abundância vocabulário.

Mas, antes de tudo isso você optou por ser seminarista... Não. Não fui eu que optei. A história do seminário começa, em 1929, com a Crise da Bolsa de Valores de Nova York, que transformou-se numa depressão em nível mundial. Tivemos que apertar os cintos porque os efeitos da crise chegaram ao Brasil. Meu pai perdeu o emprego. O seminário foi uma tábua de salvação encontrada por minha mãe, num momento em que começamos a enfrentar as maiores dificuldades. Veja, fui para Campos dos Goytacases em 1930. Tinha então onze anos de idade e matriculei-me no Colégio Bittencourt. Fiz ali o exame de admissão e passei - com mérito em primeiro lugar – para cursar cinco anos ginasiais. Mas, justamente nessa época, meu pai estava sem emprego. Tinha ido a Bahia buscar trabalho, numa tentativa desesperada de recuperar-se da crise financeira. Faltava apenas um ano para a conclusão do ginasial quando minha minha mãe chegou perto de mim e disse: "Olintinho, nós não podemos continuar educando você. Esqueça o Colégio Bittencourt". Olhei para ela e disse: "Está bem, mãe". Ela continuou: "Compreenda uma coisa, seu pai está desempregado. Não temos dinheiro. Mas eu já resolvi o problema". Eu, surpreso: "Como?". E ela, tranquila, mas com determinação, revelou: "Você vai ser padre!". Mais surpreso ainda retruquei: "Padre? Eu? Nunca pensei nisso, mãe!". Ela continuou: "Sabe por que você vai ser padre, Olintinho? Porque tudo é de graça, meu filho, tudo! O ensino é de graça, a morada é de graça, a comida e os livros são de graça!

Do caderno de grego do escritor na época do seminário.

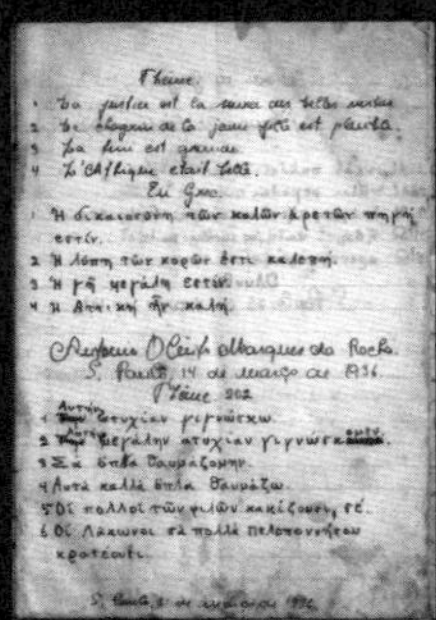

fotos: José Aparecido Miguel

Até a batina é de graça, queridinho.Você vai ou não vai ser padre, meu filho? Diga! Vai ou não vai?". E eu disse: "Vou!". Após me abraçar, rematou: "Você é um anjo, menino! Já falei com o bispo. Agora, ele quer conhecer você. Vai ter que falar com ele". E lá fui eu ver o bispo. Chegando lá, ele me fez algumas perguntas, inclusive sobre literatura. Em seguida, comunicou à minha mãe que eu estava "perfeitamente preparado para entrar para o seminário". O fato de minha mãe, Áurea, ser frequentadora assídua da igreja e participar praticamente de todos os eventos religiosos foi decisivo para garantir a concordância de D. Henrique César Fernandes Mourão. Após me sabatinar, D. Henrique chegou para minha mãe e disse: "O menino está bem preparado para iniciar seus estudos eclesiásticos. Vai começar no dia 3 de março. Leve-o para tirar as medidas no alfaiate, para a confecção de duas batinas. E pode providenciar também o enxoval". Assim, graças a minha mãe, entrei para o seminário e estudei sete anos sem gastar um tostão. Fiz todos os anos do ginásio, estudei filosofia e teologia. Tudo pago pelo bispado de Campos. Graças a Deus, minha mãe me salvou; caso contrário, seria mais um menino de rua, vivendo à toa nessa imensidão do Brasil. Minha mãe era uma mulher inteligente! E fez tudo isso na ausência de meu pai.

Recorda-se bem do seminário de Campos e dos momentos em que ali viveu? Recordo-me bem que o Seminário do Sagrado Coração de Jesus, em Campos, ficava nas terras da Usina Santo Antonio, numa antiga fazenda de cana-de-açúcar do século XIX, doada para a diocese. A casa-grande tinha uma escadaria no centro e quatorze janelas para cada lado. No subsolo ficavam as salas em que os seminaristas, em número de cem, naquela época, passavam suas horas de lazer. O mesmo prédio abriga hoje um asilo para idosos. Saudoso, um dia fui visitar meu antigo local de estudos. Levei um choque: estava tudo muito mal cuidado e nada parecia com o cenário bucólico em que vivi. Uma das freiras da instituição me advertiu também que os velhos ali internados eram capazes de me pedir dinheiro, esmolas: "Não dê nada, por favor! Não precisam de nada! Pedem por pedir". Mas, você sabe... Ao vê-los estendendo as mãos, acabei dando.

O que mais reviveu? Os rituais dos domingos... quando as missas eram mais solenes e a capela ficava cheia de gente da comunidade, tudo muito colorido. Lembro-me até mesmo dos textos para meditação, que eram mais alegres que os habituais. O tempo em que passei no seminário foi de inteira dedicação a Deus. Ficava lá o ano todo. Só ia para casa na época das férias. E não gozava de nenhum dos privilégios que um adolescente da época tinha: namorada, ir ao cinema, jogar futebol. No seminário a rotina era só estudar, rezar, dormir e comer. Um bedel fiscalizava sistematicamente o comportamento do seminaristas. Qualquer ligação maior era reprimida e as "amizades particulares", proibidas. Até quase 17 anos só fiz isso: estudar, rezar, ler e comer. Ainda bem que gostava imensamente de ler.

Mas se ocupou de outras coisas também. Não chegou a dar aulas no seminário? Ah sim! Mas isso era trabalho... Quando o bispo decidiu que não havia necessidade de os próprios padres darem aula aos alunos dos primeiros anos, os seminaristas "mais adiantados" foram autorizados a assumir essa função. Imagine que comecei a dar aulas aos 14 anos. Como era muito pequeno, tinha que subir num banquinho de madeira para que a classe pudesse me ver.

Suas primeira poesias começaram no seminário? Gostava de escrever sonetos, mas um dia o bispo ficou sabendo e me chamou: "Traz isso aqui, que eu quero ler!". Leu alguns versos e arregalou os olhos: "É, para sua idade não está mal. Mas não faça mais isso! Ou padre ou poeta. As duas coisas não andam juntas. Para ser bom padre, você não pode ser bom poeta. Para ser bom poeta, não pode ser padre. Compreendeu?". E eu disse: "Compreendi, sim senhor!".

Quando decidiu abandonar o seminário e por que desistiu do sacerdócio? Foi em 1936, depois de ter estudado filosofia e teologia, no Seminário Central do Ipiranga, em São Paulo. Ao concluir o curso, senti que já não estava mais seguro de que queria ser padre. Como seminarista jovem, sabia que, enquanto permanecesse sob a orientação de dom Henrique, nunca teria a coragem necessária para abandonar tudo. Foi então que aconteceu o milagre! A oportunidade surgiu, finalmente! Meu protetor e mestre recebeu ordem de transferir-se para a cidade paulista de Castelândia. Reconheci que era a hora oportuna! O próprio dom Henrique não se surpreendeu quando lhe comuniquei minha decisão. Disse que já esperava por isso. O mais difícil foi comunicar à minha mãe, mas acabei vencendo também essa etapa! Por que desisti do sacerdócio? Boa pergunta... Sempre gostei de escrever. Sentia que nascera para isso! Pensei muitas vezes em abandonar o seminário. Uma vez, numa ida a Teresópolis com o bispo, passei por um grupo de moças lindíssimas. Teve uma que piscou para mim. Meu coração disparou! Pensei: se for padre, vou perder tudo isso. Havia, sim, outros padres na família. Um primo que foi estudar no Vaticano – inteligente, mas fogoso – não aguentou tampouco o celibato. Largou a batina. Gostava mesmo era de fazer palestras para plateias de moças! Como vê, não tinha jeito... De uma forma ou de outra, eu também estava predestinado a não ser padre!

2
A estrada

Após ter deixado o seminário, que caminhos trilhou? Quando deixei o seminário de Campos, sai correndo atrás da vida. Entrei por uma nova estrada. A estrada da vida. Arrumei namorada. Frequentava a vida noturna. Comecei a ver, por exemplo, tudo que havia de teatro no Rio de Janeiro. Passei anos sem saber o que era teatro! No Rio, chegava a ver cinco ou seis peças teatrais por semana. Depois de ter passado por Belo Horizonte e São Paulo, onde estudei latim e filosofia, precisava aprender tudo no Rio, saber como o mundo realmente funcionava. Reinventava a vida.

Essa estrada foi difícil? Foi e não foi. Recordo que um dia antes de deixar o seminário, o bispo me chamou e disse: "Antonio, o mundo lá fora é cruel. Você vai mudar inteiramente de cenário. Terá que colocar à prova todos esses anos que passou aqui dentro, protegido, vivendo uma vida de padre. Prepare-se para enfrentar outro universo e que Deus o proteja". Mesmo com esse alerta, separei-me do convívio religioso com a firme determinação de descobrir o mundo. "Tinha que abraçar a realidade e essa façanha, mesmo que fosse difícil, teria que ser superada".

Roberto Campos, que foi senador e ministro, fez o seminário com Olinto. Ambos foram morar e lecionar no Rio de Janeiro nos anos 1940.

foto: Blog CopacabAna de Toledo

Tinha que reaprender a viver? Inteiramente. Era preciso rever tudo. E nesse rever tudo, descobri que era também homem de carne e osso e que gostava de mulher. Tinha 18 anos, a idade do amor! A idade de procurar o sexo oposto, de sair pela noite, ir a festas, de aprender o que não havia aprendido. Dar vazão aos meus instintos de jovem! Tinha que aprender a aproximar-me das mulheres, vencer a timidez e o medo do pecado carnal. Tive que reaprender a ver cinema, divertimento que adorava desde criança. Nunca vi um único filme no seminário! O último filme que vi, quando criança, no cinema de meu pai, era mudo. Quando fui ao cinema no Rio, levei um susto. Os filmes já eram todos falados. Saí do salão atordoado, porque achava o filme falado muito barulhento. O cinema mudo me fascinava porque se destacava pela beleza fotográfica das imagens e pela música tocada por uma "pessoa viva"! Depois, é claro, acabei me adaptando à nova realidade. Mas, no começo, preferia ir ao teatro, que era falado também, com a diferença que os atores eram de verdade. Manter namorada, trabalhar, se alimentar, ter onde morar, arrumar amigos, tudo isso eram grandes desafios. Mergulhar em tudo isso, repentinamente, aos 18 anos, não era tão fácil assim para quem saíra de um seminário.

Como sobreviveu nessa primeira caminhada? Dando aulas de latim. E isso me distraía muito, me dava grande prazer. Nós, do seminário, sabíamos latim até pelas orelhas, mas todo aquele pessoal de fora não sabia nada. Roberto Campos ensinava em um colégio e eu em outro. E nós, como professores de latim, acabamos ganhando um dinheirão na época, porque o ministro Gustavo Capanema tornou obrigatório o ensino da língua e colocou o latim nos quatro anos ginasiais. Às vezes, eu e o Roberto Campos, dávamos onze horas de aulas por dia. Havia pouquíssimos professores de latim no Rio de Janeiro. Era tanto trabalho que, praticamente todos os dias, revezávamos dando aulas. Percorríamos de bonde todos os pontos da cidade. Íamos de São Cristovão a Madureira, da Tijuca a Copacabana, passando em seguida para o Centro do Rio. Durante muitos anos dei aulas na Rua Gonçalves Dias, para alunos que queriam entrar no Colégio Pedro II. O trabalho aumentou ainda mais quando Roberto Campos passou, em

foto: Blog entretanto

Vinicius de Moraes quando Olinto o conheceu no Rio

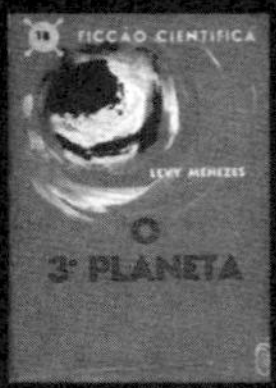

Capa do livro de Levy Menezes

Foto: Acervo ICAO

foto: Cartão postal Coleção particular

A Cinelândia nos anos 1950

quarto lugar, no exame do Itamaraty e me deixou sozinho lecionando. Um dia estava tão cansado que, numa curva, me desequilibrei do estribo e caí do bonde, diretamente numa poça d'água. Mas salvei os livros.

A época de 1940, então, era só trabalho para o jovem Olinto? Absolutamente. Durante os anos 40, fiz "mil coisas", no Rio de Janeiro. Além das aulas de latim, inglês, português, literatura, história e filosofia, militei na área publicitária e organizei programas para a rádio *Jornal do Brasil.* E, é claro – porque ninguém era de ferro –, frequentava junto com outros intelectuais o Vermelhinho, o bar da moda, diante da ABI, a Associação Brasileira de Imprensa. Conversávamos sobre literatura e política noite adentro. Discutíamos Kafka, Joyce, Proust, escrevíamos versos – tudo regado a cerveja!

E Malraux? E Maulraux, é lógico! Uma noite, por sugestão de Antonio Fraga, decidimos criar um grupo que batizei de "Grupo Malraux", dada a admiração que tinha por esse escritor francês. O grupo foi criado em 10 de maio de 1945, dois dias depois do fim da Segunda Guerra Mundial. Entre os primeiros a fazer parte do Grupo, lembro-me dos poetas Hélio Justianiano, Ernande Soares, Luciano Maurício, Aladyr Custódio e Marly Bueno. Além desses, Vinicius de Moraes, José Galdino e Levy Meneses juntavam-se a nós esporadicamente. No início de 1945, montamos uma "Mostra de Poesia". Chamamos essa mostra de "a mais original do mundo", pela forma inusitada em que decidimos expor os poemas: letras enormes, sobre telas emolduradas. Tudo isso na Escola Nacional de Belas Artes, que fazia parte do Museu Nacional. Lançamos também um livro intitulado *Desabrigo*, baseado numa narrativa escrita por Antonio Fraga e já conhecida de todos os frequentadores da Cinelândia! Criamos, para isso, a Editora Macunaíma, cuja sede funcionou numa salinha mínima na Rua São José, no centro da cidade do Rio. Os originais foram enviados a uma pequena gráfica na Praça XV e o dono só entregou os mil originais encomendados mediante o pagamento integral da quantia combinada. Tive que pagar com todo o meu salário que ganhei como professor durante mais de um mês! Fiquei liso, "durango kid"! O lançamento da obra deu-se, é claro, no

O grupo de teatro dedicado a André Malraux – abaixo, em foto clássica de G. Freund, 1935.

Vermelhinho. Mas foi muito difícil colocá-la nas livrarias. Para vender os livros, em plena rua, adotamos o modelo do "homem sanduíche". Fraga pendurou um cartaz em si mesmo, que dizia: "No Brasil, escritor morre de fome. Não deixe acontecer isso comigo. Compre meu livro!". E sabe que deu certo? Acho que as pessoas ficavam com pena do autor e compravam. (risos)

E por que esse fascínio por André Malraux? André Malraux significava, para nós, o equilíbrio entre a meditação e a ação. E o desejo de unir a ação à meditação pode ter sido a marca do nosso tempo. Possivelmente, a marca de 1945. Esse mesmo desejo que, talvez, tenha me conduzido à África, onde se acha uma das matrizes mais importantes da alma brasileira. Naturalmente, a escolha de seu nome estava ligada ao seu espírito combativo... Um espírito de vitória que levou a França a vencer o avanço da Alemanha nazista. Era um intelectual admirado em seu país e em toda a Europa e que teve ainda mais destaque quando tornou-se ministro da Cultura do presidente Charles De Gaulle. Malraux foi o primeiro ministro da Cultura do mundo! Ele foi virtualmente o primeiro intelectual a levar a cultura ao centro do poder num país democrático. Ao elevar a cultura a categoria de ministério, Malraux e a França produziram um impacto em todo o mundo, inclusive no Brasil. André Malraux acreditava na cultura como um fator determinante na "liberdade dos seres humanos". A cultura – dizia ele – sob todas as formas, de arte, de amor e de pensamento, através dos séculos, capacitou o homem a ser menos escravizado...

O que propõe Malraux? André Malraux foi um escritor e um homem de ação que serviu de suas experiências para interrogar a significação do próprio Universo e meditar sobre o enigma da vida. Na luta que o homem trava para superar a si mesmo, ele enfrenta outra realidade: a preeminência da arte. O homem – para Malraux – se supera através da criação artística. Seja escrevendo um poema, erigindo uma estátua, escrevendo um livro ou pintando um quadro. Nessa luta para se superar é que ele encontra a resposta final para uma "felicidade completa e duradoura". Isso tudo naturalmente, dentro da possibilidade de que a "felicidade" realmente exista. Ela existe na medida em que você acredita que ela existe. E isso – e não o pessimismo – faz com que possamos melhorar o mundo do lado de fora. Quem quer que leia os romances de Malraux não pode deixar de sentir a "nostalgia da grandeza" e da dignidade

foto: To Thailand.com

O templo de Angkor Wat, no Camboja, onde Malraux foi preso.

fotos: Divulgação

humana; a vontade do ser humano face ao destino de encontrar a razão de viver. Malraux é magistral ao nos sugerir que cada homem pode aprender a captar sua própria grandeza. Sua obra *A condição humana* é um verdadeiro tratado sobre esse tema! Malraux queria melhorar o mundo. Veja o que ele fez em favor das artes. Realizou coisas extraordinárias! Qualquer de nossos ministros devia ler a vida de André Malraux, principalmente durante o período em que serviu a pasta da Cultura no governo de Charles De Gaulle. Se esses ministros seguissem um décimo do que Malraux propôs, terão feito muito pelo Brasil!

Mas foi preso também como ladrão! (rindo muito) Ah, mais isso foi em 1923, quando ele tinha menos de 20 anos! Foi um episódio corriqueiro na sua vida de rapaz muito jovem, quando estava fazendo uma viagem de estudos em Phnom Penh, no Camboja. Ele removeu uma pedra – um *bas relief* – do templo de Angkor Wat e foi preso pelas autoridades coloniais, as mesmas que roubavam tudo do Camboja. Foi preso e em seguida liberado. Quando chegou à França, incorporou esse episódio no seu livro *La voie royale* (*O caminho real*). Depois disso, tornou-se um crítico feroz do colonialismo francês na Indochina e escreveu um livro arrasador, de grande impacto: *L'Indochine enchaînée* ("A Indochina acorrentada").

Como comenta esta reflexão de Malraux: "São precisos 60 anos, e não nove meses, para criar um homem". (rindo) Eu não seria tão exagerado! Eu diria que são precisos 30 anos. Com 30 anos, já passamos pela juventude, estamos saindo da "mocidade" e entrando na "idade do raciocínio". Do meu ponto de vista, eu corrigiria Malraux em 30 anos. De qualquer forma, ele tem razão: o amadurecimento vem com o tempo.

E esta: "A verdade de um homem é aquilo que ele esconde". É. Era um exagerado, nesse sentido! Acho que a verdade de um homem é aquilo que ele esconde e aquilo que ele proclama. É entre o esconder e o proclamar que o homem vai "arrumando" sua verdade; até chegar a uma certa idade para achar que alcançou toda verdade!

Ingmar Bergman e, nesta página, Paulo Coelho cumprimentando AO na sua posse na ABL.

A última. "Não há 50 maneiras de combater; apenas uma – a do vencedor". (rindo ainda mais) Mas é óbvio! Sem comentários. *No comments*!

Ao prefaciar o livro de José Luís Lira, *Antonio Olinto: brasileiro com alma africana*, Paulo Coelho escreve que você é um homem de extremos, que vai além dos seus limites. Mas assinala também que a estrada dos excessos leva ao templo da sabedoria. Não parece uma frase de Malraux? Paulo Coelho é um amigo generoso, que quer o bem das pessoas. Sempre trabalhei muito, mas nunca reclamei de meus encargos. Trabalhar não faz mal a ninguém. Outro dia, na Academia, duas moças e um cavalheiro me olharam e disseram: "Puxa, você chegou aos 90 anos!". E eu disse " Sim. Noventinha". Aí eles acrescentaram: "Mas, com essa cara?". E eu repliquei: "Com essa cara, como?". A moça finalizou: "Assim, interessado nas coisas!". Incrível. Ela acertara em cheio no alvo! O segredo é esse: interessar-se pelas coisas! E eu sou interessado em tudo! Como Paulo Coelho disse, com tanta poesia e propriedade: sou capaz de mergulhar no turbilhão da vida para extrair a essência. O interesse pela vida se revela no rosto das pessoas. Ao entregar-se de corpo e alma aos desafios da criatividade e do amor, você se torna feliz. Dessa forma, os momentos de infelicidade ou tristeza são menores, passageiros. Penso que o conhecimento, o trabalho e o amor são fontes da vida. Devem também governá-la. O trabalho do escritor é um dos mais difíceis, porque é um trabalho solitário, mas é igualmente gratificante. A literatura funciona também como uma droga liberalizante. Nesse sentido, Paulo Coelho tem razão ao me qualificar de "alquimista dos sonhos".

Ingmar Bergman, que tivemos a oportunidade de conhecer no Real Teatro Dramático de Estocolmo, em 1975, e que realizou um filme magnífico sobre a velhice, intitulado *Morangos silvestres*, afirmava que, quando moço, as ideias eram tantas que fervilhavam na sua cabeça. Depois de velho, contudo, aprendeu a controlar-se, evitando as inspirações súbitas, típicas da juventude. Depois dos 70 anos, sua preocupação era pautar-se pelo correto e valorizar mais a estética da vida. Concorda? Não. Tenho outra visão. Sou perfeitamente consciente de que não podemos controlar todos os processos que regem nossa existência. *Peer Gynt*, a peça de Ibsen, lembra isso: "Para trás ou para frente, é igualmente longe. Fora ou dentro, o caminho é igualmente estreito. É ali e tudo ao meu redor. Penso que saí, e estou de volta, bem no meio". Minha reflexão é que a vida é uma coisa só. Embora nossa existência se encontre rodeada de hostilidades, o trabalho honesto, a solidariedade, o amor pelo próximo, pelas artes, pela ciência, a meu ver, têm sido sempre e sempre serão os guias-mestres de nossas vidas. A vida, penso eu, está em constante movimento, sempre para a frente, nunca para trás. Ao mesmo tempo, no entanto, ela engloba o passado, o presente e o futuro. Se você conseguir manter o entusiasmo da juventude, você acaba aprendendo a separar as coisas "sem importância" daquelas que são fundamentais. Não basta pautar-se pelo correto se o indivíduo é infeliz, deixou de lado a alegria, que constitui a essência da vida! Dependendo do estado de espírito, não é necessário que uma pessoa fique velha para mudar. Se você, no bom sentido, aproveitar a juventude, fazendo aquilo que lhe dá prazer, você pode chegar ao final da vida sem temores, pode deixar-se analisar pelas pessoas, sem receios. E poderá também analisá-las, sem temores. Na vida, não basta apenas a experiência adquirida ao longo dos anos. De nada vale a experiência sem o entusiasmo interior. E o que é o entusiasmo? O termo quer dizer "ter Deus dentro de si". É a junção de duas palavras gregas *enthou–siasmós*, ou seja, exaltação ou arrebatamento extraordinário daqueles que, na Antiguidade, estavam sob inspiração divina. Então, quando você tem "entusiasmo" você tem Deus (*thous*) dentro de si. Foi isso que me salvou a vida inteira. Sobre tudo o que me debrucei, o fiz com entusiasmo.

foto: Agir/ Divulgação

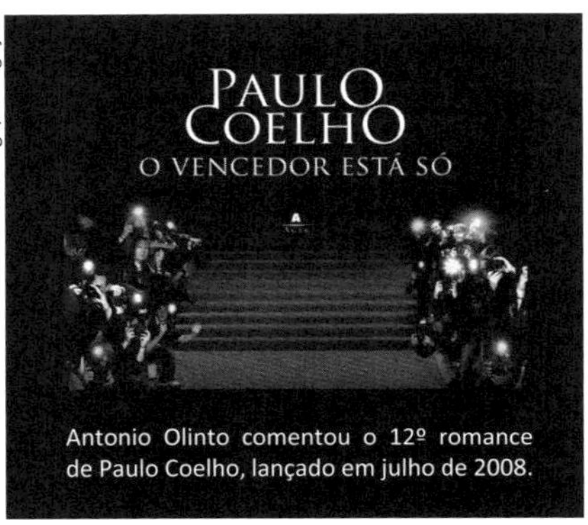

Antonio Olinto comentou o 12º romance de Paulo Coelho, lançado em julho de 2008.

Até mesmo quando escreveu suas colunas para a *Tribuna da Imprensa* ou para o *Jornal do Brasil*? Sempre escrevi a coluna da *Tribuna* ou a do *Jornal do Brasil* com o mesmo entusiasmo que tinha quando jovem. Outro dia, escrevendo sobre o novo livro de Paulo Coelho, *O vencedor está só*, tive um momento inusitado de alegria. Fiz aquela coluna com um prazer enorme, porque ele próprio é um entusiasta da vida. Ao não se ancorar em parâmetros da civilização mecanizada, descrente e autoritária, ele exteriorizou em seus romances uma importante dinâmica da vida: a fé. E sem a fé não se chega a canto algum! Desde quando começou a escrever, a crítica caiu em cima dele, alardeando que Paulo Coelho não sabia escrever. Português errado! Imagine se isso tinha qualquer importância! Paulo, que sempre teve um compromisso com a vida, com as pessoas, com Deus (seja qual for esse Deus!), é um grande escritor. Hoje, mais de 100 milhões de pessoas leem seus livros. Mesmo assim, segmento da crítica nacional continuou a classificá-lo como um "escritor nacional místico". Imagine que André Malraux, um dos maiores nomes da literatura francesa do século passado, respondendo, em 1980, a uma pergunta da revista *Le Nouvel Observateur* sobre como seria o novo romance internacional do século XXI, sem titubear, respondeu: "O romance do século XXI será místico, ou não será nada". Foi até um pouco baseado nessa visão de Malraux que comecei a defender as coisas místicas. E não fui só eu. O grande Josué Montello, nosso querido escritor do Maranhão, fez um pouco isso. Optou também pelo místico, sem qualquer constrangimento. Quando Paulo Coelho, que não era nenhum extraterrestre, cidadão de outro planeta, começou a escrever "romances místicos", o sucesso foi estrondoso, não só no Brasil, mas em todos os continentes. Ele dominou o mundo. Personalidades de todos os países querem, hoje, ler e conhecer Paulo Coelho. Mas muitos críticos no Brasil continuaram abstraindo-se da realidade.

Apesar da resistência, ele entrou para a Academia Brasileira de Letras. Como foi o processo? Ora, o processo é que nós o colocamos lá dentro. Eu e o Arnaldo Niskier fizemos tudo para defender a candidatura de Paulo Coelho. Sedutor como ele é, um dia – bem antes de ser eleito – chegou para mim e disse: "Olinto, tenho um livro novo. Quero lançar na Academia. É possível?". Eu disse: "É. Eu apresento a ideia numa de nossas sessões e, se eles não aprovarem, a gente briga e aprova". Foi aprovado. No dia do lançamento, no primeiro andar, ficou lá uma mesa solitária para ele autografar. Com o passar do tempo, já estávamos preocupados. Meia hora antes do horário marcado, a fila, que começou no primeiro andar, já havia invadido o piso do café e da livraria acadêmica, chegando ao térreo e, finalmente, para fora do prédio. E o pessoal da ABL perguntando: "Por que ele não chega?". Acalmei o pessoal: "Ele ainda tem tempo. Vai chegar". Quando ele chegou e viu aquela multidão, correu ainda para a última pessoa da fila e disse: "Eu sou Paulo Coelho. Muito obrigado por ter vindo". Subiu todos os andares, apertando a mão de cada uma das pessoas e repetindo seu agradecimento, como se fosse um *mantra*: "Eu sou Paulo Coelho. Obrigado por ter vindo". Uma pessoa da Academia falou: "É um louco. Já devia estar aqui há mais de meia hora para dar os autógrafos e, agora, mais essa!". Eu, que sou taurino e não fico calado nessas horas, repliquei: "Meu querido, ele sabe o que está fazendo. Deixa ele fazer as cerimônias à sua maneira!". Nesse dia, Paulo Coelho vendeu todos os livros para aquelas pessoas. Não sobrou um único exemplar! Não sei como teve força nas mãos para autografar tantos livros! Agora, pergunte a mim se eu teria coragem de fazer uma coisa dessas. Claro que não! Com tudo o que tenho de extrovertido, jamais teria índole para uma maratona dessa natureza!

3
A juventude

E com essa coragem, ele acabou também quebrando tabus e vestindo o fardão da Academia. Pois é. E mantendo, também, aquele espírito de audácia característico da juventude.

Seu grande amigo, Roberto Campos – citando Bernard Shaw – afirmava que a juventude é uma doença passageira. É doença boa enquanto dura? De jeito nenhum! A juventude não é nenhuma doença. A juventude é a vida. É como uma injeção de entusiasmo nas veias. Não tem nada de doença. Roberto Campos usou essa frase para escapar ileso de um fim de conversa com o presidente John Kennedy, por ocasião das discussões sobre a implementação de um acordo entre Washington e o governo João Goulart. Foi um encontro tenso, sobre encampações de empresas de telefonia e eletricidade feitas pelo então governador Leonel Brizola no Rio Grande do Sul. Quando Roberto Campos estava já se despedindo, Kennedy perguntou por que no Brasil existiam tantos estudantes, artistas e escritores de esquerda, favoráveis ao modelo soviético. O presidente americano achava que devia ser o contrário, porque, em geral, os jovens, os estudantes, adoram mudanças e os Estados Unidos – segundo Kennedy – eram a sociedade mais experimental do mundo, com sua multiplicidade de raças, pluralismo político, liberdade de expressão etc. Exatamente o que não existia na antiga URSS. Acho que Roberto Campos, não tendo resposta direta para a indagação de Kennedy, lembrou-se de citar Bernard Shaw, segundo o qual os jovens têm encanto por utopias e a juventude, embora seja uma coisa maravilhosa, é ao mesmo tempo "uma doença passageira".

E John Kennedy engoliu essa história? Engoliu nada! Kennedy era um político pragmático. O que ele queria era melhorar a imagem de seu país perante os brasileiros e latino-americanos. Kennedy não se impressionava com filosofias desse tipo. Buscava respostas concretas. O que Roberto Campos fez foi escapar pela tangente, desovar perplexidades, como ele próprio me confessou depois. Mas Roberto Campos tinha ótimo relacionamento com John Kennedy, que, por sua vez, não escondia seu admirável senso de humor. Uma vez., durante a crise dos mísseis russos em Cuba, Kennedy perguntou-lhe como se sentia em Washington, no alvo de tiro dos projéteis soviéticos. E completou, com certa ironia: " Se ocorrer uma catástrofe, pelo menos posso esconder-me nos subterrâneos de Camp David...E o senhor, embaixador?" Roberto Campos não titubeou: "Eu me refugiarei na adega da Embaixada do Brasil, presidente. Acredito no provérbio francês que diz : 'entre a calamidade e a catástrofe, há sempre lugar para uma taça de champanhe'." Kennedy deu uma gostosa gargalhada e pediu a um de seus assistentes para anotar a piada. Roberto Campos era um mestre na arte das réplicas.

É fácil conservar a juventude na cabeça quando se tem 90 anos? Não sou nenhum especialista em gerontologia, mas acho que, além da saúde física, é fundamental preservar a saúde mental. O corpo é apenas o transporte de nossa energia quântica, deve ser manipulado com cuidado. Mas essa preservação física não deve ser apenas cosmética. A vida é basicamente a alma, o espírito. Essa forma dupla de preservação implica muitas batalhas ao longo da vida: brigamos permanentemente com as coisas exteriores e com nós mesmos: brigamos por nossas opiniões, brigamos por amor, brigamos pela criatividade, brigamos para evitar erros, que são questões humanas. Durante nossas vidas – e praticamente ninguém está isento – cometemos erros de julgamento, erros de trabalho, erros motivados por paixões, erros de interpretação política... Tudo isso constitui uma fonte permanente de preocupações, que nos obriga também a voltar nossos interesses para quase tudo. Para encarar a vida como ela é, temos que estar interessados numa miríade de coisas: na comunidade em que vivemos, no nosso país, na mulher que amamos, nos amigos que temos, no lugar onde moramos, nos parentes que nos rodeiam. O interesse pela vida deve ser total. Isso significa dizer, no bom sentido da palavra, que você "se entrega à vida". Quando se começa a fugir, se esconder, economizar palavras, abandonar participações na vida social, então você começa a diminuir também sua força mental e física. Há gente que diz: "Coitado, tão velhinho, já não pode fazer mais nada". Veja que falta

AO com o acadêmico Arnaldo Niskier e o sociólogo francês Alain Touraine no lançamento da nova edição de *A casa da água* em 1999. Ao lado, Beth, no início dos anos 1990, e em 2007, com AO, na Bienal Internacional do Livro

fotos: Acervo ICAO

de imaginação! Que falta de informação! Você já reparou que hoje o homem vive muito mais do que vivia em séculos passados? E tenho certeza de que milhões de indivíduos, num futuro muito próximo, passarão facilmente dos cem anos. Hoje, a longevidade é um fato. O que era difícil, antigamente, não será mais no futuro. Eu mesmo sou um exemplo dessa nova realidade. Cheguei aos 90 em plena forma. Claro que não ando mais de bicicleta, não corro maratonas, nem salto de asa-delta ou surfo nas ondas do Arpoador, mas trabalho, dou palestras, participo de conferências, vou ao teatro, viajo de carro, de ônibus, de avião. Ando até de teco-teco! E tudo isso não é apenas para o Antonio Olinto, o escritor, ou para o José, que está na esquina. Há para todo mundo essa possibilidade. O que mata e envelhece precocemente é falta de entusiasmo e de amor, a ambição desenfreada, as frustrações, o desleixo e o ódio. São essas coisas que destroem o mundo e enfraquecem os homens.

Ao estudar a biografia de Antonio Olinto, descobrimos ser ele vários Olintos: jornalista, poeta, romancista, africanista, membro da Academia Brasileira de Letras etc. Qual o que prevaleceu? A síntese de todos. O lúcido e o que ama a vida, creio. A verdade é que sucedo-me a cada instante. Aliás, escrevi a esse respeito um poema intitulado "Sucessão", que diz assim:

> Sucedo-me a cada instante,
> Estendo-me na sucessão do que estava em mim e eu não sabia,
> Antecedo-me e percorro os caminhos que não eram meus e são agora,
> Sou antecessor de mim mesmo e esqueço-me do que fui, contudo
> tenho saudade,
> Uma saudade imprecisa, difusa, que não se deixa agarrar por imagens nem
> pensamentos,
> Do que penso ter sido sem que o passado reivindique poderes sobre mim,
> Vejo, de repente, todos os personagens que fui, cada um vestido com sua
> roupa e usando [sua cara,
> Eles se dispõem sobre a mesa em que escrevo romances e conto mil histórias,
> Caminham para mim, sobem na máquina de escrever, gritam para que
> lhes dê atenção,
> Roupas vermelhas, verdes, muitos enfeites de vários tempos,
> Desejos, protestos, invejas, sonhos, paixões, baixezas mil saltos para além
> do corpo,

AO onipresente: Com o bibliófilo José Augusto Bezerra no banco com a estátua de Rachel de Queiroz em Fortaleza, 2007; ao lado de João Lins de Albuquerque, na ABL, 2008; desfilando pela Mangueira, 2007, e com Laura e Cícero Sandroni no desfile da Mocidade Independente de Padre Miguel, 2009.

Eles formam toda uma possibilidade inesperada
e múltipla de gente,
Pai e filho de mim mesmo, descubro que sou
todos os homens e todas as mulheres e todas
as crianças
Por todos os séculos dos séculos, amém.

Hoje, qual seria sua maior paixão? Hoje e sempre, minha maior paixão é a paixão de viver. De estar presente e aceitar com serenidade cada mudança que venha ao meu encontro. De estar disponível e, antes de tudo, de aceitar o novo. Aceitar com altivez e entusiasmo as mudanças que ocorrem nos caminhos que seguimos. Mas há outras paixões. Em quase um século de vida, minha paixão é também a música e a cultura africana. Costumo dizer que quando escuto o concerto triplo de Beethoven, ele me remete ao romance *A casa da água*. Tenho igualmente grande paixão pelas palavras. Tudo na vida depende das palavras: pensamos com palavras, amamos com palavras, somos felizes ou infelizes com palavras. Quanto mais dominarmos a palavra, mais abrangente será nossa vida neste planeta.

Mas não adianta viver muito se somos infelizes... Ninguém nasce predestinado a ser infeliz. Com o dom da vida, todos nós devíamos ser felizes. As pessoas se sentem infelizes por razões econômicas, injustiças sociais, por pressões, meio ambiente desfavorável, química cerebral, saúde em declínio, morte... Mas um dos principais objetivos da vida é ser feliz. Temos obrigação de ser felizes. O contrário é a negação da vida!

4
Drummond e a tristeza

Algumas situações parecem incontornáveis... Seu amigo e nosso grande poeta, Carlos Drummond de Andrade, passou os últimos dias de sua vida mergulhado numa total infelicidade. Isso é diferente! Carlos Drummond enfrentou, no fim da vida, um sério problema: o da filha, que ele tanto amava. Quando ela morreu, eu estive com ele. Segurando as lágrimas, ele me disse: "Olinto, está tudo errado! Tudo errado! É a filha que deve enterrar o pai. Não o pai enterrar a filha". Drummond, que foi um grande poeta a vida inteira, que tinha o total domínio da palavra, que cantou com os mais belos versos a existência humana, resumiu aquele momento com uma frase de total incredulidade perante a vida. Terá errado naquele momento de fatalidade? Não creio, porque no imprevisto da vida, ninguém conhece também as particularidades do futuro, do momento que há de vir. Estive com Drummond alguns meses antes dela morrer. Achei que ele já estava abatido, preocupado e silencioso. Percebi que já não tinha mais entusiasmo. Notei que, diante dos problemas, entregara-se às debilidades da velhice. Não conseguia afastar-se das depressões. "Você não pode se entregar", dizia eu. Mas ele sofria com a doença da sua filha querida, a maior de todas suas dádivas vivas! Todo esse sofrimento não tirou dele a genialidade de poeta. Para mim, ele foi o maior poeta de todos os tempos deste país. Projetou-se no cenário literário do Brasil como uma das maiores expressões de todos os tempos e influenciou profundamente

Drummond por ele mesmo

fotos: Acervo ICAO

a literatura brasileira contemporânea. Carlos Drummond de Andrade, também intérprete do homem comum, morreu de angústia. Faleceu poucos dias depois da morte de Maria Julieta.

Como explicar esse apego tão forte a Maria Julieta ao ponto de transformá-la em sua "mais adorada musa"? Em primeiro lugar, pelas minhas observações, posso garantir que o relacionamento entre os dois era muito forte. Diria perfeito, no que se refere ao relacionamento entre pai e filha. Eram profundos amigos, se amavam muito, se respeitavam muito. Você sabe, no domínio do relacionamento entre pai e filho, pai e filha, mãe e filho, mãe e filha, as coisas podem ser bastante fáceis, mas também bastante difíceis, complicadas, por vezes. Drummond se apaixonou pela menina dele desde cedo: era a filha que ele queria. Rezava para ter uma filhinha como ela. E, naturalmente, Maria Julieta correspondia ao amor do pai. A vida toda, Drummond cuidou dela. Quando ela casou-se e foi para a Argentina, ele – Drummond – sentiu um "vazio no coração". Pela primeira vez, tomou coragem e viajou para a Buenos Aires. Quando a filha retornou ao Brasil, já doente, ele incorporou a doença dela como se a enfermidade fosse sua. Só mesmo um poeta do calibre de Drummond podia chegar a esses extremos pelo amor que tinha pela filha. É claro que todos nós temos amor pelos nossos entes queridos e demonstramos, tenho certeza, de uma forma ou de outra; mas Drummond ia além disso. Tenho certeza que teria vivido mais se a morte de sua filha não tivesse afetado tanto sua alma. Não era absolutamente a hora de Drummond partir. Ele se encontrava justamente naquele momento de glória absoluta quando nos deixou. Não resistiu à perda da filha. Morreu 12 dias após a morte de Maria Julieta!

De qualquer forma, já tinha 85 anos de idade quando morreu e deixou uma obra poética riquíssima. Desde sua estreia em 1930, Drummond publicou mais de 50 livros de poesia e prosa. Você mesmo registrou isso na Academia Brasileira de Letras, em 2002, durante as comemorações do centenário de nascimento do poeta de Itabira, lembra-se? Claro que lembro! Escrevi que, sendo ele um brasileiro por excelência, passara a representar a ousadia em roubar o fogo dos deuses e com ele tentar – e conseguir – aclarar muito dos mistérios da presença do homem sobre a terra. Mas,

os 1960: AO com ummond (atrás, ando para cima, a eta Olga Savary)

1959: AO prestigiado por Drummond no lançamento de seu livro *O dia da ira*. Ao lado, Maria Julieta e o poeta, entrevistadora e entrevistado em capa de CD.

foto: Gravadora Luz da Cidade/ Divulgação

T.S. Eliot, 1938 (detalhe) e Ezra Pound, 1920, por Percy Wyndham Lewis

mesmo sendo muito nosso, ele ergueu uma poesia que vai muito além de nós. Por isso que continua vivo, aqui e além. Sempre digo que através da poesia de Carlos Drummond, o homem brasileiro atingiu um momento de pura eternidade. Pela espessura de sua criação poética, ganhou condições de influir nos caminhos de seu tempo. Era poeta saído de Itabira, sim. Mas sua posição na poesia do nosso tempo o coloca ao lado de Pound e Eliot, de Pasternak, de Lundkvist, Lorca e Fernando Pessoa. Há muito não era ele apenas um poeta brasileiro, do interior de Minas...Foi o maior de nossos "poetas públicos", como disse Otto Maria Carpeaux. Sabia magistralmente fundir o eu lírico e o objeto. Antes da melancolia e o desencanto com a vida que caminha em direção à morte, Drummond refletiu sua época e cantou com ardor a esperança. No final, desenganado com a capacidade de intervir no mundo, Drummond aceita a noção de impossibilidade traçada entre o transitório e o definitivo, mas sua poesia continuou grandiosa, porque ele mudou apenas de objeto poético para "tocar" em temas abstratos como ausências e perdas, como o tempo e como a fragilidade da vida.

Sua amizade com Drummond era inabalável. Como era ele na intimidade? Drummond era um homem de poucas palavras, mas muito precisas. Sorria. Tinha um sorriso, assim, meio envergonhado... Não era de dar gargalhadas. Aliás, nunca vi ele dar uma única gargalhada. Ao mesmo tempo, Drummond não escondia suas opiniões. Diante de poesias, de obras literárias, dava sempre sua opinião, favorável ou contra, mas com grande elegância e compreensão... Tinha, também, acima de tudo, amor à palavra. E ele dizia: "Olinto, aquele que não lida com a palavra, não gosta da palavra, não pode ser escritor. Para ser escritor é necessário ter intimidade com as palavras". E ele tinha absoluta razão, a palavra é um dos maiores tesouros do homem.

Isso dizia também Joseph Conrad, que até os vinte anos não sabia inglês, mas que depois transformou-se no maior escritor em língua inglesa de todos os tempos. Começou com o polonês, sua língua materna, e depois aprendeu francês. Após de ter ficado órfão, Conrad foi para França e aprendeu francês. Só mesmo depois que se empregou num navio cargueiro, na Inglaterra, é que começou a aprender inglês com os marinheiros. Foi por esse amor à palavra, à língua, que ele conseguiu dominar o idioma, de uma forma extraordinária. Escreveu obras magníficas, como *Heart of Darkness* e *Lord Jim*. Converteu-se num escritor eterno, com uma narrativa em inglês absolutamente perfeita. E isso foi resultante de seu amor à palavra. Não importa o idioma: quando você diz "amor", você está dizendo também *love*, *amour*... Elas significam a mesma coisa. Era isso que pregava Carlos Drummond de Andrade, o amor a palavra!

Drummond era mineiro, como você, mas incorporou-se inteiramente à paisagem carioca. Integrou-se de corpo e alma ao espírito do Rio de Janeiro, embora me pareça que durante toda a sua vida Itabira foi uma espécie de aleph borgiano de Drummond. É a partir de Itabira – como você o fez de Ubá e Piau – que ele vislumbra o Rio e todos os demais pontos do universo. Num certo sentido, Itabira foi para Drummond o que Ubá e o Piau foram para Antonio Olinto, não é verdade? Como bom mineiro, Carlos Drummond de Andrade mudou de ambiente, mas não perdeu suas origens. Claro que ele adorava o Rio de Janeiro! Mas, desde 1930, quando publicou seu primeiro livro, *Alguma poesia*, seu nome tornou-se sinônimo de poesia para além das fronteiras da mineiridade. Depois disso, seus versos foram, pouco a pouco, tomando conta de todo Brasil. Passaram a fazer parte da vida intelectual de todo o país e ponto de referência para todos os brasileiros.

Na sua opinião, o que o tornou um poeta tão especial? Sua poética está ligada ao uso da linguagem. Drummond dominou de tal forma a linguagem e se afeiçoou tão fortemente à palavra que ia tanto além como, às vezes, escolhia postar-se aquém dela. Além de conhecer profundamente o significado de cada uma, ele sabia que em cada palavra palpita também uma beleza própria. Vejo-o como partícipe da tese de um sábio antigo, Dionísio de Halicarnasso, que afirmou ser a linguagem "alguma coisa de exterior à paixão ou à ideia que nela se manifesta (...) e que pode ser manejada à parte e ter beleza própria, independente do pensamento". Outro fato é que Drummond juntava mais de um aspecto ao poema, tornava-o suscetível de assumir esta ou aquela posição, sem seguir esta ou aquela direção. Unia musicalidade à ideia, fazia narrativas em verso, defendia teses em poesia, sabia que a palavra é capaz de tudo. Até a ironia e o simples humor integravam seu alforje de invenções vocabulares. Tinha certeza de que as palavras podem criar uma realidade, tirar o real do não real e atingir, com isso, uma beleza que é delas, das palavras, estar acima da cotidianidade. Era – como Dante chamou o poeta Arnaut Daniel – um *miglior fabbro*, isto é, um grande técnico do verso. Foi o poeta brasileiro que mais se aproximou do mistério da palavra.

Apesar do sofrimento, até o fim de sua vida, Carlos Drummond de Andrade não perdeu a pujança da força poética. Me parece que *Farewell*, seu último livro, foi uma prova disso. Já li e reli *Farewell* várias vezes. Trata-se de um dos melhores momentos de Drummond. É também um adeus *a posteriori* e o amor declarado a alguns de seus sonhos, como as homenagens prestadas a Greta Garbo, Fernando Pessoa, Mondrian ou Da Vinci. São 49 poemas magníficos, que comemoram sua volta aos versos conceituais e que demonstram que – apesar de não ter viajado tanto – foi o menos provinciano de todos os poetas brasileiros. Nessa última obra, ele deixa florescer claramente ao leitor seu método e sua técnica, seu pleno domínio das formas de linguagem, do verso, da métrica... Também estão presentes os pontos cardeais da temática drummondiana: o lirismo e a nostalgia, o humor e o ludismo, o engajamento nas vertentes do pessimismo, náusea e anarquismo, construção, saudosismo e esperança. Em *Farewell*, está presente também a temática da meditação: a filosofia do próprio fazer poético:

> Para exaltar o redivivo amor
> que de memória-imagem se alimenta
> e em doçura converte o próprio horror!

Quem poderia escrever tão bem esses versos senão Drummond? Ou:

> lutar com palavras
> parece luta vã,
> entretanto lutamos
> mal rompe a manhã.

Tudo isso e muito mais está em *Farewell.*

Qual o poema mais popular que Drummond deixou, na sua opinião? Drummond introduziu alguns dos versos mais belos e enigmáticos na nossa literatura. Um flagrante da psicologia drummondiana é o legado da pedra. É o que sempre me fez lembrar, toda vez que leio o poema que diz:

No meio do caminho tinha uma pedra
tinha uma pedra no meio do caminho
tinha uma pedra
no meio do caminho tinha uma pedra.

Nunca me esquecerei desse acontecimento
na vida de minhas retinas tão fatigadas.
Nunca me esquecerei que no meio do caminho
tinha uma pedra
tinha uma pedra no meio do caminho
no meio do caminho tinha uma pedra.

Esses versos foram publicados em 1928, na *Revista de Antropofagia*. Por que Drummond optou por tanta "pedra"? (risos) Em Minas Gerais, nas cidades do interior, você pode escolher entre pedras e estrelas. Drummond preferiu a pedra para assentar seu lirismo fundamental. A pedra é o fundamento de sua veia modernista. Entre as estrelas do céu de Minas e as pedras do chão mineiro, ele preferiu as pedras, que são também enigmas na trajetória do poeta.

Drummond deixou uma herança poética valiosa ao Brasil. Depois dele, o dilúvio? Na sua corrida atrás do ser e da *res poetica*, Drummond e sua poesia pertencem hoje a todos os povos. Com Drummond, o homem brasileiro atinge seu momento de pura eternidade. Na esteira dessa representatividade da poesia brasileira, no período pós-Drummond, vem João Cabral de Melo Neto. Pertence à geração da Segunda Guerra Mundial. O conflito mundial tornara inadequada a linguagem anedótica e extravagante que fora uma das marcas da Semana de 22. Daí o tom de sobriedade de Melo Neto, que optou pela "posição de poeta da palavra grave", séria, bastante acentuada na década de 1960.

Era o poeta arquiteto, o engenheiro da palavra? É o poeta da *Educação pela pedra*. O poeta de *Morte e vida Severina*, obra pela qual atinge o ponto mais

João Cabral de Melo Neto, cuja linguagem original AO apreciava

alto de sua feitura poética. Aliás, aí João Cabral atinge um refinamento raro, uma sofisticação vocabular de uma linguagem tão original que o isolam, de certa forma, numa "camada rarefeita de realização poética", em todo o Brasil. Dificilmente teremos, entre nós, outro poeta que escreva um poema como *Tecendo a manhã*, sobre a função dos galos, onde diz, explicitamente:

> Um galo sozinho não tece uma manhã
> ele precisará sempre de outros galos.
> De um que apanhe esse grito que ele
> e o lance a outro; de um outro galo
> que apanhe o grito de um galo antes
> e o lance a outro; e de outros galos
> que com muitos outros galos se cruzem
> Os fios de sol de seus gritos de galo,
> para que a manhã, desde uma teia tênue,
> se vá tecendo, entre todos os galos.

Cabral harmonizou também de forma magistral a forma e a temática social. *Morte e vida Severina* é um exemplo disso. Ao longo desse poema, ele busca uma nova objetividade lírica, com estrutura rigorosa e sem elementos supérfluos, para contar a luta travada por um retirante do agreste. Severino corre em busca de dias melhores, como muitos brasileiros ainda hoje fazem, mas a grande cidade demonstra ser tão dura ou pior que a realidade do sertão. É uma obra atual, que já foi musicada por Chico Buarque de Holanda e que já fez grande sucesso no Brasil e no exterior. Ao lado de Drummond, o pernambucano João Cabral de Melo Neto foi, sem dúvida alguma, um dos maiores poetas do Brasil.

Na Academia de Letras do Distrito Federal, o poeta de Itabira e seus versos famosos em painel de mosaico do artista Gougon

foto: Site http://gougon2.tripod.com/

5
História de uma paixão

Os mineiros parecem presos à terra. Você escreveu em *Ary Barroso – a história de uma paixão* que "quem é mineiro permanece mineiro a vida toda e que ser mineiro é possuir um lirismo de traços fortes, mas velado por uma linha de melancolia". Ary Barroso e Drummond são lenha da mesma madeira? Ambos nasceram no interior de Minas. Drummond em Itabira e Ary Barroso em Ubá, minha cidade natal. A infância, vivida no interior, nunca os abandonou. Ary foi ubaense a vida toda. Drummond nunca abandonou a ideia de Itabira. Os dois, nos seus respectivos ramos, falam da mesma coisa, revelam o mesmo sentimento amoroso quanto à Minas Gerais. Apesar das diferenças de abordagem quanto à vivência poética, avulta na obra de ambos a presença inarredável da terra.

Que lembranças tem de Ary Barroso? Ary Barroso ficou órfão de pai e mãe aos 8 anos de idade. Os pais morreram em 1911. Com a morte dos pais, foi morar com tia Ritinha – Rita de Rezende, uma pianista solteirona, que dava aulas de piano para todo o mundo. Apesar de não ter a menor intenção de ser músico, foi obrigado a aprender piano. Aliás, no primeiro dia que chegou à casa de tia Ritinha, ela advertiu: "Ary, aqui você vai aprender a tocar piano, entendeu?!". Ele disse: "Mas, eu?". E tia Ritinha: "Isso mesmo, menino!". Ao olhar o instrumento no canto da sala, achou que parecia um animal. Um dragão com seus dentes à vista! Queria ser advogado, mas, não tinha qualquer chance: tia Ritinha era inflexível. Durante três anos, estudou piano diariamente. Só tinha os domingos para passear e brincar com outros garotos. Uma vez, já adulto e compositor consagrado, me confessou: "Quando tinha 8 anos, achava insuportável aprender piano! Detestava cada minuto daquelas aulas que duravam no mínimo três horas! Nunca imaginei que o martírio de então fosse transformar-se no ganha-pão de toda a minha vida". Mas foi o que aconteceu. Aquele menino de Ubá, que eu via tocar piano nas sessões de cinema, sairia depois da terra natal para conquistar o mundo. O piano – com suas teclas brancas, como dentes de dragão – o iria acompanhar para sempre!

Aquarela do Brasil

foto: Site *Cifras & Cia.*

Recorda quando ele começou a tocar piano? Ary Barroso nasceu em 1902. Eu tinha, creio, 5 anos de idade quando o vi tocando pela primeira vez. Lembro-me de que, quando ele tinha uns 14 anos, Ary Barroso já tocava em tudo quanto era festa ou evento. No começo do século XX, apareceu uma coisa maravilhosa, que revolucionou a vida das pessoas: o cinema mudo, que necessitava de um pianista ou de um violinista para acompanhar a sequência dos filmes. O pianista olhava o que acontecia na tela e acompanhava a ação cinematográfica com sua música, dando vida à história. Quando o cinema mudo se instalou em Ubá, Ary conseguiu seu primeiro emprego como pianista. Começou no Cine Ideal, o principal da cidade. Quando eu nasci, em 1919, meu pai já era dono de um cinema mudo chamado Avenida, na Praça Guido Marlière. E foi nesse cinema de meu pai que vi Ary Barroso tocar pela primeira vez. Numa sessão de domingo, me colocaram numa cadeirinha ao lado dele, junto ao piano. Pude vê-lo acompanhar, por exemplo, o filme *Honrarás tua mãe* e histórias vividas na tela por Rodolfo Valentino e Pola Negri. Às vezes, não sabia se olhava para a tela ou olhava para ele, que tocava alucinadamente. Era assim, por exemplo: Tom Mix brigava com o bandido que, de vez em quando, o derrubava com um soco, mas logo se via que ele não ia perder uma luta daquelas. O bandido tentava fugir correndo morro acima, mas Tom Mix ia atrás dele, pegava-o pela camisa e dava-lhe um murro no meio da cara fazendo o vilão despencar montanha abaixo. Acompanhando essa luta, Ary Barroso se contorcia frente ao piano, com seus óculos brilhando contra a luz do filme. Depois, vinha uma fita de Tarzan, saltando de cipó em cipó, obrigando Ary Barroso a novos malabarismos musicais. Me lembro tão bem de tudo isso… Meu pai me levava todas as noites para ver as sessões de cinema. Não era proibida a entrada de crianças nas sessões noturnas na época. Então, via o mesmo filme e escutava o Ary até que o filme saísse de cartaz. Quando, no fim dos anos de 1920 e inícios da década de 1930, surgiu o cinema falado, esse importante posto de pianista de cinema deixou de existir. Com isso, Ary também teve que procurar outras fontes de renda. Em resumo, fui um dos primeiros a acompanhar a carreira de pianista de Ary Barroso. E, naquela época em que ele tocava nos cinemas em Ubá, já era considerado um pianista excepcional. Ary Barroso dominou verdadeiramente o instrumento, sob o comando de tia Ritinha!

Participou de algum evento ao seu lado? Uma vez, na escola, me pediram para ler um poema numa festa comemorativa do aniversário da cidade. Subi ao palco e li. E, enquanto eu lia, Ary Barroso acompanhava ao piano. Fiquei superorgulhoso, porque ele já era um nome consagrado na cidade.

Outra paixão de Ary era o futebol, não é verdade? Ary jogou de goleiro no Aimorés Futebol Clube, de Ubá, mas sem tirar os óculos, sobretudo na hora dos pênaltis. Uma de suas fotos como goleiro é engraçadíssima: ele aparece de óculos, enfrentando serenamente a câmera.

Depois, mudou-se para o Rio... O sonho de Ary, desde muito jovem, era chegar ao Rio de Janeiro. Chegar e ficar. No momento em que sua carreira de compositor passou a existir e a ter um futuro razoável, Ary sentiu-se seguro. Para ele, o mais importante era vencer a vida com aquela carreira, que sob muitos aspectos era dificílima e dura. Por isso, colocou em ação toda sua força de vontade. Usou toda essa sua determinação como compositor, como radialista, como homem dos esportes e como inovador de programas de calouros. Poucos foram tão bem-sucedidos no rádio e na televisão como Ary Barroso.

Não crê que defendia um nacionalismo exaltado na música e em tudo que fazia? Ary buscava tudo o que fosse "mais Brasil". E buscava isso com a maior das paixões. Defendia um nacionalismo exaltado também na música. Dizia sempre: "Temos que criar um movimento revolucionário para salvar a música nacional, que vem sendo descaracterizada. Nego-me absolutamente a aceitar versões abrasileiradas de mambos, boleros, blues e outros bichos". Foi um defensor da música brasileira e um dos maiores compositores que já nasceram no Brasil. Quem não há de se lembrar de composições como *Na baixa do sapateiro*, *No tabuleiro da baiana*, *Dá nela*, as músicas de carnaval como *Deixa disso*, *Maria, o teu nome principia* e *Sou da pontinha*, gravada por Carmem Miranda?

foto: Odeon/Divulgação

Caymmi e Ary: parceria em vinil. Ao lado: a cena na tela e os músicos ao lado, dando emoção ao filme mudo, como fez Ary Barroso no cinema de Ubá.

foto: Sesc S.J. dos Campos/Divulgação

E como surgiu a *Aquarela do Brasil*? Quem descreveu toda a história da *Aquarela do Brasil* foi sua filha, Mariúza. A composição saiu de sua paixão de ser brasileiro. Mariúza conta que, numa noite chuvosa de fevereiro de 1939, seu pai encontrava-se em sua casa no Leme, conversando manso com a família, quando de repente ficou silencioso e, sem olhar para pessoa alguma na sala, correu para o piano. Pôs as mãos nas teclas, tirou alguns sons, parou, repetiu, aumentou o ritmo, ao mesmo tempo que repetia a palavra "Brasil". Depois, levou a batida até o fim da escala, parou por alguns segundos e recomeçou o exercício. De repente, tudo surgiu: música e letra de uma só vez. Nascia a *Aquarela do Brasil*, que se transformou num símbolo sonoro do Brasil.

Muitos acham que é o segundo hino nacional brasileiro. Virou hino! A propósito, recordo de um episódio ocorrido em Londres, quando lá vivia, e que dá força à ideia de a *Aquarela* ser também um hino. Foi num encontro de professores e alunos da Universidade de Essex, juntamente com o Departamento de Literatura da Universidade de Londres. Eu acabara de fazer um conferência sobre literatura brasileira contemporânea e tomávamos o tradicional chá das cinco, o famoso *five o'clock tea*. Um dos professores começou a perguntar qual seria o mais belo hino nacional do mundo e apresentou logo sua escolha: "Acho que é *A marselhesa*". Outro contestou: "Nada! É a *Internacional*, da Rússia". Um inglês, parecido com aquele ator Terry-Thomas, deu sua opinião: "É o inglês, sem qualquer dúvida". Um aluno de literatura presente disse então, com toda a convicção: "Vocês estão enganados! O mais belo hino nacional é o do Brasil!". Olhei para ele e disse: "É mesmo? Você acha?". Resposta: "Claro! Ouça: 'Brasil, meu Brasil brasileiro, meu ...'". Ele cantou mais alguns versos antes que eu o interrompesse: "Obrigado pela sua opinião. Mas esse não é o hino nacional brasileiro, é um samba patriótico escrito pelo compositor Ary Barroso". De qualquer forma, o admirável de tudo isso é que, ainda hoje, a *Aquarela do Brasil*, gravada até por Frank Sinatra, tornou-se a mais famosa de todas as músicas brasileiras. Em 1998, num inquérito nacional em que votaram músicos e o povo em geral, inclusive membros da Academia Brasileira de Letras, a *Aquarela* ganhou o título de "a melhor música popular de todos os tempos".

Carmen Miranda levou também a *Aquarela* para os Estados Unidos... É verdade. O final da década de 1930, quando a *Aquarela* foi composta, pertence igualmente a Carmem Miranda, intérprete habitual das músicas de Ary Barroso. Eles eram muito amigos. Corria até, nessa na época, o boato de que eles iam se casar. Mas, um dia, Ary desmentiu isso em público, com muito jeito e graça, na presença de Carmem Miranda. Disse: "Somos amigos. Apenas amigos. Não vamos nos casar!". E Carmem, que era uma pessoa apimentada, completou: "Não vamos nos casar e nem nada mais!". Dando a entender que nem mesmo "um namorinho" estava rolando ou ia rolar. Em maio de 1939, aliás, ela deixava o Brasil para tornar-se famosa nos Estados Unidos, levando em sua bagagem, entre outras composições, *Aquarela do Brasil*. Ary Barroso usou pelo menos 300 vezes a palavra "Brasil" em suas composições. Era obcecado com a nossa identidade nacional... Era também um grande carnavalesco! Imagine você que ele morreu em 9 de fevereiro de 1964, em pleno carnaval! A Escola de Samba Império Serrano soube da morte do compositor minutos antes de desfilar. As baianas da escola, as cabrochas, todos choravam. E o povo, que estava assistindo, não entendia nada, pensava que o choro fazia parte do enredo; até que a notícia foi divulgada: "Ary Barroso morreu". O velório foi na Igreja de Santa Teresinha, perto do Túnel Novo. Na segunda-feira de carnaval, as pessoas que voltam dos bailes e dos desfiles das Escolas de Samba iam direto à igreja para ver o corpo de Ary Barroso. Eram cenas surrealistas: arlequins, piratas, havaianas, bailarinas, príncipes e princesas, todos desfilavam diante do corpo do compositor, exposto dentro da Igreja. Quando foi enterrado, o saxofonista Souza Lima executou a *Aquarela do Brasil*, a melodia que exprime como nenhuma outra, a paixão de Ary pelo que é nacional.

6
Bandeira e Éluard

O tema de fundo dos intelectuais brasileiros na primeira metade do século XX assentava-se sobre a questão das marcas culturais da identidade nacional. Pensa que Manuel Bandeira, que foi uma das maiores expressões dessa época, exprimia livremente suas ansiedades quando o enfoque era o "nacional"? Qual sua reflexão? Manuel Bandeira sentia e exprimia livremente seu lirismo. Um lirismo que nada tem de sentimental, porque ele superou as camadas convencionais da reação do homem. Era sob este angulo, um satanista cujos poemas buscam a noite, a sombra e o perdão.

foto: Bibliothèque publique universitaire de Neuchâtel

foto: Reprodução de *Manuel Bandeira: 100 anos de poesia*, 1988, Pool Editorial

Paul Éluard e, à direita, Manuel Bandeira no sanatório de Clavadel, onde os dois poetas se conheceram na juventude.

Seu livro decisivo foi *Libertinagem*, um marco da poesia brasileira, onde ele atinge plenitude de tema e de linguagem. Nessa obra publicada em 1930, Bandeira reinventa o lirismo, tocando o coloquial com certa simplicidade propositada, com ritmo único e envolvente. Bandeira era, sobretudo, um poeta preocupado com a cultura brasileira. Com ser brasileiro. Com o uso da palavra, com o idioma nacional. Interpretava o nacionalismo sob uma visão crítica da história. Sempre gostei de Manuel Bandeira e o conheci da maneira mais natural possível. Um pouco antes de viajar para Estocolmo, para cobrir o Cinquentenário do Prêmio Nobel, encontrei-me com ele no centro da cidade. Eu tinha publicado um poema no jornal *Correio da Manhã* e Bandeira chegou e, amavelmente, me disse: "Aquele seu poema é bom!". Eu, que não recebia elogios tão altos, respondi com humildade: "Ora, Bandeira, imagine, receber um elogio desses de sua parte, é uma glória". Veja, eu tinha na época publicado um único livro de poesias, *Presença*, e já recebia elogios de um poeta tão consagrado como Manuel Bandeira! Definitivamente, os tempos eram outros! Ficamos amigos. Mais tarde, ele escreveu sobre as minhas poesias, de uma forma extraordinária, fato que me favoreceu grandemente. Em poucas palavras: ele dizia que a minha poesia "era uma poesia elegante, que não brincava, mas dominava as palavras". Creio que me chamou, na época, de "domador de palavras". E o que ele queria dizer com isso? Queria dizer que, nos meus poemas, as palavras eram "respeitadas", mesmo porque a partir da Semana de Arte Moderna, em 1922, escritores e poetas começaram a "brincar e abusar demais das palavras". Na crítica que fez, Bandeira escreveu: "Chegou a hora de parar com as brincadeiras! Olinto põe ordem na casa". Escreveu algo assim.

Deu um puxão de orelhas em autores como Oswald de Andrade? Oswald de Andrade, que articulou a Semana de Arte Moderna de 1922, foi o mais estranho caso da literatura brasileira no século XX. *Enfant terrible* da prosa modernista, Oswald de Andrade era dono de uma permanente "travessura de espírito" e foi responsável por quase todas as ousadias e inovações no decurso de cada fase do Modernismo. Colocou até Mario de Andrade no fogo, qualifi-

1959: a partir da direita, Antonio Olinto, Nilo Aparecido, Manuel Bandeira e Eliezer de Menezes

cando-o como "poeta futurista". Influenciado pelo futurismo ítalo-francês, Oswald de Andrande procurava satirizar e destruir o que qualificava de "normas narrativas de uma sociedade castradora e de valores falidos". Foi um autor que parodiou praticamente tudo: desde o teatro bufo, a prosa sentimental até o livro de aventuras e o romance policial. Atacava todo o tipo de "literatura bem comportada". Com ironia ferina, satirizou cruelmente a burguesia paulista e a chamada aristocracia cafeeira. Chegou também a influenciar a pintura e manifestações artísticas que surgiriam no futuro, como o tropicalismo. Manuel Bandeira, rigoroso na linguagem e no uso do idioma, defendia a integridade e a sinceridade na poesia. Adotou uma poesia de linha reta na direção do processo de conscientização do Brasil. Não era absolutamente partidário da "anarquia idiomática e literária" de Oswald de Andrade.

Mas ele mesmo, Manuel Bandeira, participou da Semana de Arte Moderna com o poema *Os sapos*... Sim. Mas não participou diretamente dos trabalhos, apenas contribuiu com esse poema, que já era moderno e previa a Semana de 22. Manuel Bandeira já fazia poesia moderna antes da Semana de Arte Moderna, mas com segura sabedoria. Não chegou a ser um executor da Semana de Arte Moderna, como foram Mario de Andrade, Oswald de Andrade e Menotti Del Picchia, mas acompanhou os trabalhos. Em 1922, Bandeira já dava sinais de abandonar sua concepção anterior, que era simbolista e de poesia petrificada, para abraçar o Modernismo. Tudo isso com disciplina e integridade. Aliás, em *Os sapos*, ele critica os "ridículos do pós-parnasianismo". Muito depois, nos poemas *Vou-me embora pra Pasárgarda* – cujo título é, na verdade, *Saudades do Rio antigo* – e *Pneumotórax*, ele ajuda a abrir caminho para o verso livre, para uma dicção poética autenticamente nacional, bem brasileira.

Em 1922, você tinha apenas 3 anos de idade... Meu querido, ele nasceu em 1886, no Recife. Era do século XIX! Quando ele nasceu, nem meus pais tinham se casado. Eu estava longe ainda. (gargalhadas) Manuel Bandeira começou a escrever em 1917.

Um elogio de Bandeira era considerado na sua época um investimento, ou não? Para um poeta iniciante como eu, era melhor do que ganhar na bolsa de valores! Era virtualmente acertar na loteria. Sempre fui muito grato pelo tratamento que me dispensou. No fim de sua vida, era um deus da poesia brasileira. Tanto isso é verdade que, quando ele completou 80 anos, em 19 de abril de 1966, publiquei em *O Globo* um poema de louvação a Bandeira, assim:

Louvação para Manuel Bandeira

Louvo o dia dezenove,
O ano, o mês, o minuto,
Louvo o que vem e se move
Em ritmo dissoluto
O que era firme e o que avança,
O peixe, o pássaro, a criança
Numa estrela da manhã
Sob o sopro de Iansã,
O poema e sua reta
Cadência de chuva em seda,
Louvo os longes da alameda,
Louvo o gume dos oitenta
Ciclos hauridos em lenta
Posse de metros, medidas
De versos, formas e lidas
De pausa, cântico e lira
Das coisas todas em pura
Contemplação da estrutura
De cada surto do vento
No severo alumbramento
Da verdade e da poesia,
Louvo o poeta e seu dia
Louvo a palavra e seus sons
Louvo as imagens e os bons
Sinais de limpa visão
E o país a que Bandeira
Deu cerne de duração
Em linguagem toda inteira,
Em canções de carnaval,
Em becos de nudez tal
Que só lhe convém canção
E ponho na louvação
O terço domínio e a tensa
Justeza de tons, presença
Que a poética de um povo
Ganhou para sempre, louvo

De Antonio para Manuel
De Olinto para Bandeira
Aquele que botou mel
Nesta fala brasileira
Louvo pai, filho e caminho,
O púcaro e o passarinho,
Pasárgada, rei, mulher
E o que se pode prever
No tempo que vai e vem,
Louvo aqui, agora, além,
Antes, depois, no passado,
A palavra, o gesto, o dado
Pelo tempo de cada meta,
Pelo carrego em poesia,
Louvo o dia e seu poeta,
Louvo o poeta e seu dia.

E qual foi a reação de Manuel Bandeira? Ficou contentíssimo com o poema. É um poema que está no meu livro *50 poemas escolhidos pelo autor*. Na época tinha a tendência de escrever poemas sobre assuntos definidos. Quando pego esses poemas para reler, me emociono, porque revejo as coisas nitidamente. Me recordo que, de volta das cerimônias de cinquentenário do Prêmio Nobel em Estocolmo, passei por Paris e entrevistei Paul Éluard, o poeta da liberdade e da Resistência francesa, dadaísta e um dos pilares do surrealismo, que muito me falou da amizade que tinha por Manuel Bandeira. Falou tão bem dele que até fiquei surpreso! Chegou a me confessar: "Bandeira me ensinou, literalmente, a fazer poesia".

Como tem início o relacionamento entre Paul Éluard e Manuel Bandeira? Éluard tinha 16 anos quando contraiu tuberculose e foi obrigado a internar-se no sanatório de Davos, na Suíça. Bandeira, que também era tuberculoso, foi internado no mesmo sanatório. Foi lá, no Sanatório Clavadel, que eles se conheceram. Éluard mostrou a Bandeira suas poesias, em francês, e Bandeira, poesias dele, em português. Segundo consta, Manuel Bandeira chamou um dia o amigo e disse: "Éluard, não leve a mal, mas falta qualquer coisa na sua poesia". E Manuel Bandeira tinha razão! Éluard fazia uma poesia no estilo antigo. Não tentava modernizá-la, num momento em que já se faziam sentir no mundo outras tendências poéticas modernas, revolucionárias. Foi a partir dessa "advertência" de Bandeira que o poeta francês mudou de estilo e produziu uma das mais notáveis obras poéticas

Capa do CD-Rom com a obra completa de Rimbaud e seu manuscrito do poema "Les Assis".

foto: Editions Champion Electronique/Divulgação

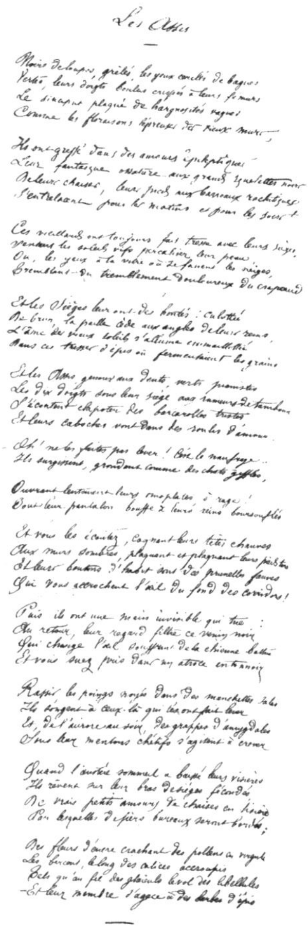

foto: Easypedia

em língua francesa. Nessa minha entrevista, realizada em 1950, eu e Éluard falamos praticamente só de Bandeira! Quando cheguei ao Brasil, publiquei a entrevista no *Jornal de Letras* com o seguinte título: "Éluard confessa: Manuel Bandeira me ensinou literalmente a fazer poesia". Isso fez o maior sucesso, mas acabou resultando numa tremenda confusão! Acontece que o poeta era, ainda naquela época, membro do Partido Comunista Francês e um nome de peso do movimento mundial das esquerdas. Tão logo a entrevista foi publicada, o Partido Comunista do Brasil protestou violentamente. O PC do Brasil comunicou-se com o PC francês e fez a denúncia. Resultado: o PC francês foi em cima do Paul Éluard, qualificando sua entrevista como reacionária e pediu que se retratasse. Manuel Bandeira, católico, apostólico, romano, era visto pelo PC como "um braço da direita", como um inimigo de Moscou e dos movimentos comunistas do mundo. Mas Éluard não se abateu: algumas semanas depois, escreveu uma carta para minha coluna, dizendo que eu tinha exagerado um pouco na minha reportagem e que ele fazia poesia muito antes de ter conhecido Bandeira. Naturalmente, publicamos a carta em *O Globo*. Então, as coisas arrebentaram do outro lado: Bandeira ficou uma fera! Me procurou e trouxe todos os livros que Éluard tinha dado a ele com dedicatórias que diziam: "Querido Bandeira, para você, que me ensinou literalmente a fazer poesia!". Aí, eu disse: "Bandeira, vamos publicar essas dedicatórias todas". E ele: "Pode publicar. Deve publicar!". Publiquei e dei o seguinte título ao artigo: "Paul Éluard responde a Paul Éluard". Depois, o Manuel Bandeira, aborrecido com o Éluard, deu todos os livros de presente para o João Condé, famoso pela sua coleção de obras raras e autografadas. Não deu para mim! Pena! Também eu não pedi e não sabia que, depois do episódio, Bandeira queria livrar-se deles. João Condé ficou dono de uma relíquia.

Com ou sem a influência de Bandeira, Éluard foi um dos autores que mais se consagraram no firmamento poético da França. Nem precisava justificar-se... Era um superpoeta. Tinha uma característica que podemos encontrar num de seus versos mais conhecidos: "A poesia é a linguagem que canta". Dava grande atenção ao cântico na poesia. Não eram apenas palavras rimando ou palavras dentro de um ritmo: era um canto. E, no final, toda sua poesia permaneceu como um "cântico de suas ideias". Ele costumava afirmar: "Prosa é prosa. Poesia é cântico. Portanto, a poesia é a linguagem que canta. Se não canta, não é poesia!". Sempre procurei usar esse conceito de Éluard para definir poesia: "a linguagem que canta".

O PC francês tentou mantê-lo no cabresto curto, mas não conseguiu... Era inevitável. Pegar um poeta como Paul Éluard e exigir dele submissão completa não era possível. Era o perfeito *nonsense*. Ele foi um poeta que adotou o comunismo e fez poesia para o comunismo. Mas o PC francês não queria que ele fizesse poesia, queria que fizesse propaganda! Aí, ele não aguentou. Renunciou ao partido. Ele era o autor da poesia que canta, e não da poesia que grita, da poesia que insulta! Mas Éluard era um combatente, depois de ter deixado o PC, ele converteu-se num verdadeiro herói na luta contra o franquismo na Espanha e, em seguida, foi adotado pela Resistência Francesa. Foi a partir daí que ele entra na estrada da "Poesia da Liberdade". Éluard estava livre. Comparo toda essa situação a ser "católico fanático". Se você só se dedicar ao catolicismo, não se abrir para mais nada, você provavelmente estará condenado a uma forma de prisão. O comunismo era uma religião que obrigava Éluard a uma entrega total: ou é cem por cento comunista ou é nosso inimigo. Depois que deixou o PC, tornou-se o "poeta da liberdade e do entusiasmo". Ele deixou também uma marca na sua obra: ir além da realidade. Entrou no surrealismo com toda a força de sua veia poética. Foi um seguidor de Rimbaud, o Hamlet da poesia francesa, e seguramente a grande referência para a poesia no século XX.

Um dos influenciados por Rimbaud: o roqueiro Jim Morrison, em grafite de Pablo D. Flores em Rosario, Argentina, 7/03/2006

A poesia de Rimbaud é sempre muito citada pelos intelectuais. Está ela ainda viva, apesar de ele ter renunciado tudo no fim da vida para vender armas no norte da África? Rimbaud é um marco zero na história da literatura mundial. Foi sua radicalidade que o levou à renúncia e ao silêncio. Ele influenciou todos os poetas e escritores do século XX. Todos! Os surrealistas, os modernistas e até os *hippies*! Entrou em crise. Passou a ter virtualmente nojo de poesia. Partiu para um exílio voluntário entre nativos da Abissínia e morreu praticamente sozinho, com a mãe blasfemando contra todos os poetas – "esses vagabundos!". Influenciou todo o mundo: Éluard e o próprio Bandeira. Foi traduzido para quase todas as línguas mais conhecidas e influenciou inclusive músicos e compositores, como Bob Dylan, e consagrados cantores de *rock*, como Jim Morrison. Foi cultuado praticamente por todos os movimentos das décadas de 1950 e 1960: existencialistas, *hippies*, *beatniks*, *punks* e até os estudantes revoltados de maio de 1968, que invadiram e ocuparam o Teatro Odéon em Paris.

Se Rimbaud influenciou Éluard, este influenciou também Bandeira, não resta dúvida. *Vou-me embora pra Pasárgada*, de Bandeira, é um poema num certo sentido eluardiano, não acha? Poesia de um homem que, aos 78 anos, se apaixonou por uma mulher de 28. Todos nós precisamos de uma Pasárgada. Todos nós temos uma Pasárgada, oculta ou não. *Vou-embora pra Pasárgada* é um manifesto – uma declaração de princípios para todos nós. Para o poeta, principalmente: "Lá sou amigo do rei. Lá tenho a mulher que eu quero. Na cama que escolherei". Considero Manuel Bandeira um dos poetas nacionais mais admirados e sóbrios que o Brasil já teve. Sofreu também a influência de seu amigo Éluard, sim. Era natural!

7
1950 e o amor

A década de 1950 foi muito importante para você, que já se encontrava integrado no Rio de Janeiro – a antiga capital da República. Qual o impacto desse período em sua vida? Na década de 50 – do outro século, bem entendido –, eu já tinha no Rio de Janeiro uma vida bastante intensa. Nessa época, eu, como mineiro, já tinha também uma boa relação com o Benedito Valadares, que tinha sido governador de Minas Gerais e era amigo íntimo de Juscelino Kubitschek, cuja trajetória política segui passo a passo. Quando Juscelino tomou posse do governo de Minas, em 1951, ele era um homem jovem e alegre, sem medo de exteriorizar seus sentimentos e de até mesmo gargalhar diante de suas realizações. Na época, seu instinto político já funcionava perfeitamente com a então democracia mineira. No começo, contudo, Juscelino pensava em abandonar a política e dedicar-se inteiramente à medicina. Foi Benedito Valadares que, inicialmente, propôs a JK a ideia de assumir a prefeitura de Belo Horizonte. Naquele tempo, o governador nomeava os prefeitos. Achando que Juscelino poderia realizar as obras que permitissem a Belo Horizonte ser uma grande capital, Valadares – convocou-o ao Palácio da Liberdade. Formalizou o convite, certo de que JK aceitaria sem hesitação o convite. Não foi maior surpresa de Valadares quando Juscelino, fixando o olhar no chão, respondeu:

– Não quero não, governador. Muito obrigado. Não quero saber mais de política. Estava me sentindo bem como deputado, quando de repente o Getúlio fechou o Congresso e me pôs no olho da rua. Tomei a decisão de abandonar a política e Sara concordou comigo.

Levantou os olhos para o governador e acrescentou:

– Se quiser me nomear para alguma coisa, governador, nomeie-me diretor do Hospital das Clínicas. O cargo está vago.

Benedito Valadares prometeu que o nomearia para o Hospital das Clínicas e ficou com o problema da prefeitura insolvido. Poucas horas depois, Juscelino volta ao Palácio e meio transtornado foi logo dizendo:

– Governador, me desculpe! Se o senhor ainda mantém o convite que me fez, aceito ser prefeito de Belo Horizonte. Falei com Sara e ela me convenceu a aceitar o cargo.

Desfeitos os equívocos, Juscelino foi finalmente nomeado por Valadares e assumiu o cargo. Como prefeito, JK fez Belo Horizonte dar um salto de desenvolvimento, melhorou a cidade, elegeu-se novamente deputado, foi governador de Minas e, dezessete anos depois, chegou a Presidência da República. Dono de uma determinação que só conheci dele, construiu Brasília em mil dias. Um dia, conversando com Benedito Valadares, ele me indagou:

– Olinto, se eu não tivesse mantido meu convite, teria mesmo assim Juscelino chegado à Presidência da República?

Antes que eu respondesse, completou – apontando para a superquadra:

– Se aquela fosse a única porta e eu a tivesse fechado, nada disso existiria hoje.

Benedito Valadares, que me apresentou Juscelino Kubitschek, foi meu grande amigo da década de 1950. Graças a ele, venci algumas dificuldades impostas por tempo difíceis, politicamente instáveis. Em 1954, Benedito foi eleito senador. Quando foi à posse de Café Filho – que assumia a Presidência da República depois da trágica morte de Getúlio Vargas –, ele disse ao novo presidente: "Conte comigo, Excelência, o senhor sempre terá meu apoio no Senado". No outro dia, visitou-me em casa e disse: "Olinto, decidi pedir ao Café Filho que te nomeie para um cargo mais ou menos cultural. O que acha?". Concordei, disse que a ideia era ótima. Foi então que encontraram para mim o posto de diretor no Departamento

1956: AO e Zora na posse do presidente Juscelino Kubitschek. Abaixo, a primeira locomotiva que rodou no Brasil, contemplada nos livros da Coleção Mauá, criada por AO.

foto: Solaris Editora

Brasília em 2006: a Esplanada dos Ministérios, com o Congresso Nacional ao fundo, e, na outra página, o Congresso em construção. Acima, JK é capa de revista.

foto: Mario Roberto Durán Ortiz

de Documentação do Ministério da Viação, que estava vago. Café Filho me nomeou e eu tomei posse. Assumi um cargo, veja só, que anteriormente o próprio Machado de Assis havia ocupado. O Departamento de Documentação tinha tudo de que eu precisava: uma biblioteca, um centro de publicação e um pequeno centro de imprensa. Com tudo isso, acabei publicando 15 livros no Ministério da Viação, inclusive um do Raimundo Magalhães Jr., intitulado *Machado de Assis, funcionário público*. Com o sucesso dessas publicações, resolvi também abrir um concurso de pintura. Criei o Salão Ferroviário de Pintura, mostrando trens e ferrovias, o Salão Rodoviário e o Salão do Mar, mostrando o desenvolvimento da vida marítima, da pesca e da indústria da navegação... Foram ao todo três salões. Até Cândido Portinari me apoiou como membro de um júri que criamos para selecionar os candidatos vencedores. Portinari foi presidente da comissão julgadora. E ele já era superconhecido... Já tinha criado os grandes painéis da ONU. Era uma sumidade na sua área de atuação e, como poucos, uma pessoa muito educada e solícita. Outro dia, revirando velhos arquivos em casa, descobri uma coleção completa de gravuras sobre assuntos ferroviários feitas por ele, ainda amarrada e com anotações de Cândido Portinari.

Mas as coisas não pararam aí. E as publicações técnicas, como a Coleção Mauá? A Coleção Mauá tratou, primeiro, do Rio São Francisco. Havia um texto de Lucas Lopes sobre o Rio São Francisco, então, eu o publiquei. Depois, vieram vários outros livros sobre questões relacionadas ao Ministério da Viação. Publicamos muito sobre o setor ferroviário, porque era um setor da maior importância nacional. Ao contrário do que aconteceu depois, quando o setor automobilístico ganhou todas as atenções das autoridades constituídas e as ferrovias foram inteiramente relegadas a segundo plano. Então, o Ministério se desdobrava para mostrar a importância ferroviária e fluvial no Brasil, destacando o valor desses setores na dinâmica do desenvolvimento econômico e social. Publicamos mais de 30 livros sobre questões ferroviá-

foto: Acervo ICAO

1957: Antonio Olinto assume a diretoria do Serviço de Documentação do Ministério da Viação e Obras Públicas.

fotos: Acervo ICAO

À esquerda, AO e Zora, em noite de autógrafos. Na foto central, a primeira à esquerda é Zora, membro do grupo de pesquisas folclóricas de Mario de Andrade. Na última foto, o cronista Rubem Braga, primeiro marido de Zora.

rias e fluviais. Produzimos, então, uma literatura técnica e política referente a questões que eram, também, problemas essencialmente brasileiros. Na época, o Brasil era um país muito carente em termos de publicações técnicas. Todo o avanço nessa área vinha dos Estados Unidos e da Europa. Mas vencemos a timidez. Chegamos a produzir uma revista técnica, chamada *Brasil Constrói*, sobre assuntos do Ministério, escritas em quatro idiomas: português, francês, inglês e italiano. Foi a primeira publicação sistemática brasileira para o exterior. Entre outros projetos dos anos 1950 e 1960, um que me orgulha, em particular, foi a realização do primeiro Salão do Automóvel, em São Paulo.

O escritor José Condé, cupido e padrinho de casamento.

Foram esses fatos os mais importantes dos anos 1950? Não, absolutamente! Isso pertenceu a área profissional. Mais importante do que tudo isso, na década de 1950, foi ter conhecido Zora, a mulher de meus sonhos, minha musa e minha companheira por mais de 50 anos! Antes de conhecê-la, fui casado durante dois anos, mas me separei. Não deu certo. Então, fiquei sozinho no mundo até 1955, quando me encontrei com Zora e nos unimos. Foi uma história de amor que durou toda uma vida! Encontrar-me com Zora foi o coroamento de minha vida nos anos 1950.

E como a conheceu? Veja só como são as coisas: em 1945, dez anos antes de conhecer Zora, eu frequentava com amigos o Vermelhinho, conhecido café e restaurante da boemia carioca, que existe até hoje. E não era só um local da boemia, porque pessoas como Carlos Drummond de Andrade, Jorge de Lima, Manuel Bandeira, Guimarães Rosa, que não eram boêmios, lá apareciam. Pois bem, um dia, estou lá no Vermelhinho com o Luciano, um amigo que era pintor, quando ele cumprimentou uma moça que passava do outro lado da rua e ela acenou de volta, sorrindo, amável. Olhei assim, ela levantando os braços e dobrando a esquina, e gostei – achei deslumbrante! Curioso, perguntei: "Quem é ela, Luciano?". E ele: "É a Zora Braga, ex-mulher do Rubem Braga". Depois disso, nunca mais a vi. Já tinha até esquecido do episódio, quando um dia o José Condé, que era meu amigo no jornal, perguntou se eu queria ir a uma festa de escritores no sábado.

1978: Zora e
\O autografam
no Encontro
Nacional de
Escritores em
rasília. Ao lado,
AO recebe o
ulo de Cidadão
Soteropolitano
em Salvador,
1998.

"Onde?", perguntei. "Em Copacabana, na casa da Zora", disse Condé. "Ela reúne todos os sábados escritores em sua casa. É muito divertido", completou. Então, deu o *flashback*: vi de novo a Zora levantando o braço e dobrando a esquina, lá no Vermelhinho. E lá fui eu com José Condé para a casa da Zora. Chegando lá, a maioria dos jornalistas e escritores era de esquerda. Eu era o único que trabalhava para um "jornal reacionário", como era rotulado *O Globo*. Alguns dos presentes chegaram até a me olhar com surpresa, como que indagando: "O que essa cara do *Globo* está fazendo aqui?". Suspeitava que eram todos do PC. Mas aguentei firme. Quando já estava quase decidindo ir embora, porque o clima não melhorava, aparece Zora e começa a falar comigo, me dar toda a atenção, com grande gentileza e meiguice. Aí, as coisas mudaram. Eu gostava muito de música. Ela tinha um toca-discos e uma coleção magnífica de músicas nacionais e estrangeiras. Colocou uma, acho que um foxtrote, e convidou-me para dançar. Começou tudo por aí. Já seguro no terreno, marquei com ela um encontro no sábado, na praia, onde o pessoal gostava de namorar. Era lá em Copacabana que se namorava bem. Perto das ondas, na areia... Acho que até hoje se namora bem em Copacabana, mas naquela época era o lugar ideal...

Depois disso veio o noivado e o casamento? Não havia divórcio na época. Tínhamos uma situação meio semelhante. Ela havia sido casada apenas no civil e eu também. Quando decidimos ficar juntos, procurei imediatamente Dom Helder Câmara, o padre e, depois, o bispo mais famoso do Brasil, que era um amigo pessoal. Expliquei: "Dom Helder, gostaria de me casar na igreja. Sou católico, mas minha ex-mulher era protestante, por isso só me casei no civil. É possível?". Sem rodeios, Dom Helder aconselhou a realização de uma cerimônia discreta em Niterói. Você sabe, para evitar aqueles rumores desne-

foto: Blog Christovam Buarque

foto: Portal croatianhistory.net

Dom Helder, grande amigo de AO.

Abaixo, Os irmãos croatas Mirko e Stevo Seljan: arqueólogos e geólogos, tio e pai de Zora.

cessários. Dom Helder disse: "O bispo de lá é meu amigo. Ele vai casar vocês". No dia 2 de setembro de 1955, lá fomos nós – eu e Zora –, catolicamente virgens, para nos casar em Niterói, na Igreja de Santa Teresinha. Fomos de barco, e a festa, depois, com pouquíssimos amigos – incluindo o José Condé, que foi nosso padrinho – foi simplesmente inesquecível. Havíamos nos casado apenas no religioso, porque na época não havia ainda divórcio. A união civil só se deu anos depois, tão logo a lei do divórcio foi aprovada no Brasil. De qualquer forma, nosso casamento durou 52 anos! Mais de meio século de amor e de felicidade! E fui feliz em todos os sentidos. Zora era uma mulher maravilhosa. Intelectual e companheira para todos os momentos. Muito do que sei hoje sobre África, aprendi com ela.

Onde escolheram para morar? Já casados, fomos morar no Leme, pertinho da praia, num pequeno apartamento alugado. Ficamos lá durante um ano. Com o passar do tempo, e agora vivendo com dois orçamentos – o meu e o de Zora –, resolvemos que seria mais conveniente comprar um imóvel. Acabamos comprando um apartamento na Rua Duvivier, em Copacabana. O imóvel era ótimo. Além da sala e do nosso quarto de dormir, havia espaço suficiente para todos os nossos livros! O anterior, no Leme, já se tornara pequeno para abrigar a nossa biblioteca, que se avolumava. Compramos esse apartamento com um financiamento concedido pela Caixa Econômica Federal, a perder de vista. E é neste apartamento que ainda vivo e tenho todas as minhas coisinhas.

Coisinhas? Quantos livros tem sua biblioteca? Cerca de 18 mil, 20 mil livros. Costumo dizer que sou um homem pobre, cercado de uma riqueza imensa – meus livros e minhas máscaras africanas.

De onde vinha Zora? Era filha de pai croata e mãe mineira: uma mistura forte! Zora nasceu em Ouro Preto em 1918. Após concluir o curso primário, mudou-se com a mãe para Belo Horizonte e lá cursou o secundário. Aos 16 anos, ela já era muito independente. Integrava um círculo de escritores jovens, do qual faziam parte Fernando Sabino, Otto Lara Rezende, Paulo Mendes Campos e Rubem Braga. Zora era bem mais jovem que eles, já marmanjos, com mais de 20 anos. Quando a mãe ameaçou tirá-la da capital mineira por causa de seu convívio com esses intelectuais, que fumavam, bebiam e não dormiam, o grupo – que gostava muito dela – decidiu que a melhor solução seria legalizar a situação – casar a Zora. E foi o que aconteceu. Ela se casou com o mais velho do grupo, Rubem Braga. Depois, eles mudaram para o Rio e residiram também em São Paulo, onde nasceu seu filho, Roberto.

Rubem Braga era um jornalista que vivia viajando... Durante o governo de Getúlio Vargas, ele foi convidado a acompanhar a Força Expedicionária Brasileira na Segunda Guerra Mundial, como correspondente do *Diário Carioca* junto ao Alto Comando Aliado, na Itália. É verdade, Rubem Braga era um viageiro. Suas viagens se estenderam por vários países do mundo. Viveu em Paris, em 1950. No Chile, em 1955, chefiou o escritório comercial do Brasil. Foi até nomeado embaixador do Brasil no Marrocos, posto do qual se exonerou em 1963.

Enquanto isso, Zora... Enquanto isso, Zora ingressou numa intensa atividade política. Aderiu ao movimento de esquerda, do qual faziam parte amigos comuns, como Jorge Amado e Zélia Gattai. E isso lhe custou algumas perseguições e sofrimentos. Por exemplo: foi vítima da repressão, tendo sido presa com o filho quando este tinha apenas alguns meses de vida. Os dois permaneceram presos por mais de uma semana. Foi somente graças à intervenção do advogado Evandro Lins e Silva que Zora e a criança foram libertadas. Durante toda sua vida, ela foi grata ao advogado por tê-la "salvado das grades". Quando ele morreu, em dezembro de 2002, ela chorou muito. De volta de Brasília, onde acabara de tomar posse no Conselho da República, Evandro Lins e Silva sofreu uma queda em frente ao Aeroporto Santos Dumont. Hospitalizado com traumatismo craniano, não resistiu. Morreu aos 90 anos.

E quando Zora deixou Rubem Braga? Logo após o fim da Segunda Guerra, Rubem Braga retornou da Europa. Poucas semanas depois, Zora se separou. Foi morar em Paris, onde residiu por dois anos. Foi lá que escreveu seu primeiro livro político, *Eu vi as democracias populares.* Depois, escreveu também sobre cultura afro-brasileira e peças teatrais, como *Três mulheres de Xangô*, *Oxum Abalô e Exu*, *Cavaleiro da encruzilhada*, *Os navegantes, Festa do Bonfim* e outros.

fotos: Acervo ICAO

Anos 1960: Zora e Zélia Gattai, com Vinicius ao centro. Anos 1950: Zora e AO no restaurante Folclore, em Portugal, e em reunião no Rio de Janeiro.

Zora filiou-se ao Partido Comunista ao lado de Jorge Amado. Nunca se interessou em seguir os passos de sua mulher? Quando conheci Zora, ela já frequentava reuniões políticas juntamente com Zélia Gattai e Jorge Amado. Uma vez fui convidado para assistir uma das sessões e, como sou partidário do princípio da disponibilidade, aceitei. Fui, então, apresentado na ocasião como professor e escritor ao secretário da célula comunista, que era um operário. Diante de um comentário sobre a sujeira do banheiro no local das reuniões, o secretário procurou, indiretamente, ofender-me. Disse: "Aqui, quem limpa privada é professor e escritor, e quem escreve documentos é operário. Assim funciona o PC". Depois dessa, e não sendo masoquista, nunca mais voltei a essas reuniões. A primeira experiência foi dura demais!

Como resume sua relação com Zora? Resumir essa relação numa frase seria impossível! Depois que conheci Zora, minha vida inundou-se de coisas, de alegrias! O que tínhamos era um grande amor e um grande respeito pelo outro. Um acordo mútuo pela vida toda, capaz de superar até a fatalidade da morte.

Qual sua reflexão diante da morte? Costumo dizer: nós não somos eternos, infelizmente. Ou felizmente. A verdade é que, depois de algum tempo, a gente começa a perder tudo. Penso muito na morte. Mas não tenho medo.

Agosto de 1997: Antonio Olinto e Zora num Sabadoyle especial em homenagem ao acadêmico; na foto, com Heloísa Maranhão e Plínio Doyle.

Abaixo, 1936: O padre Helder com intelectuais no Rio, incluindo Bandeira, Amoroso Lima, Roquette-Pinto e Gustavo Capanema.

fonte: CPDOC/FGV-Rio

8

O Bispo Vermelho

Quando encontrou pela primeira vez com Dom Helder Câmara, ele era apenas um padre? Encontrei-me com Dom Helder, pela primeira vez, logo que deixei o seminário. Naturalmente, naquela época, Dom Helder era apenas um padre, mas já era conhecido pela sua grande oratória. Era um homem que nasceu para evangelizar. Com seus gestos exultantes, Dom Helder pertencia à "igreja do possível". Fui à sua igreja, no centro do Rio, ouvir dois sermões dele e fiquei boquiaberto. Ele tinha um domínio extraordinário da palavra. Aproveitei, da segunda vez, para me apresentar, como ex-seminarista. Disse: "Padre, me chamo Antonio Olinto, acabo de sair do seminário, estudei teologia e frequento regularmente sua igreja". Ele, com toda a aquela meiguice no olhar, afirmou: "Prepare-se, porque a vida fora do seminário é difícil, meu filho. Tenha fé. Venha sempre me visitar". Disse a ele que estava me adaptando, que precisava ampliar meus horizontes e minhas atividades sociais. Foi aí que ele perguntou: "Você participa de algum movimento político?". Eu disse: "Ainda não. Não tenho quase tempo, dou muita aula". Ele completou: "É sempre bom ter uma atividade política, Olinto. Hoje, vivemos uma situação não democrática no país, mas temos, além de outras agremiações, os comunistas e os integralistas, que são movimentos opostos. Os dois representam uma oposição ao governo de Getúlio Vargas e procuram simpatizantes. Aconselho você a conhecer os dois e depois decidir. Se quiser ir a uma reunião dos integralistas, pode aparecer".

E foi? Só uma vez! Fui lá assistir e vi todo mundo vestido com camisas verdes. Fiquei assustado. Disse: "Não, Olinto, não é bem isso que você quer!". Fugi dali e nunca mais voltei.

fotos: Acervo ICAO

Bancos Fechados Até 2ª-Feira

Magalhães Pinto Lança Manifesto — Última Hora — General Mourão Exige Renúncia

Expectativa e Intranqüilidade em Todo o País

SUBLEVAÇÃO EM MINAS PARA DEPOR JANGO

Jango:—O Golpe Está Condenado

BARRICADA E INVASÃO

Jair:—Máxima Energia Contra os Sublevados

MAZZILLI: AURO NÃO FALA EM NOME DO CONGRESSO (Pág. 4)

É curioso como uma personalidade como Dom Helder Câmara pudesse um dia participar do movimento integralista e falar com tanta naturalidade dessa experiência. Oriana Fallaci, a jornalista italiana autora de *Entrevistas com a história,* encontrou-se com Dom Helder na década de 1960 e perguntou como era possível que ele, que lutava pelos pobres e pela justiça social, pudesse um dia pertencer a um partido que defendia o fascismo, uma doutrina totalitária. Ele, com toda a naturalidade, respondeu: "Dentro de todos nós dorme um fascista e às vezes ele é despertado. Em mim, ele foi despertado porque um bispo, que era meu superior, insistiu que eu entrasse nas fileiras do integralismo. E eu, para atendê-lo, entrei, mas logo percebi que aquilo não era para mim e saí". E concluiu: "Peço perdão por isso, mas atendi ao pedido de um bispo!". Quando ele me aconselhou a ir na sede dos integralistas, Dom Helder me disse: "É bom você conhecer as realidades de perto. E leia também o programa dos comunistas!". Depois que voltei a encontrá-lo, me expliquei: "Dom Helder, desculpe, mas não me interessei em ser integralista". E ele, então, disse: "Fez bem. Pelo menos, já sabe do que se trata, meu filho". No Brasil, o integralismo surgiu sobretudo contra a ditadura getulista e depois contra o avanço dos comunistas. Era uma forma de protesto. Mas tudo isso passou. Dom Helder depois abandonou totalmente o partido e voltou-se para os afazeres sociais da igreja. Ficamos amigos e toda vez que ia a Londres, dar palestras, ele ia me visitar em casa e na Embaixada. Dom Helder tinha um grande público na Inglaterra e no resto da Europa.

AO em audiência com o marechal Castelo Branco, primeiro presidente militar do regime de 1964. Ao lado, debate sobre a ditadura, depois do retorno democrático, e, abaixo, a notícia do golpe militar no jornal *Última Hora*.

O escritor inglês Graham Greene queria até fazer um romance sobre a vida de Dom Helder Câmara, se não me engano. É isso mesmo! Graham Greene inclusive me procurou. Disse que estava interessado em fazer um romance baseado na vida de Dom Helder. Ele escreveu um romance extraordinário sobre Cuba: *Nosso homem em Havana*, a história de um vendedor de aspiradores de pó que é recrutado como espião pelo Serviço Secreto Britânico. É uma ficção magnífica, que precede a Revolução Cubana, liderada por Fidel Castro. Fez tanto sucesso que depois virou filme, dirigido por Carol Reed e estrelado por Alec Guinness e Maureen O'Hara. Pois é, Graham Greene, depois, queria escrever também um livro sobre o Brasil, tendo Dom Helder como personagem principal. Me procurou para um contato. Mas acabou desistindo, porque brigou na Inglaterra e foi morar na França. Mas chegou a manifestar pessoalmente que sonhava fazer um romance baseado na vida de Dom Helder Câmara.

É bem verdade que, durante um certo período – sobretudo durante a ditadura militar –, Dom Helder tornou-se um das figuras mais importantes do Brasil. Várias vezes ele foi indicado para receber o Prêmio Nobel da Paz (1970, 1971, 1972 e 1973). O admirável é que, enquanto muitos silenciavam, ele desafiava o governo brasileiro e denunciava todos os tipos de abusos e injustiças. Não tinha medo. Grande parte da igreja ficou quieta. A igreja aceitou silenciosamente os abusos da ditadura militar. Com exceção de alguns poucos em São Paulo, como Dom Evaristo Arns. Mas a maioria das autoridades eclesiásticas caiu no mutismo. Dom Helder era contra esse estado de coisas. E essa posição dele, para nós, já era uma grande coisa, porque serviu como pressão para salvar o Brasil do totalitarismo. Por isso que Graham Greene, que viajava pelo mundo à procura dos "adversários do poder", pôs os olhos nele. Se Greene não tivesse mudado de Londres, não tivesse buscado o "exílio voluntário" na França, talvez tivesse realizado seu sonho. A mudança para Paris desestabilizou um pouco sua vida e seus projetos literários.

A luta de Dom Helder era muito conhecida e ele contava com muitos admiradores... Ele percorreu o mundo todo denunciando a opressão. Tinha um público enorme, que o escutava aonde quer que fosse. Além disso, recebeu mais de 30 títulos *honoris causa* em universidades de diversos países. Recebia essas homenagens no exterior num momento em que, no Brasil, seu nome era proibido de ser mencionado pela imprensa. Foi quatro vezes indicado como candidato ao Prêmio Nobel da Paz. Em 1970, o então presidente Garrastazu Médici entrou em pânico e instruiu o embaixador brasileiro na Noruega a tudo fazer para impedir que a láurea lhe fosse atribuída.

Uma das frases lapidares que costumava repetir era: "Se eu dou comida a um pobre, me chamam de santo; mas, se eu pergunto por que ele é pobre e miserável, me chamam de comunista". Foi depois de um encontro fraterno que manteve com o cardeal Pierre Gerlier, de Lyon, no Congresso Eucarístico Internacional de 1955 – o qual lhe sugeriu colocar seu talento a serviço dos pobres – que Dom Helder abraçou com toda a perseverança sua luta. E ele sabia discernir a diferença entre a caridade vista apenas como objeto de generosidade e a caridade verdadeira, que tenta resgatar os desfavorecidos, os desamparados, dando a eles a possibilidade de alcançar também os direitos fundamentais do homem: direito a educação, alimentação, saúde, moradia. Para ele, "caridade", significava paz e justiça, dignidade e esperança. Jamais a esmola que humilha.

Alguns episódios envolvendo Dom Helder repercutiam muito no exterior. Quando ele morava na Rua das Fronteiras, no Recife, grafiteiros pró-ditadura escreviam repetidamente nas paredes de sua casa a palavra de ordem: "Morte ao bispo vermelho!". Fizeram isso tantas vezes que, quando ele chegava no Vaticano, o próprio Papa, para não perder o senso do humor, dizia: "Pode entrar, meu bispo vermelho!". Dom Helder foi uma espécie de herói nacional. Um religioso que faz lembrar Antonio Vieira, quer pela oratória, quer pelo seu espírito combativo em favor da justiça e da fé.

Dom Helder também teve sorte, porque o Vaticano não protestou ou interrompeu o curso de sua luta e de sua denúncia. Já o padre Vieira foi chamado pelo Marquês de Pombal e pela Inquisição, tendo passado pelas piores humilhações. Uma delas consistia em obrigá-lo a rezar a Ave Maria em latim. Tudo isso para testar se ele ainda recordava de alguns dos rituais mais simples da igreja. Essa é uma excelente história para o Arnaldo Niskier incluir na sua coleção de informações sobre o padre Vieira (risos). De fato, Vieira foi preso pela Inquisição e até foi proibido de ler livros! E imagine deixar o padre Vieira sem livros. Era pior do que condená-lo à morte!

Apesar de todas essas pressões, Dom Helder ainda teve tempo de escrever alguns livros e muita poesia. Ele era escritor. Todo homem que estuda em seminário tem uma tendência para ser escritor. Porque o seminarista aprende o valor da palavra. Dom Helder, inclusive, foi um bom escritor dentro de seus limites. Seu livro *Um olhar sobre a cidade* é um conjunto belíssimo de crônicas que o arcebispo de Olinda e Recife reuniu, aproveitando o que dizia na *Rádio Olinda*, todas as manhãs. É uma mensagem de amor e fraternidade ao homem simples e humilde. Uma verdadeira pastoral! No seu livrinho *O deserto é fértil*, ele tem poemas que são muito simples, mas que nos tocam profundamente, como um que decorei e que diz assim:

> Bendito sejas, pai,
> pela sede que despertas em nós
> pelos planos arrojados
> que nos inspiras,
> pela chama que és tu mesmo
> crepitando em nós...
>
> Que importa
> que a sede fique
> em grande parte insatisfeita
> (Ai dos saciados!)

Eu fiquei muito triste quando Dom Helder morreu, em agosto de 1999. O Brasil não teve, depois de Dom Helder, nenhum outro padre ou bispo com seu o destaque no mundo. Não quero com isso desmerecer personalidades igualmente dignas do maior respeito, como Dom Paulo Evaristo Arns, Leonardo Boff ou Frei Betto, além de outros. Decididamente, não era um bispo das elites, um príncipe da igreja. Era um pastor humilde a serviço de suas ovelhas, imbuído de incontestável amor pelo ser humano. Ele sempre pregou aos humildes a palavra de maior significado na cristandade: a palavra "amor".

Não lhe parece que o centenário do nascimento de Dom Helder Câmara, em 2009, foi muito pouco comemorado? Em 7 de fevereiro de 2009, a CNBB, a Arquidiocese de Olinda e Recife, o Instituto Dom Helder Câmara e a Universidade de Pernambuco promoveram comemorações em homenagem ao centenário de Dom Helder. O objetivo foi manter viva sua memória e sua luta em torno da solidariedade e da justiça social.

9
Graham Greene

Como Graham Greene entra na sua vida? Ele era do Pen Club Internacional e eu também. Em 1958, realizamos, no Brasil, um Congresso de Escritores e convidamos membros de todos os Pen Clubs do mundo. Greene veio representando a Inglaterra. Quando chegou para participar do evento, fiquei encarregado de ciceroneá-lo. Então, levei Graham Greene ao *Globo*, para almoçar com o Roberto Marinho, porque ele era muito interessado em jornalismo. Durante o almoço, perguntou: "Como o senhor, doutor Roberto Marinho, fundou este jornal?". Roberto Marinho explicou que *O Globo* havia sido fundado por seu pai. Greene, então, completou seu raciocínio: "Ah! É um jornal de família? Tudo o que é de família é sempre bom! Jornais que são vendidos para muitos donos acabam perdendo seu vigor histórico, sua força editorial!". Nem preciso dizer: Roberto Marinho ficou lisonjeadíssimo com aquela opinião do escritor inglês, tanto que resolveu publicá-la, numa versão mais ampliada e com grande destaque, já no jornal no dia seguinte. Eu mesmo aproveitei também para fazer uma nota sobre o impacto da visita de Greene ao Brasil. Quando voltou para a Inglaterra, telefonou-me pedindo que acompanhasse um jovem escritor, seu amigo, que queria conhecer o Brasil. Cumpri à regra seu pedido. A partir daí ficamos bons amigos. Quando fui para a Inglaterra, eu o procurei e ele, imediatamente, me recebeu com grande cortesia, mas disse que estava de mudança: para a França. Explicou: "Não suporto mais ficar aqui em Londres. Necessito mudar de clima". E, de fato, ele se mudou para a França. E toda vez que lançava um livro em Londres, sempre me convidava para as noites de autógrafos... Se participasse de uma conferência, pedia sempre que eu sentasse ao seu lado. Era uma honra!

Por que Graham Greene abandonou Londres? A mim, disse que preferia viver num país católico. Graham Greene foi considerado o maior escritor católico da Inglaterra e, certamente, um dos autores mais lidos do século XX. Mas era irreverente, não gostava de nada que fosse convencional. Muito menos da igreja anglicana! Por vezes, era duro nas críticas e fazia inimigos. Viveu em Nice, teve problemas com as autoridades locais e acabou escrevendo

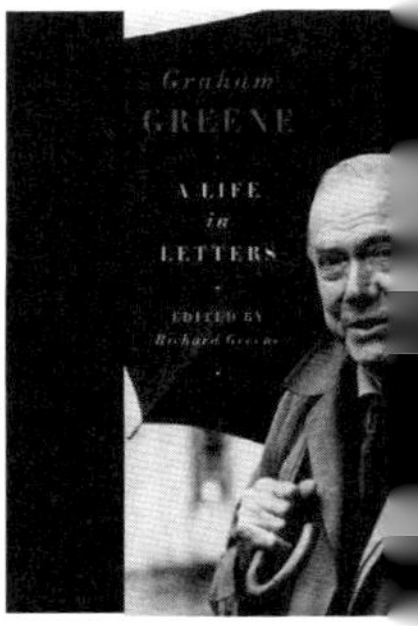

fotos: Vintage Classics e Norton/Divulgação

um livro bombástico, intitulado *J'accuse – The Dark Side of Nice*, publicado em 1982. Nesta obra, Greene aponta a corrupção judicial e policial naquela cidade francesa. Teve que sair de lá correndo. Viveu os últimos dias de sua vida na Suíça, em Vevey, na mesma cidade em que viveu Charles Chaplin.

Qual a opinião de Graham Greene sobre a obra de Antonio Olinto? Quando saiu *A casa da água* em inglês, que se chamou *The Water House*, enviei-lhe uma cópia. Ele prontamente me respondeu com uma carta, que guardo até hoje, dizendo que tinha gostado muito do livro. Escreveu: "Eu não sabia, até ler seu livro, que escravos brasileiros tinham ido para a África depois da abolição". Quando ele voltou a Londres para lançar outro livro, perguntei: "E agora, Graham, qual será sua próxima obra?". E então, ele reiterou: "Estou querendo fazer um livro sobre aquele bispo que vocês têm lá no Nordeste do Brasil, o Dom Helder. É uma boa figura para ser colocada num romance. Precisava conversar com ele, mas não posso viajar agora, porque tenho que resolver alguns problemas na França". Graham Greene tinha uma vida complicada. Acabou não realizando esse sonho. Viveu seus últimos dias na Suíça e morreu em 1991, quando já tinha escrito mais de 60 livros clássicos! Dom Helder, por outro lado, viveu mais oito anos, faleceu em 1999. Em 1982, Graham Greene publicou *Monsignor Quixote*, uma história que aborda a vida de um padre e de um comunista.

Dizem que era uma pessoa curiosa e que até sofria de desordem bipolar. De fato, era uma pessoa curiosa, que não tinha nada a ver com o comportamento comum. Ele era ele próprio; sem etiquetas "politicamente corretas". Até entendo por que ele não se dava bem com os suecos. E isso não só sob o ponto de vista religioso, mas também sob o ponto de vista da moral luterana da Escandinávia. Se apresentássemos o rei para ele, Graham

ham Greene queria escrever sobre
n Helder; fez *Monsignor Quixote*,
ndo de um padre e de um comunista.

979: Antonio Olinto, Ozanan Coelho (governador de Minas Gerais), nbaixador Roberto Campos e Carybé Embaixada do Brasil em Londres, por asião do 44° congresso internacional do Pen Club. Ao lado, AO em outro momento de mesmo encontro.

Greene diria: "Ah! Esse é o rei? Muito bem, esse é o rei". Era, ademais, um dos poucos escritores católicos que faziam sucesso na Inglaterra e no mundo. Um escritor católico, vivendo num país de língua inglesa, com religião majoritariamente anglicana. Era quase um romancista gótico, religioso.

Grande parte de sua obra reflete essa sua grande preocupação religiosa. A religiosidade, o catolicismo dele é muito profundo. Mas Greene expressava, às vezes, dentro de sua linha de pensamento, certos conceitos verdadeiramente insensatos. Costumava dizer: "O pecado é muito importante! Devemos pecar, porque só pecando damos conta do tamanho da baixeza próxima de nós". (risos) Sempre achei esse argumento para pecar muito original e engraçado!

Ele mesmo dividia sua obra em diferentes categorias: *thrillers*, romances quase policiais, romances políticos e obras sérias de fundo metafísico, nas quais condena a civilização materialista e adentra o campo da religião. Então, Graham Greene não é um só, mas dois ou mais, não acha? Como disse, ele era contra tudo o que fosse convencional. O convencional para ele estava errado. Defendia uma religião que não fosse convencional. Imagine, defender a crença no pecado como forma de expiação. O pecado – dizia ele – não é dormir com a mulher dos outros. Esse não é um pecado em si. O pecado é contra o próximo! Muitas vezes, a própria igreja católica se mostrava receosa de seus pronunciamentos. E ele era contra as concessões. Sua tese era: ser íntegro, ofenda a quem ofender! E Graham Greene era também um bom jornalista. Foi subeditor do *Times*. E, como jornalista, também não foi "convencional". Em 1937, foi crítico de cinema da *Night and Day Magazine*. Escreveu uma vez um artigo na revista sobre Shirley Temple, insinuando que essa menina de 8 anos tinha como admiradores clérigos e velhos de meia-idade dos estúdios de Hollywood, que disfarçavam com pouca inteligência seus verdadeiros desejos eróticos. Só não usou no artigo a palavra "pedofilia". Acabou sendo processado e fugiu para o México. Era irreverente. Como crítico de cinema, evidentemente, escreveu coisas admiráveis. Usou a linguagem cinematográfica como estilo. Tinha um invejável poder de síntese. Não gostava de perder tempo com muitas palavras!

E apreciava Machado de Assis? Me pareceu que sim. Uma vez, em Londres, chegou e me disse: "Esse escritor, Machado de Assis, do qual vocês falam tanto, é mesmo bom? Que obra dele me indica?". Como tinha uma cópia de *Quincas Borba* em inglês, resolvi oferecer a ele. Algum tempo depois, entrou em contato comigo:

"Mr. Olinto, Machado de Assis, realmente, é muito interessante! E eu não sabia que os brasileiros tinham a coragem de dar seus nomes aos seus próprios cães. Acho isso genial! Ignorava que os brasileiros amassem tanto seus animais a ponto de batizá-los com seus próprios nomes. Os ingleses deviam fazer o mesmo! Aprender isso com os brasileiros". Era muito divertido nas suas observações.

Cartaz de Leonardo Fireman para o Seminário Jorge de Lima, promovido em 2008 pela Faculdade de Educação e Comunicação do Centro de Estudos Superiores de Maceió.

foto: Acervo ICAO

Zora com Arthur Lundkvist.

Foi um fascinado pelo Prêmio Nobel e não ganhou, embora seu nome tenha sido cogitado várias vezes. No final, acabou aborrecido com essa história, tendo revelado que lhe faltava apenas um voto, mas que nunca iria recebê-lo, pois um dos membros da Comissão do Nobel não gostava de católicos e nem de escritores de esquerda. Essa pessoa – segundo Greene – era Arthur Lundkvist, com o qual você cultivou uma boa amizade.
Arthur Lundkvist era meu amigo pessoal de longa data. Inclusive me consultou para melhor informar-se sobre o poeta Jorge de Lima. Nessa ocasião, ele revelou que Jorge de Lima era um nome bastante forte como candidato do Brasil ao Prêmio Nobel. Quando estive pela primeira vez em Estocolmo, ele me contou que, logo depois do fim da Segunda Guerra Mundial, em 1946, tinha tomado um navio para a Índia, que fazia longas escalas, parando inclusive no Rio de Janeiro por um dia. Ele, que tinha lido poemas de Jorge de Lima, em espanhol e português, queria conhecê-lo pessoalmente. Viu, então, nessa escala no Rio, a oportunidade de encontrar-se com o poeta, mesmo que fosse por algumas horas. Quando o navio atracou no porto, às 7 horas da manhã, Arthur Lundkvist começou a procurar, à pé, o endereço do poeta brasileiro, que também era médico e tinha um consultório na Cinelândia. Encontrou.

Arthur Lundkvist passou praticamente o dia todo conversando com Jorge de Lima: tomaram café, almoçaram juntos e só não jantaram porque o membro do júri Nobel teve medo de perder o navio. Lundkvist confessou-me depois, em 1950, que ele saiu do encontro convencido de que Jorge de Lima merecia ser o primeiro brasileiro a ganhar o Nobel de Literatura. Quando soube disso, falei com várias personalidades no Brasil, alertei-as sobre essa possibilidade rara. As coisas ficaram – por assim dizer – arranjadas. O cálculo, contudo, era de que a premiação não seria feita de imediato. A previsão era de que o Nobel para Jorge de Lima sairia por volta de 1957-58. Em 1952, Jorge de Lima, firmou-se ainda mais como poeta, publicando obras épicas da maior importância. Infelizmente, nem tudo sai como a gente quer na vida. Foi uma pena! Jorge morreu em 1953, deixando para trás o sonho do Nobel. Sua morte inviabilizou totalmente as ideias de Arthur Lundkvist.

10
Jorge de Lima

Poeta, pintor surrealista, médico e candidato brasileiro ao Nobel de Literatura

foto: Portal litbr.com

Há um "caso Jorge de Lima", na literatura brasileira, que mereça voltar à tona? Há um caso que deve ser muito discutido. Em primeiro lugar, a posição que Jorge de Lima ocupa, hoje, na literatura brasileira, está muito aquém daquele que ele merecia ocupar. Alagoano, nascido em 1895, ele foi definitivamente um dos maiores poetas do Brasil e de toda a América Latina. Foi o caso mais apaixonante da poesia contemporânea do Brasil. Na verdade, criou o grande poema da brasilidade, tão rico quanto os *Lusíadas* de Camões. Mesmo assim, entre 1937 e 1945, foi candidato seis vezes à Academia Brasileira de Letras e seis vezes foi rejeitado. Por que? Perguntei a vários amigos acadêmicos, por que um poeta do calibre de Jorge de Lima não foi aceito na ABL? A resposta, invariavelmente, era de que sua obra era muito hermética e por demais comprometida com o catolicismo. Outros já apontavam a sua maneira desajeitada de fazer suas gestões políticas junto aos acadêmicos, como um obstáculo. Diziam que ele não sabia angariar votos, tornando-se na maioria das vezes ridículo na formulação de seus pedidos. Uma vez, escreveu um telegrama de cinquenta palavras para dar os parabéns pelo aniversário de doze anos da neta de um acadêmico. Muitos acharam isso um exagero. Jorge de Lima pedia votos para todo o mundo, mas de maneira desajeitada, diziam. A opinião de um grande número de acadêmicos, na época, era de que se entrasse para a ABL, ele seria um péssimo "imortal". Na minha opinião, o que o impediu de entrar foi sua franqueza. Sua honestidade. Falava o que sentia e, por isso, antipatizou com muitos. Era sobretudo um homem de alma franca!

Poetas de grande calibre, como Ivan Junqueira, expressaram outras opiniões, apontando que a Academia cometeu uma enorme injustiça com Jorge de Lima. E ele foi também rejeitado pela comunidade literária e por muitos intelectuais de seu tempo. É uma coisa muito curiosa que tudo isso tenha acontecido. Jorge de Lima era um homem de bom convívio. No seu consultório médico e no seu ateliê de pintura, Jorge recebia vários "amigos". Era comum encontrarmos lá Murilo Mendes, Graciliano Ramos e José Lins do Rego. Era igualmente um indivíduo solidário e meigo. Como médico, quase nunca cobrava pelas consultas e distribuía remédios de graça para todos que necessitassem. Além de escrever, gostava muito de pintura. Lembro-me de que um dia fui visitá-lo e o surpreendi pintando. Então, eu disse: "Jorge, que beleza esse quadro!". E ele, prontamente: "Pode levar, é seu!". Era tão íntimo com os amigos quanto o era com sua própria família. Mas isso não bastou para que rompesse o muro que levantaram contra ele dentro e fora da Academia.

Hoje, poucas pessoas se lembram de Jorge de Lima, o autor de um dos poemas mais belos da literatura brasileira: *Invenção de Orfeu*. Justamente. Ele foi marcado e muitos intelectuais achavam que podiam falar mal dele. Estavam errados. *Invenção de Orfeu*, seu último livro, é uma obra genial. Poema em dez cantos, descreve uma viagem, como a de Dante na *Divina Comédia*, ao inferno e ao paraíso, unindo outras epopéias nessa composição, como *Os Lusíadas* de Camões. É um trabalho literário de grande fôlego na poesia contemporânea. Nessa obra, ele combina o catolicismo, o surrealismo e o elemento

Capa da primeira edição do grande poema; último livro de Jorge de Lima.

onírico, como ninguém, absolutamente ninguém o fez antes no Brasil. Diria, para ser justo, que é um documento literário da natureza barroca do Brasil. Quando ele introduziu no seu poema trechos de Camões, que são também, originalmente, de Virgílio, todo mundo foi em cima de Jorge de Lima, afirmando que ele estava "plagiando os antigos". Um absurdo! Seus críticos chegaram a sustentar que ele "roubou versos de Virgílio", o que é uma pura bobagem, um disparate! Ao unir ao seu texto, erudito e complexo, fragmentos dos clássicos, ele queria fazer uma modernização das epopeias. Ele adaptou, em seu poema, uma abertura virgiliana existente em Camões: "As armas e os barões assinalados". Por tentar recordar a poesia de Virgílio e de Camões, Jorge de Lima caiu em desgraça... Mas, os que o criticavam, não tinham o mínimo de erudição e imaginação. Ele foi à busca dos séculos passados para colocar esse tempo na poesia brasileira, como nenhum outro poeta o fez. Em *Invenção de Orfeu*, o poeta é o herói que supera o tempo e o espaço para evitar as ciladas e as vicissitudes da vida. É preciso que essa geração que o conheceu e que continua denunciando sua ousadia, desapareça, para que Jorge de Lima assuma seu verdadeiro lugar na literatura de nosso país. Para que justiça seja feita ao seu nome!

Outros escritores foram também vítimas de discriminação, como aconteceu com Jackson Figueiredo, Gustavo Corção, Alceu de Amoroso Lima... Alguns, apontados como reacionários, nunca puderam entrar na ABL. Alceu de Amoroso Lima entrou. E entrou exatamente porque acharam que devia haver na Academia um católico praticante, de verdade. De fato, havia muitos movimentos contra ele, mas a igreja trabalhou em seu favor. Até o cardeal do Rio de Janeiro pediu voto para ele... Portanto, a igreja se movimentou. Já Jorge de Lima era um católico *en passant*, não era nem praticante e nem oficialmente da igreja. Alceu era "católico profissional". O Gustavo Corção não foi candidato e nem queria ser. Eu era seu amigo e um dia ele me disse: "Jamais vou entrar para a Academia. Para que lá irei, discutir assuntos sem a menor importância?". E Corção escreveu, sobre Machado de Assis, algumas das melhores coisas que já li. No começo, ele detestava Machado. Mas, humilde, fez uma releitura profunda do escritor, principalmente de *Memórias póstumas de Brás Cuba* e, depois, produziu uma obra histórica: *O desconcerto do mundo*, em que analisa o que há de verdade no pessimismo machadiano e acaba por identificar a influência do sábio do Eclesiastes na obra do nosso grande escritor e fundador da Academia. Não é pelo fato de o prefácio ser meu, mas penso que essa obra deveria ser reeditada. Corção poderia também ter sido eleito para Academia, mas não quis. Imagine que o próprio Manuel Bandeira propôs Gustavo Corção para o Prêmio Nobel por causa desse livro!

Você escreveu que "os versos de Jorge de Lima galopam em todas as direções". Isso porque ele cultivou ao mesmo tempo estilos diversos, como o parnasiano, o regional, o barroco e o religioso? Tinha também isso. Qualquer estilo era dele. Ele se aprimorava em imitar, às vezes, os clássicos, mas sem absolutamente copiá-los, fazendo uma coisa inteiramente nova dentro da linha que elegera. Quando Jorge se converteu verdadeiramente ao cristianismo, ele e o Murilo Mendes fizeram *Tempo e eternidade*, numa parceria inimitável, com superior qualidade literária. Jorge de Lima, o Tempo e o Murilo, a Eternidade. Ao escrever depois *Essa nega Fulô*, Jorge demonstrou que era um poeta autenticamente brasileiro. Capaz de escrever sobre nossas coisas, com invejável originalidade. Vinha de União dos Palmares, Alagoas, um dos estados "mais nordestinos" do Brasil. Estreou como escritor pela via neoparnasiana. Para quem quiser conhecer de perto a mente desse homem inigualável, deve ler *O anjo*, um livro fantástico, num estilo inteiramente modernista. *O anjo*, o personagem de seu livro, era ele próprio. Jorge de Lima era "O anjo". É um autorretrato. É o anjo que ajuda as pessoas nas suas aflições e com elas sofre. Um anjo capaz de errar, de perdoar, mas sobretudo de amar. Era o próprio Jorge de Lima. Uma vez, perguntei a ele se gostaria de ser crítico literário. Ele respondeu: "Não dou para essas coisas. Não consigo ver coisas ruins. Só me interessam coisas boas". Jorge de Lima era também um patriota, no sentido de admirar e louvar nossas coisas. Antes de viajar para os Estados Unidos, onde ia dar uma série de palestras, fui me despedir dele. E ele, com carinho, advertiu: "Cuidado, não vá ficar muito apaixonado pela América, Olinto!". Aí eu perguntei: " Ué, você é contra os Estados Unidos?". E ele: "Não. Claro que não sou. Mas a paixão sempre é demasiada, porque o que nós temos no Brasil é muito importante. Então, acho que não podemos

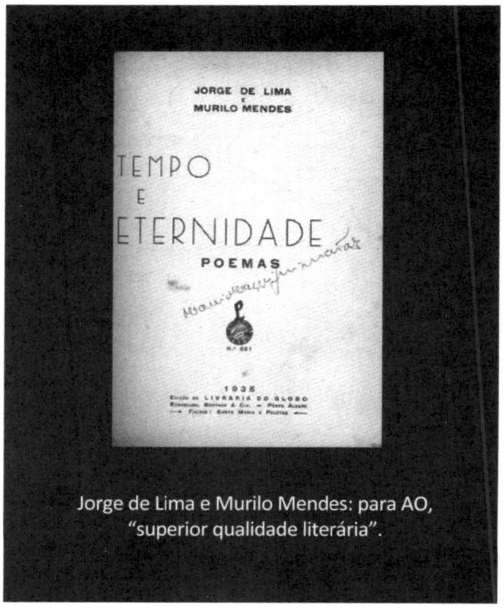

Jorge de Lima e Murilo Mendes: para AO, "superior qualidade literária".

perder tempo demais vendo nos outros o que eles não têm". E rematou: "O Brasil é a maior civilização miscigenada do planeta. Temos tudo aqui: negros, brancos, índios, mestiços, mulatos..." Jorge escreveu grandes poemas sobre a força da cultura negra no Brasil. Ele, também, me influiu grandemente quando fui para a África. Encontrei, na África, a poesia que Jorge de Lima fazia no Brasil. A poesia negra e os valores negros. Mas era superbrasileiro e um escritor multiépoca, nosso Dante e nosso Camões. Não me surpreende que Arthur Lundkvist – que falou com ele em português e espanhol – o tivesse escolhido como seu candidato ao Prêmio Nobel de Literatura.

11
Faulkner, Eliot e Russell

Então, 1950 foi a época dourada para a vida sentimental e a carreira de Antonio Olinto. A década de 1950 foi generosa comigo. Foi a partir daí que me firmei como jornalista, como crítico literário e como poeta. Foi o ano em que cobri o cinquentenário do Prêmio Nobel e encontrei grandes escritores, como William Faulkner, romancista e contista americano, do qual sempre fui um grande admirador.

Encontrou-se com Faulkner em Estocolmo? Em dezembro, em pleno inverno. Faulkner foi agraciado com o Prêmio Nobel de Literatura em 1949, mas recebeu o prêmio em 1950, durante as cerimônias do cinquentenário. Era um escritor americano, para muitos polêmico, descendente de uma família sulista ilustre, que viveu num momento difícil no sul dos Estados Unidos, inteiramente devastado, onde testemunhou a degeneração moral e física de negros, pobres e brancos arruinados com a abolição. Ele descreveu em seus romances toda essa miséria humana, todo esse sofrimento gerado pela pobreza e pela fome, fatos que a maioria dos americanos da época preferiam esconder. Mas, para além disso, há outro aspecto de Faulkner que é magistral. É o lado da "terra". Nós temos poucos escritores que realmente mergulhem na terra. No Brasil, no começo de suas carreiras, tínhamos Jorge Amado e, depois, José Lins do Rego – com a "terra do Nordeste" e João Guimarães Rosa, com o seu sertão, de Minas Gerais.

Lendo esses escritores essenciais, entendemos também por que esse tema é tão fundamental. A terra é elemento de enorme importância na obra literária de William Faulkner. Ele não captou apenas a infelicidade e as desgraças na região miserável em que viveu, mas deu destaque igualmente à problemática da terra. Ele era um apaixonado pelo lugar onde nasceu. Por isso, todos os personagens de seus romances aparecem – os mais miseráveis, "os mais sujos de lama" – como indivíduos "apegados à terra". São seres humanos que, embora sofram com a "terra empobrecida e miserável", não saem dela, não a abandonam, não escapam para Nova Orleãs ou Nova York. No fundo, apesar dos sofrimentos, amam profundamente sua terra miserável.

William Faulkner fotografado por Carl von Vechten em dezembro de 1954; um livro de T.S. Eliot, inspirado em poema do imperador romano Adriano; e Bertrand Russell em pintura de Edicius Efildaed.

A escolha de Faulkner para o Prêmio Nobel de Literatura foi considerada pelos críticos um dos momentos mais lúcidos da Academia Sueca em muitos anos. Os acadêmicos da época, que o escolheram, enfrentavam a adversidade da crítica – tanto nos Estados Unidos quanto na Grã-Bretanha –, que descartava Faulkner como um autor "perverso e grotesco", cujas obras nem mesmo encontravam editores interessados. É claro que, logo após premiação, ele passou a ser aceito e admirado praticamente por todos. E passou também a ser um *best-seller* mundial. Quando seu primeiro romance premiado saiu no Brasil, os críticos, apressadamente, chegaram a identificar na obra de Faulkner similitudes com problemas brasileiros. Seu romance descrevia terras parecidas com o Nordeste brasileiro, onde a população vivia do chão, onde imperavam a pobreza e a fome. E, num certo sentido, isso era verdade, porque Faulkner não é um escritor voltado para problemas como os de Nova York ou de Londres, dos grandes centros urbanos. Volta-se para problemas oriundos de terras pobres, como as que temos aqui, seja em Pernambuco, seja no Rio Grande do Sul, seja no interior de Minas Gerais. Até no Piau, onde nasceu minha mãe, reconheço os escritos de Faulkner. É claro que um escritor como ele – descrevendo tudo isso – não ganhava a simpatia oficial dos Estados Unidos, que certamente não estavam também interessados em recomendá-lo para o Nobel.

A forma de escrever de Faulkner exige muita concentração e profunda cumplicidade do leitor. Ele segue – como os críticos dizem – o modelo de Proust e de Joyce, o chamado *stream of consciousness* (o fluxo de consciência). O que aconselha àqueles que querem fazer o primeiro contato com Faulkner? Mesmo os livros iniciais de Faulkner, não tão marcantes, produzidos no período em que ele estava aprendendo a escrever, são bons e requerem cumplicidade do leitor. Nesses livros, ele mostra uma humanidade diferente, uma humanidade que não só vive do chão, mas está presa ao chão. E essa prisão à terra, à lama, é básica para se compreender sua obra.

O destino fatal do homem – segundo Faulkner – pode ser também a sua glória. Acredita que essa lógica faz sentido e engrandece sua obra? É claro que faz sentido! Nós todos somos condenados à morte, acima de tudo. Somos condenados a ter que vencer cada instante da nossa vida. A vencer não só através da saúde, mas através da alimentação, do aprendizado, da fé... Na medida em que aprendemos mais coisas, mais chances temos de viver mais... Enquanto, por exemplo, não dominamos as palavras, não dominamos as coisas que nos circundam, não somos ninguém... A filosofia faulkneriana vem nos mostrar isto: é preciso dominarmos o nosso meio ambiente, nossa linguagem, nosso falar. Para Faulkner, a palavra é, basicamente, a vida do homem. Ele pensa com a palavra, ama com a palavra, odeia com a palavra e morre com a palavra. E tem mais: ele faz uso das palavras fáceis, das palavras essenciais para a sobrevivência. Nada de acrobacias retóricas.

Ainda em Estocolmo, você encontrou-se com outra figura altamente admirada, T. S. Eliot. Sim. Estive com Eliot também na festa Nobel, em dezembro de 1950. Foi convidado para as festividades ao lado dos outros laureados. Thomas S. Eliot recebeu o Prêmio Nobel de Literatura em 1948, um ano antes de Faulkner. Nasceu nos Estados Unidos, em St. Louis, mas optou, em 1927, pela nacionalidade britânica e acabou se tornando mais inglês do que os ingleses. Era o poeta da sobriedade, um especialista no tocar das palavras, no usá-las e no juntá-las. Era altamente culto. Estudou em Harvard, na Sorbonne

Eliot dando aula na Universidade de Londres

e em Oxford. Com estirpe e linhagem, tinha senso de medida, característica da sociedade inglesa. Por isso, foi natural que a Inglaterra o transformasse no poeta nacional inglês de sua época.

Como era T.S.Eliot? Um *gentleman.* Fleumático. Ria pouco. Quando conversamos, notei que o tom asceta de seu rosto concordava com o teor de sua obra. Só achou graça e sorriu quando lhe disse que, na minha opinião, até a poesia de língua inglesa de poetas africanos seguia seu estilo. Ficou admirado quando destaquei que essa influência era visível em poemas de Okeigbo e Wole Soyinka. Quando perguntei de onde vinha a "força emocional" de seu canto poético, respondeu com absoluta segurança: "A força emocional de minha poesia é americana. Se tivesse nascido na Inglaterra, minha poesia não seria o que ela é". E, se tivesse permanecido nos Estados Unidos, não teria sido aquilo em que se converteu. É uma combinação das duas coisas!

Qual seu grande mérito? O modo como introduziu novos planos na língua inglesa determinou um amaciamento de toda a poesia norte-americana e britânica. Foi um desbravador de novos caminhos na literatura. Tanto isso é verdade que a Academia Sueca justificou o prêmio a ele atribuído "*for his outstanding, pioneer contribution to present-day poetry*" ("por sua contribuição relevante e pioneira à poesia contemporânea). Após sua conversão ao cristianismo pela igreja anglicana, claro, sua obra assumiu uma certa conotação religiosa. Procura respaldar-se em valores europeus, que julgava muito importantes.

Nos dias atuais, Eliot desperta interesse no Brasil? Veja, durante as celebrações do quadragésimo aniversário de sua morte, a poesia completa de Thomas S. Eliot saiu em tradução brasileira sob uma rigorosa e imponente versão do poeta Ivan Junqueira. Ivan, que é também um dos mais queridos membros da Academia Brasileira de Letras, trouxe para o português toda a força eliotiana, visceralmente jogada nas palavras, nos versos em português que ele, como poeta brasileiro, reconcebeu. E é admirável o fato de que todo o verso inglês de Eliot mantém sua força na interpretação cuidadosa de Ivan Junqueira.

Em 1950, você encontrou-se também com Bertrand Russell. Sim, para mim – modéstia à parte –, foi um encontro histórico. Em 1950, Bertrand Russell foi agraciado com o Prêmio Nobel de Literatura, em reconhecimento por seus escritos, que defendem a luta em defesa dos ideais humanitários, a liberdade de pensamento e de expressão. Esta, aliás, foi a justificativa dada pela Academia Sueca, naquele ano, para laurear Russell. Na verdade, ele poderia ter sido um nobelizado múltiplo, podendo receber até o Prêmio Nobel da Paz, pela sua luta em favor do desarmamento mundial e a abolição dos arsenais nucleares. Ele já tinha quase oitenta anos, setenta e oito para ser preciso, quando o encontrei em Estocolmo. Era uma figura radiante e um profeta da lucidez. Quando perguntei a ele como tinha sido sua infância, respondeu, sem rodeios, que tinha sido muito difícil porque ainda muito criança perdera o pai, a mãe e a irmã. Ficara só, na guarda de tutores. Sua vida ficou dependendo de decisão judicial. Quando o pai morreu, Bertrand Russell tinha apenas 3 anos de idade. Quando ainda vivo, o pai – como visões rigorosas – exigia que os filhos crescessem sem quaisquer superstições. Bertrand Russell, por isso, acabou tornando-se um indivíduo agnóstico.

Era, também, um grande filósofo e matemático. Sim. Esteve sempre preso à matemática e à lógica. Foi autor de algumas das mais influentes teses filosóficas do século XX. Criou a chamada "Filosofia Analítica"... E, entre todas essas teses, figura uma particularmente importante, a tese logicista – da fundamentação da matemática. Bertrand Russell tinha uma cultura vastíssima. Chegou mesmo a propor um código de conduta baseado em dez princípios, à semelhança do decálogo cristão. Entre esses dez princípios, recordo de um que diz: "Não tenhas certeza absoluta de nada!". Ah, um outro: "Não possuir algumas das coisas que desejamos é parte indispensável da felicidade". (risos)

A vida de Bertrand Russell abrange um período enorme, que vai desde a época da Inglaterra vitoriana até a Era Espacial. Para além do conhecimento que colheu através de sua longevidade, ele foi também um filósofo e um apóstolo da paz, muito respeitado. Por que, na sua opinião, ele se tornou um homem com tanto prestígio mundial na sua época? Em primeiro lugar, pela sua pregação e pelo seu programa em defesa da paz mundial. Bertrand Russell dedicou toda sua vida à luta contra a guerra, em favor dos movimentos pacifistas. Para Russell, a guerra "não se justifica", a guerra "não deve existir. E indagava: "Por que um homem deve guerrear contra outro homem?". Então, com todo o conhecimento filosófico que tinha – não só estudando o ser como ser – mas adotando igualmente seus conhecimentos como lógico que era, Russell criou toda uma plataforma mundial contra a guerra e em favor da paz. Na época em que recebeu o Prêmio Nobel, o mundo já não era de paz. Vivíamos o começo da Guerra Fria. E, quando eu o entrevistei em Estocolmo, ele mesmo se indagava: "Quando enfrentaremos a Terceira Guerra Mundial? Quando a Guerra eclodirá? Trata-se de uma questão de tempo". Parecia ter uma fixação mental sobre o tema. Não pude nem mesmo pautar minha entrevista com ele, porque Russel – ele mesmo – adiantando-se, resolveu discorrer sobre o assunto. Disse: "Mr. Olinto, como o mundo encontra-se hoje, enfrentaremos em breve a Terceira Guerra Mundial". Bertrand Russell, na minha frente, priorizou este assunto, em vez dos meus temas vinculados à literatura. E, eu, frente a um Prêmio Nobel, não quis contrariá-lo. Deixei rolar... Toda a entrevista que fiz com ele em Estocolmo, em 1950, foi baseada na possibilidade de uma Terceira Guerra Mundial. Quando publiquei a matéria no *Globo*, não podia dar outra. Todo mundo perguntou: "Mas, esse Bertrand Russell está louco?". A verdade é que, durante a década de 1950, o mundo todo já vivia um outro tipo de guerra: a Guerra Fria, um período tenebroso que se prolongou por quase meio século, de 1945 a 1991, quando se viveu o pavor da possibilidade da aniquilação mútua. E essa "Guerra Fria", de que Bertrand Russell alucinadamente falava, podia ter sido muito pior do que foi. Felizmente, começou com graves apreensões, com grandes ameaças entre o Leste e o Oeste, e terminou sob a égide da esperança. Se tivesse tomado outro rumo – o da confrontação nuclear entre as grandes potências – talvez não estivéssemos aqui para comentar.

Como era Bertrand Russell em pessoa? Fisicamente, era baixo e de cabelos branquíssimos. Seus olhos tinham um brilho intenso. Falavam por ele. Não era só uma pessoa amável, mas era uma pessoa que se aproximava de você. Ao falar, tinha uma energia contundente. Convencia pelo discurso. O Faulkner era exatamente oposto: era desconfiado e arredio. Se afastava dos interlocutores e muitas vezes interpretava as perguntas dirigidas a ele como uma ameaça ou uma provocação contra sua pessoa. Bertrand Russel, apesar de ter me pautado, no nosso primeiro encontro, era reconhecidamente um "homem de diálogo". E quando nós encontramos para uma entrevista um "homem de diálogo", as coisas ficam, invariavelmente, mais fáceis. Porque ele quer dialogar com você. Ele acompanha seu pensamento. Na sua pergunta, ele já se revela. Bertrand Russel era, ademais, um homem de grande energia. Maior prova disso foi quando sofreu um acidente aéreo perto de Oslo, na Noruega, onde foi convidado para uma palestra. Devido ao mau tempo, seu avião – com 45 pessoas a bordo – sofreu uma pane e caiu no mar: 19 pessoas morreram. Bertrand Russell, que pulou no mar, foi obrigado a nadar nas águas geladas da Baía de Holmmevika, até que um barco salva-vidas o resgatou, junto com outros passageiros. E isso deu-se, quando ele tinha 76 anos, dois anos antes de receber o Prêmio Nobel de Literatura. Ao chegar em terra, enrolado num cobertor, os reitores da universidade em que ia palestrar comunicaram que decidiram suspender o evento, para que ele se recuperasse. Bertrand Russell protestou: "Nada disso! Por favor, só preciso de um conhaque e um cigarro! Vamos em frente!". Bertrand Russell foi uma das pessoas que mais me impressionaram na vida...

Mas, se teve nas mãos Bertrand Russell, não conseguiu dobrar William Faulkner... Meu erro foi tentar falar de Malraux e de Proust com Faulkner. Quando associei Proust à sua obra, ficou furioso e foi quase grosseiro: "Eu nunca li Proust! Não conheço!", disse, irado. Meu erro! Devia ter ficado quieto a esse respeito. Descobri, porém, com esse "erro", que a pior coisa que você pode fazer com um escritor é compará-lo a outro. Mais tarde, Faulkner reconheceu a força de Proust na linguagem, na lógica da frase, criando, ao mesmo tempo, o passado dentro do presente. Mas, naquele dia, em Estocolmo, ele parecia uma fera, estava indignado: "Eu nunca li Proust!".

Então, peço desculpas, Olinto, porque eu mesmo já disse que você é um escritor proustiano. Ora, mas eu não sou Faulkner! Não me importo com isso. E ser comparado a Proust, para mim, é um grande elogio. (risos) Pensei que, escutando isso, William Faulkner se sentiria também elogiado, mas sucedeu justamente o contrário.

E nunca mais se encontrou com ele? Voltei a encontrá-lo nas celebrações do Quarto Centenário de São Paulo, em 1954, para as quais Faulkner foi convidado. Então, quando o vi, educadamente saudei-o, ao que ele de imediato replicou: "Você, outra vez?". E eu dei o troco: "E daí? Já leu?". E Faulkner, que não havia esquecido de nosso encontro de Estocolmo, para minha surpresa, respondeu telegraficamente: "Já. É bom!". Referia-se, naturalmente, a Marcel Proust.

Você deve ter modificado os hábitos de leitura de Faulkner, por que consta que ele gostava mesmo era de ler revistas populares e histórias de detetive. Coisas de banca de jornal. Não era, definitivamente, um Bertrand Russell! Costumava dizer que era muito mais interessado em corrida de cavalos do que em literatura. E completava: “Escrevo para me sentir livre. Escrever, para mim, é um *hobby*. Se as pessoas leem ou não leem meus livros, não me importa! *I don't give a damn*!”.

Bertrand Russell era um homem mais universal, não é verdade? Um dos seus méritos maiores foi sua liderança no movimento em favor da paz. Claro.

Ele tinha um programa, na BBC de Londres, que conseguiu alterar a apatia do público sobre a questão dos arsenais nucleares e sobre o perigo de uma Terceira Guerra Mundial. Inclusive, preparou um manifesto de paz, cuja primeira adesão foi de Albert Einstein. Hoje, Antonio Olinto, onde estão homens como Bertrand Russell? Ninguém protesta mais contra os arsenais atômicos das grandes potências, que continuam existindo e sendo aperfeiçoados? Não temos mais pacifistas. Quase todos os países poderosos pensam, hoje, em usar a força, como já o fizeram, passando por cima até mesmo das resoluções do Conselho de Segurança. Os Estados Unidos, por exemplo, continuam usando sua força em qualquer lugar. Temos o exemplo do que ocorreu no Iraque, no Afeganistão... Continuam, também, produzindo armas sofisticadas e querem que essas mesmas armas garantam a paz. Mas as armas não garantem a paz. Elas são feitas para serem usadas, para matar, para servir de força ameaçadora e não mais, apenas, como força de dissuasão. Armas continuam sendo vendidas em todos os quadrantes. Seu comércio é florescente! São vendidas, inclusive, para quem não pode utilizá-las! O comércio de armas devia ser proibido no mundo. Mas como convencer os governos? Nem a própria ONU, que nasceu sob o signo da paz e da segurança mundial, consegue isso! O que Bertrand Russell queria era justamente acabar com os arsenais e a produção de armas no mundo, para evitar a proliferação das guerras e destruições tão horrendas como as de Hiroshima e Nagasaki. A indústria bélica é, porém, muito mais forte que as boas intenções.

De qualquer forma, suas campanhas repercutiram em todo o mundo, atraindo outros grandes nomes em favor do desarmamento. Sim. Imagine que na década de 1960, quando já tinha 90 anos, organizou com Albert Einstein o Movimento Pughwash – que existe até hoje –, contra a proliferação das armas nucleares! Eram as Conferências sobre Ciência e Assuntos Mundiais; em inglês, *Conferences on Science and World Affairs*, cujo objetivo era reduzir a ameaça dos conflitos armados e procurar soluções

GUERRA EM BREVES DIAS!

MAC ARTHUR VISITOU O "FRONT"

O GLOBO

ILSE KOCH

DEFESA

AINDA INTERDITADOS OS BANHOS NUM TRECHO DE COPACABANA

UM MES

As Cartas Pessoais de ROOSEVELT

IX - A VIAGEM À AMERICA DO SUL

Página de *O Globo* com matéria de AO sobre Bertrand Russell e o cartaz do Movimento Pugwash, lançado em 1955 por Russell e Einstein contra a ameaça nuclear.

para a segurança global. O manifesto, assinado por Albert Einstein e por Bertrand Russell, contribuiu para alertar a opinião pública sobre a grave ameaça que pairava sobre o mundo civilizado. Seu efeito, creio eu, foi construtivo, como evidenciado mais tarde durante a confrontação de 1962, entre a URSS e os Estados Unidos, quando da tentativa de instalação dos mísseis soviéticos em Cuba.

Recordo que, em 1965, Bertrand Russell discursou perante a reunião preparatória do Tribunal Internacional para os Crimes de Guerra, criado para investigar os crimes cometidos pelos americanos no Vietnã, tendo publicado um livro intitulado *War Crimes in Vietnam* ("Crimes de guerra no Vietnã"). Leu esse estudo? Li na época de seu lançamento. O Vietnã foi uma mancha no mundo. Tudo isso porque um país gigantesco e poderoso, como os Estados Unidos, optou pela violência completa. A guerra do Vietnã marcou tanto os EUA que, depois, por causa dela, foram perdendo sua força dominadora, como nunca acontecera antes. Bertrand Russell que, desde o início, condenou a invasão do Vietnã, achava que os americanos cometeram um erro imperdoável e nada tinham que fazer naquele país asiático. Invadiram uma nação que tinha sido da França, de influência político-cultural francesa. Erraram e, como consequência, perderam a guerra. Por incrível que possa parecer, as pressões internacionais foram tão grandes que os Estados Unidos perderam uma guerra que não poderiam ter perdido! No caso do Vietnã, a luta de Bertrand Russell prevaleceu.

Ao fazer 80 anos, Bertrand Russell, que era um fumante inveterado, ofereceu um conselho sobre longevidade: "Adotar alguns hábitos olímpicos hilariantes, que mantivessem as pessoas ocupadas, mas evitando todos os excessos, exceto o hábito de fumar". Até os 42 anos, ele disse que não fumou. Mas nos últimos 60 anos de sua vida ele fumou todos os dias, parando só para comer e dormir. Qual sua reflexão, Antonio Olinto, você que passou dos 90? Bertrand Russell foi "salvo" pelo cigarro, no acidente de aviação que sofreu na Noruega. Quando marcou o voo, pediu várias vezes que o colocassem

"Todos fumavam": os poetas Jayme Ovalle e Vinicius de Moraes, tendo ao centro o cronista Otto Lara Resende; e também Antonio Olinto teve sua fase tabagista.

1959: AO com o poeta e pintor José Paulo Moreira da Fonseca, que seria seu concorrente em 1997 pela cadeira da ABL.

foto: Acervo ICAO

no setor de fumantes da aeronave. Um dia depois do acidente, afirmou que, ao insistir junto à companhia de aviação por um assento para fumantes, disse: *If I cannot smoke, I shall die!*. ("Se eu não puder fumar, eu morro!"). Quando o avião caiu, morreram todos os que não se encontravam no setor dos fumantes. No total, 19 pessoas. Mas, ironicamente, nenhum fumante morreu! Talvez esse trágico episódio o tenha animado a continuar fumando até o fim de sua vida. Eu acho que cada pessoa adota o estilo de vida que quer. Não acredito muito em padronizações. Eu fumei até os 40 anos. No seminário, nunca fumei. Quando deixei a vida eclesiástica e, já no Rio, a moda era fumar. Era "bonito" fumar. E aí todo mundo fumava – nas festas, nos clubes, nos bares e na via pública, jovens, velhos, mulheres... Todos os meus amigos fumavam. Um dia, Jorge Amado foi me visitar lá no Leme para irmos à praia. Quando atravessamos a Avenida Atlântica, cada um de nós – Zélia, Zora, Jorge e eu – já tinha acendido um cigarro. Quando chegamos à praia, já estávamos fumando o segundo cigarro. Aí, Jorge quebrou o silêncio e disse: "É um absurdo nós estarmos fumando assim já de manhã. Vamos ter a coragem de dizer que este é o último cigarro que fumamos?". Quando ele atirou o cigarro fora, segui seu exemplo. Zora e Zélia acompanharam. Voltamos para casa e não falamos mais em cigarros. Mas passamos mais de uma semana sentindo uma espécie de angústia, um mal-estar, como se tivéssemos perdido um membro da família. Dez dias depois, encontrei-me novamente com Jorge e perguntei: "E então, Jorge? Tá aguentando passar sem fumar?". E ele: "A semana foi dura. Até tive pesadelos. Mas as próximas semanas serão melhores". E foram. Você acredita? Nunca mais – Jorge, eu, Zora ou Zélia – pegamos em cigarro! Num certo sentido, creio, Jorge Amado ajudou a promover minha longevidade.

Jorge Amado foi então um pioneiro do antitabagismo, porque quase todos os escritores, poetas e jornalistas da época fumavam. Praticamente todos os meus amigos fumavam. Jorge de Lima fumava. Nelson Rodrigues fumava. Todos fumavam... Exceto, talvez, Carlos Drummond de Andrade. Nunca o vi fumando. Sim, Jorge Amado foi um pioneiro do antitabagismo entre os escritores e os jornalistas de sua época. O mesmo não poderia dizer de Nelson Rodrigues, que, apesar de ter sido internado em um hospital quando jovem, com problemas de pulmão, insistia em fumar muitos cigarros por dia. Mas era o Nelson...

foto: Blog Biografismos

Nelson: colega no jornal e no primeiro ensaio de consultório sentimental em *O Globo*. Ao lado, Zora e Stael Maria da Rocha, prima de AO e Miss Brasil de 1961, sendo apresentada a Roberto Marinho.

12 Nelson Rodrigues

Durante muitos anos você e Nelson Rodrigues sentaram lado a lado na redação de *O Globo*. Como recorda essa amizade? Recordo aqueles momentos ao lado de Nelson Rodrigues com grande emoção. Era uma pessoa muito alegre e um jornalista da melhor qualidade. Quando comecei no *Globo*, ele já estava lá. Desde o início, fiquei sentado ao lado dele e do seu irmão, Mário Filho, cronista de esporte, que Nelson apelidara de "Homero dos Esportes". Fomos colegas de redação e amigos durante longos anos e só nos distanciamos quando me casei com Zora, em 1955.

Vocês chegaram a dividir uma coluna em *O Globo*? Sim. Certa vez, Roberto Marinho chamou-nos e disse: "*O Globo* é hoje um jornal muito bom, só falta uma coisa: um consultório sentimental. As mulheres adoram. Como estamos recebendo muitas cartas, quero que vocês dois sejam os responsáveis por esse consultório – num dia responde um; noutro dia responde outro. Estamos combinados?". Concordamos e abrimos o "Consultório da Malu" em 1949, que foi um sucesso. Mas, não demorou um mês, fomos chamados outra vez pelo doutor Roberto. Com testa franzida, perguntou: "Posso saber quem é que está dando maus conselhos às mulheres? É você Olinto?". Me defendi: "Doutor Roberto, o senhor sabe, não é meu estilo. Sou muito poético para isso!". Roberto Marinho, em seguida, encarou Nelson: "Então, só pode ser você, Nelson! Assim não dá! Aqui, neste jornal, não sai sacanagem. Por favor, controle-se". Nelson saiu do encontro resmungando, mas o doutor Roberto queria "ordem na casa". O fato era que Nelson frequentemente se impacientava com as repetidas perguntas das leitoras. "Não sei o que faço, meu namorado só pensa naquilo", "Meu noivo só pensa em sexo" etc. Um dia, a uma consulente que se dizia em dúvida sobre ceder ou não às investidas de um pretendente, Nelson respondeu: "Se fosse você, eu aceitava. Dá logo, minha filha!". A matéria ia ser publicada, mas parou na revisão. É claro que, nesse passo, o "Consultório da Malu" não durou nem um ano! E nem poderia durar, porque naquele tempo não havia a permissividade que há hoje. Imagine que na Zona Sul não havia motéis e nem as mulheres tomavam pílula anticoncepcional. Na Zona Norte, o regime era das famílias rigorosas, com os pais velando pela virgindade e integridade moral de suas filhas. Só na Zona Sul do Rio que se podia, esporadicamente, prevaricar. O "Consultório da Malu", como queria o doutor Roberto Marinho, não funcionaria de jeito nenhum nas mãos de um Nelson Rodrigues.

Você o qualificou como "homem naturalmente divertido e com coerência de temperamento". Nelson era muito divertido. São inúmeros os episódios que testemunhei ao seu lado. Saíamos da redação curados de qualquer tristeza, porque Nelson era o mestre do "humor irônico". Uma vez, quando já estávamos na *Última Hora* e ele escrevia uma crônica, uma secretária gritou: "Seu Nelson, telefone pro senhor!". Ele interrompeu o que escrevia e foi correndo para o outro canto da sala. Enquanto ficava lá, levantei-me e li o que estava escrito na sua máquina. Dizia: "Anselmo estava pensativo, sentando junto à escrivaninha, paralisado com seus pensamentos..." Eu, que estava a fim de fazer uma brincadeira com ele naquele dia, acrescentei: "De repente, abriu a gaveta, tirou o revólver, colocou junto à testa e estourou os miolos". Quando ele voltou e retomou a crônica, leu o que estava escrito e disse: "Alguém mexeu na minha máquina, enquanto falava ao telefone?". Eu, que estava mais próximo, retruquei: "Não. Não vi ninguém mexendo em nada, Nelson!". Fiquei rindo por dentro, mas ele mesmo não reagiu mais. Continuou escrevendo, como se nada tivesse ocorrido. Imagine; ele aceitou o texto como estava, com minha alteração e continuou a história com o personagem morto. A crônica saiu publicada no dia seguinte, com minha alteração! Nelson assumiu a morte do personagem, que originalmente, talvez, não tenha sido sua ideia. Pode?

Nelson pelo artista plástico Tito Oliveira.

Nelson Rodrigues foi tachado por muitos de gênio, revolucionário, de louco, mas também de reacionário. Nenhum escritor, na sua época, parece ter sido tão polêmico. Como descreveria hoje seu companheiro de traba-

foto: Acervo do Teatro Municipal do Rio de Janeiro

lho? Nelson Rodrigues era, acima de tudo, um homem de pensamento livre. Ele nunca se adaptava, nunca se sujeitava a qualquer exercício de repressão mental. Rejeitava, portanto, qualquer tipo de enquadramento crítico ou patrulhamento ideológico de seu modo de pensar. Não aceitava, de forma alguma, diretivas políticas. Queria ser, acima de tudo, um indivíduo livre, para fazer tudo aquilo que bem entendesse, com inteira liberdade e sem constrangimentos. Ancorado nesses princípios, desde o início, quando lançou a tragédia *Vestido de noiva*, em 1943, Nelson Rodrigues espantou o Brasil. Para encenar essa peça, que revolucionou a dramaturgia e o teatro nacional, sofreu muito. Teve que consultar uma multidão de pessoas antes de entregá-la ao diretor Ziembinski. Mas, quando finalmente a peça foi encenada, a obra provocou um verdadeiro impacto nacional. Talvez sem querer, ele aplicou uma descarga elétrica no pensamento intelectual brasileiro da época. A apresentação de *Vestido de noiva*, no Teatro Municipal, resultou num extraordinário sucesso. Com isso, Nelson não somente se transformava num dos maiores dramaturgos e escritores do Brasil, mas também confirmava a força de seu pensamento livre. De seu poder de criatividade, sem submissões. Era uma coisa inteiramente nova!

Inteiramente nova também pelo tratamento dado à questão do sexo? Também, sim. Mas essa coisa inteiramente nova tinha por base não só o sexo, mas igualmente os problemas oriundos do sexo: o amor, a paixão, o ciúme, a obsessão, a prostituição, o caos sexual... Enfim, tudo o que o sexo tem de grandeza e de baixeza. Poucos autores brasileiros capturaram tão bem como Nelson Rodrigues as questões derivadas do sexo para sua literatura, seus livros e suas peças teatrais. "Não posso me sentir como um cão acorrentado querendo agarrar uma cadela no cio quando trato de sexo", disse-me ele uma vez, revidando com ironia a alcunha que recebera de um crítico de ser "um escritor pornográfico".

Isso partiu sobretudo de críticos de São Paulo nos anos 1950. Para eles, Nelson Rodrigues tinha uma mentalidade corrompida e desvirtuada, justamente pela sua opção pelo sexo e pela morte. Como conseguiu ele superar toda essa discriminação? Conseguiu porque tinha um estilo perfeito. Nelson não escrevia apenas para a elite. Escrevia para qualquer pessoa ler. Por isso, conseguiu ultrapassar a resistência inclusive daqueles que não se entusiasmavam com sua obra ou sua poesia. Até esses segmentos acabaram sendo seduzidos pela intensidade poética de Nelson Rodrigues. Ao identificar o sexo como a base de tudo, ele acabou mudando os rumos não só do teatro, mas até mesmo do nosso jornalismo incipiente.

Como? Na primeira metade do século passado, o jornalismo brasileiro era mais fechado. Não entravam em pauta certos assuntos... Com ele, passou a entrar e a máxima rodriguiana, de que "fora do sexo nada existe", passou também a ser aceita.

Não acha isso um exagero? Evidente. É um exagero. Mas, para ele, o sexo não era apenas o sexo comum, como já afirmei. A simples conversa de um homem com uma mulher já é sexo para Nelson Rodrigues. Ou seja, é sexo no seu mais alto sentido. Pelo seu conceito, sexo não é só ir para cama, mas também fonte de conhecimento e de vida entre dois seres. Para ele a "moralidade fanática" era doentia e ditatorial ao confundir pornografia com os sentimentos naturais da vida. Através dessa lógica de pensamento, de que o importante é essa relação "homem/mulher/homem", ele tirou tudo de dentro de si e criou uma obra, importantíssima, que hoje já não existe mais no Brasil. Ele foi único! Deve ser reconhecido como um escritor que levou até o fim suas ideias, mesmo quando enfrentou energicamente os que rotularam suas obras como imorais. Depois que sua peça *Álbum de família* foi censurada, em 1946, Nelson amargou muitos fracassos e decepções. Foi rotulado de escritor maldito, de tarado sexual, reacionário e inimigo da igreja e dos bons costumes. Teve, no entanto, coragem de levar suas ideias até o fim; mesmo quando, furioso, enfrentou o fanatismo moralista da sexualidade patológica. Foi um escritor de mérito e um jornalista que se perfilou, durante todo o tempo, ao lado do homem comum. Não teve medo de adotar uma linguagem popular e chocar, com humor devastador, os críticos da classe média que não entendiam nada de pessoas comuns, de povão.

O jornalismo era sua fonte diária de inspiração? Claro que sim! Ele não só escrevia para teatro como batalhava diariamente numa redação. Nelson Rodrigues começou a trabalhar em jornal aos 13 anos. O jornalismo foi uma escola para ele. Todos da família eram jornalistas. O próprio pai, Mário Rodrigues, foi assassinado por causa de um artigo de jornal. Gostava de todo o dia construir "A vida como ela é", uma coluna muito lida do jornal *Última Hora*. Essa coluna tornou-se um enorme sucesso de público na década de 1950. En-

Cartaz para a montagem de *As serpentes* em *Charqueadas*, Rio Grande do Sul.

tre seus contos mais conhecidos, figura *A dama do lotação*, que virou até filme. É a história de uma mulher que, com apenas um mês de casada, vai procurar seus amantes no interior dos transportes públicos. Nelson conhecia a alma carioca, o que o povo gostava de ouvir e de ler.

Ao referir-se como um "anjo pornográfico", Nelson Rodrigues confessou uma vez: "Sou um menino que vê o amor pelo buraco da fechadura. Nunca fui outra coisa. Nasci menino, hei de morrer menino. E o buraco da fechadura é, realmente, minha ótica ficcionista". Esse raciocínio faz jus à pessoa que você tão bem conheceu e que o levou para a *Última Hora*? Faz. Porque, ao identificar-se como menino, ele dizia a verdade. Dizia o que pensava. Só a criança é capaz – sem censuras – de dizer abertamente o que pensa. O homem adulto engana o pensamento e inventa constantemente coisas para esconder a verdade. Aliás – dizia Nelson – conhecemos também o homem por aquilo que ele não diz. Nelson Rodrigues dizia abertamente o que pensava, embora fosse econômico em "assuntos políticos". Adotou uma forma aberta de comunicar-se com as pessoas. Até mesmo com Roberto Marinho, que era seu patrão, Nelson era capaz de contradizê-lo e impor seu pensamento sem qualquer temor. Tinha uma forma muito especial de tratar os amigos e as pessoas que o circundavam! Era capaz de xingá-las, com todos os nomes, amorosamente. "Seu isso, seu aquilo". Não vou, aqui, repetir os palavrões usados por Nelson Rodrigues, mas eram todos muito engraçados quando saíam de sua boca.

Sabia dizer palavrões? Magistralmente. Quando dizia: "Ô, seu corno! Venha aqui!", ninguém aguentava na redação. Todos riam. Ele sabia xingar. Xingava com um sorriso contagiante, dentro daquele tipo de filosofia irônica que adotara. Era um craque da comunicação humorístico-obscena. Recentemente, voltei a ler algumas crônicas dele, escritas para a coluna "A vida como ela é"... Tive um acesso de riso, porque Nelson é tão engraçado que até o chocante tem humor no que escreve. E não se trata apenas de achar graça no seu texto, mas, sobretudo, de compreender que, no fundo, Nelson está dizendo a verdade. E se a verdade, para ele, na maioria das vezes estava

foto: Ajuda39/Divulgação

Disco com a trilha sonora de Remo Usai para *Boca de Ouro*.

no sexo, que lá esteja! Usando ou não palavrões, ou o sexo, como referência de uma sociedade decadente, Nelson Rodrigues nunca temeu os exageros. Leia sua peça *Boca de ouro*, onde todos os personagens são prisioneiros de paixões avassaladoras. Nelson usava a linguagem do povo, principalmente dos cariocas – direta, predominantemente coloquial. E seu teatro, também, é uma abordagem crítica à estrutura social brasileira: frágil, precária, abalada pela insegurança.

Era um homem que criticava a estrutura social brasileira de forma contundente, mas, estranhamente – ao contrário de outros jornalistas e intelectuais – não se posicionava contra o regime militar instaurado no país, que fazia suas vítimas, suprimia os direitos humanos e políticos. Por tudo isso, foi alcunhado, até mesmo por alguns colegas, de "reacionário". Como explicar? Nelson Rodrigues não era um "animal aristotélico" – um homem político no sentido estrito da palavra! Não tinha esse caráter. Sua filosofia era do tipo anárquico, beirando Salvador Dalí e Buñuel: "Se há governo, sou contra!". Nelson desprezava todos os tipos de governo. Achava que tanto os civis quanto os militares subiam ao poder para usurpá-lo – aproveitar-se da situação. Por sua popularidade, porém, poderia ter sido candidato a qualquer coisa, até mesmo deputado, que teria probabilidade de ganhar. Nunca quis isso... Um dia, me confessou: "Olinto, toda a política deve ser encarada com sorriso maroto". Era isso! Via os políticos e as autoridades no poder como indivíduos esdrúxulos, distantes do povo, de suas ansiedades do dia a dia. Ria das "coisas esquisitas" que os políticos diziam e faziam. É verdade que nem todos pensam assim... Em geral, demonstramos nossa discordância, nossa ira, contra aqueles que usurpam o poder, atuam contra os interesses do povo e dirigem a nação de forma egoísta e errada. Como ele não acreditava em governo nenhum, a impressão que se tinha era de que ele "tolerava a situação", ajustando-se à máxima "Quem cala consente". Mas não era bem isso. Se alguma vez criticava o governo, o fazia de forma reservada. Assim era Nelson Rodrigues! Às vezes, me pergunto: se estivesse vivo, o que Nelson seria hoje? Um lulista? Um partidário do PT? Ou um afiliado do PSDB ou do PMDB? Provavelmente, não seria nada disso.

Para ele, partidos e governos não assumiam grande importância no universo das verdadeiras ansiedades humanas. Para ele, importante era a vida diária. A vida de cada um... "a vida como ela é".

Muitos achavam difícil explicar seu silêncio. Num momento em que boa parte dos jornalistas se opunha ao regime de exceção, outros intelectuais passaram também a condenar os que optaram por ficar calados. Qual sua reflexão sobre isso? De fato. Naqueles tempos difíceis, todos os intelectuais que corajosamente participaram da campanha "contra a ditadura", passaram a condenar também colegas que permaneciam em silêncio. Como Nelson não se fazia ecoar contra a situação, passaram a rotulá-lo de reacionário. Mas isso não era novidade para ele… Durante toda sua vida, Nelson Rodrigues foi sempre um indivíduo combativo e combatido. Ele próprio foi vítima da ditadura militar. Várias de suas peças tiveram problemas com a censura federal. Seu próprio filho entrou para a guerrilha, foi preso e torturado.

Mas, aí, ele reagiu... Reagiu por que mexeram com a família dele. Veja só: em 1972, Nelson Rodrigues Filho, o "Prancha", militante de uma organização de esquerda, foi capturado e torturado. Nelson ficou completamente alucinado com isso! O Brasil vivia o governo mais repressivo da época militar, quando o presidente era o general Emílio Garrastazu Médici. Nelson fez tudo para que as autoridades mantivessem Nelsinho com vida. Até os finais de 1979, exerceu toda sua influência como jornalista e escritor para que seu filho fosse solto. Escreveu cartas, artigos, falou no rádio e na televisão… Quando tocaram na família dele, Nelson mudou. Foi a metamorfose. Antes de morrer, juntou-se à campanha pela anistia ampla e irrestrita. Chegou a publicar uma carta aberta ao presidente Figueiredo, na qual pedia a liberdade de jovens presos pelo governo militar: "Senhor presidente, solte esses jovens!", escreveu ele. Depois disso, ajudou outros pais de presos políticos e protestou veementemente contra a prisão de Augusto Boal, o criador do Teatro do Oprimido. Para que Nelson reagisse diretamente contra as autoridades, era preciso que as coisas estivessem realmente pretas, no seu modo de entender. E estavam. A burrice dos militares não tinha limites nessa época. Mexiam com muita gente à toa, sem fundamento, sem lógica, tropeçavam nos seus próprios erros, ampliavam sua impopularidade… Nelson sofreu muito com tudo isso e acabou morrendo precocemente, em dezembro de 1980, quando tinha apenas 68 anos de idade. Foi enterrado no cemitério São João Batista, em Botafogo, abraçado à bandeira do time que mais amava: o Fluminense. Morreu no mesmo dia em que fez 13 pontos na Loteria Esportiva, num "bolão" com seu irmão Augusto. Pode? Para a esquerda, ele era um reacionário; para a direita, um obsceno, um homem sem princípios morais... Rompeu até com Antônio Callado. Um dia, perguntei a ele como se sentia diante daquela situação. Respondeu, singelo: "Acho tudo isso passageiro. Tudo isso é transitório. Isso vai perder-se no túnel da história". O Nelson que conheci acreditava muito na fragilidade das coisas, na transitoriedade dos acontecimentos políticos. "Tudo é passageiro, Olinto!", repetia. Dizia isso indicando que – naqueles momentos de totalitarismo – nem mesmo o povo, na sua esmagadora maioria, tinha condições para depor os militares. "Tudo é transição, tudo passa!"

E passou... mas Nelson Rodrigues não teve a chance de testemunhar a volta do Brasil à democracia! Justamente. Quando tudo passou, Nelson Rodrigues, infelizmente, já tinha morrido e não pôde testemunhar o novo período que despontava na História do Brasil. E, após essa epopeia wagneriana, quando já não temos mais Nelson ao nosso lado e quando os militares já não assaltam o poder e o povo, a pergunta que faço é: encontra-se o Brasil na plenitude de um regime democrático? Minha resposta é: Sim! Encontra-se. Pergunto novamente: É perfeito? Não. Não é perfeito. E daí? Poucas coisas no mundo são perfeitas, ainda mais num país com a população e as dimensões do Brasil. Um país que, apesar dos avanços, tem ainda uma das piores distribuições de renda do mundo civilizado... Um país que continua destruindo milhões de quilômetros quadrados de florestas. Sejamos sinceros: um país destes não é fácil! Temos quadros e gente para enfrentar tudo isso? Não. Não temos! Naturalmente, somos contra os que destroem a Floresta Amazônica, contra os que não socorrem as crianças; somos contra a corrupção, contra a violência, contra os que não respeitam o meio ambiente e contra os que não aceitam a hipótese de uma divisão mais equitativa de riquezas... Enfim, somos – teoricamente – contra todos os tipos de injustiças. Mas o que fazemos? Podemos realmente fazer alguma coisa – num período previsível de tempo – para mudar esse quadro por completo e transformar o Brasil numa nação verdadeiramente moderna e poderosa? Quem pode hoje responder essa pergunta com segurança? É fácil culpar Nelson Rodrigues pelo seu "silêncio tolerante"! O Brasil é um país complexo, difícil, cheio de contrastes, apesar de todos os seus encantos – que também são muitos. Pessoalmente, não sou partidário de uma visão rodriguiana da coisas. Meu sonho, por exemplo, é que, apesar dos obstáculos, o Brasil é – queiram ou não – uma potência. Uma potência, com capacidade de superar as dificuldades que atrasam seu *take off* na direção de uma sociedade moderna e verdadeiramente avançada do terceiro milênio. Tudo dependerá, evidentemente, do esforço conjunto de sua população. E a educação é elemento crucial nessa tarefa!

13
Jornalismo e literatura

O que o jornalismo acrescentou na vida de Antonio Olinto? Muito. Até os finais de 1940, eu era apenas um professor superatarefado, com centenas de alunos espalhados pelo Rio de Janeiro. Não tinha tempo para nada! Só escrevia em jornal esporadicamente. Mas, em 1949 e na década de 1950, comecei a escrever regularmente para *O Globo*, depois do convite que recebi, pessoalmente, do Roberto Marinho. Então, minha vida mudou.

Como chegou até Roberto Marinho? Tive sorte. Ao chegar ao Rio, encontrei-me primeiramente com meu primo Edmundo Lys, que assinava uma coluna de cinema em *O Globo*. De cara, pediu-me para ajudá-lo. Seu sonho era fazer a cobertura do Festival de Cannes, mas não podia ausentar-se, porque só tinha ele para escrever a coluna. O Roberto Marinho já tinha advertido: "Você só vai se encontrar um substituto à sua altura!". Edmundo pediu-me, então, para substituí-lo por um mês. Passei a fazer crítica de cinema todos os dias. Ia ao cinema diariamente. Via todos os filmes em cartaz e voltava para a redação. Fiz tudo isso sem conhecer o Roberto Marinho. Quando Edmundo voltou de Cannes, disse: "Sabe, Olinto, o doutor Roberto quer conhecer você. Acha que suas críticas são melhores que as minhas". Acalmei-o: "Nada, Edmundo. Não tem isso de melhor ou pior. São crônicas diferentes". Me levou para conhecer Roberto Marinho, que foi direto: "Então, senhor Olinto, gostou de trabalhar conosco?". Não tive nem tempo de responder. Emendou: "Não temos ainda neste jornal alguém que faça uma boa crítica literária. Quer fazer?". Eu, que estava precisando ganhar mais alguns trocados, não titubeei: "Faço. Claro que faço, doutor Roberto! Será uma honra!". Uma semana depois, introduzi no jornal uma coluna intitulada "*O Globo* nas Letras". Foi um grande sucesso! Anos depois, Zora, minha mulher, me disse: "Querido, sua coluna é ótima,

foto: Editora Globo/Divulgação

Na biografia assinada por Pedro Bial, Roberto Marinho: o principal empregador de AO, que manteve em *O Globo* a coluna "Porta de Livraria".

mas o nome é fraco. Troque para algo como "Porta de Livraria". Foi o que fiz. "Porta de Livraria" durou mais de 25 anos! E lá pude lançar nomes de livros e escritores que ainda nem eram conhecidos do grande público!

E escreveu também uma série de ensaios sobre jornalismo e literatura. Entre 1951 e 1952, comecei a entender que o jornalismo é também uma espécie de literatura apressada. Uma literatura para o dia seguinte, limitada pelo tempo e pelo espaço. E essa literatura tinha suas necessidades. O primeiro artigo da série – escrevi-o, lembro-me bem, para responder às críticas de um colega de redação, Urbano, que em conversas, me dizia que jornalismo não era e nem jamais poderia ser literatura. Como não encontrei, na época, livro sobre o assunto no Brasil, resolvi enfileirar as ideias, que me acudiram a respeito do tema e publicá-las em minha seção diária no jornal. Veja como são as coisas. Mais tarde, Alceu Amoroso Lima leu o ensaio, já editado, gostou e dele escreveu, por sua vez, um trabalho intitulado *Do jornalismo como gênero literário*, que deu a matéria uma dimensão nova em nossa ensaística. Em *Jornalismo e literatura*, defendo a tese de que o jornalismo é uma espécie de literatura, literatura subordinada ao tempo e ao espaço, apressados. O livro foi tão bem recebido que, depois, foi adotado em praticamente em todas escolas de ensino superior do Brasil.

Quer dizer que jornalismo é uma "literatura apressada"? O jornalismo já foi chamado de "literatura sob pressão". Pressão do tempo e pressão do espaço. Em todo o mundo, a cada instante, os cultores desse tipo de literatura lançam palavras sobre o papel, com a preocupação do tempo que passa e do espaço, que é limitado. As frases ajustam-se a um tamanho, o pensamento é obrigado a trabalhar depressa. Agora, por maior que seja essa pressão no jornalismo, temos, fundamentalmente, as mesmas possibilidades que a literatura, de produzir obras de arte. A pressão existe sempre, no poema ou no romance, no ensaio ou no conto. A grande diferença está em que, no caso do escritor que "vive com mais liberdade" o ato de criação – a pressão vem de dentro - é imposta pela própria necessidade de seu autor chegar ao fim da obra. Na minha opinião, a pressão sofrida pelo jornalista, tanto de tempo quanto de espaço, não o impede de fazer um jornalismo com as mesmas possibilidades que a literatura. Nesse sentido, o jornalista até pode produzir "obras de arte". Uma mensagem individual extraída de uma realidade comum a todos. Fui o primeiro escritor brasileiro a abordar esse tema em mais de vinte artigos publicados no jornal *O Globo*.

Mas, em geral, os jornalistas vivem o dilema da transitoriedade: da notícia que nasce e morre. Como vencer esse dilema? O que pode acabar com o jornalista, em termos de criatividade, é a permanência. Ligado ao tempo que flui, à notícia que, um dia depois, é capaz de perder toda a força, o jornalista sente-se preso ao imediato, à transitoriedade. O jornalismo desperta o preconceito do cotidiano, do efêmero. O que acontece, porém, é que essa transitoriedade se limita a parte material que serve de veículo à notícia. Aquilo que você escreveu, no dia anterior, tem vida breve e, em geral, é substituído por algo mais atualizado. Mas, mesmo que a transitoriedade exista, o jornalismo comporta também a possibilidade de uma literatura de alcance, tanto nos gêneros da reportagem quando da entrevista. O importante, no início, penso eu, é a linguagem. Uma vez "dominada" a linguagem, pode o jornalista criar, dar vida a uma obra, desde que tenha conservado a pureza da emoção, a verdade de seu perceber histórico, sua fidelidade ao homem como ser consciente e ser responsável. O espírito de "organização e de *deadline*" que o jornalismo como trabalho diário exige do escritor, pode levá-lo à improdutividade criadora e à aridez interior. Se o jornalista não tiver o cuidado de manter viva, em si, a consciência de que o jornalismo é algo mais que uma simples atividade profissional, muitos assuntos que, feitos com maior amplitude de tempo, com mais vagar, seriam obras sólidas de ensaio ou ficção, ficarão circunscritos a um limite acanhado, sem possibilidade de expansão. Há uma nítida separação, também, entre o jornalismo comum e a obra de arte – ou entre o jornalismo comum e o jornalismo como obra de arte – que o escritor tem de surpreender, de demarcar, para poder sair incólume do trabalho diário de escrever em jornal. Digo sempre: o artista é aquele que mantém intata, em si, a capacidade de ter sentimentos estranhamente verdadeiros e de transmitir sentimentos estranhamente verdadeiros.

Em resumo, o que o jornalista-escritor deve evitar? A tragédia de cair na rotina. Quando o jornalista-escritor deixa de lutar, ele morre internamente. Perdendo o domínio sobre a notícia, sobre o assunto eleito e, depois, sobre a linguagem, o jornalista-escritor acaba perdendo também de vista o objetivo, o fim, o público, o leitor e ele próprio. Para que isso não aconteça, precisa manter permanente vigilância sobre si mesmo, sobre o modo como se aproxima da realidade, sobre seu senso de valores, bem como sobre sua capacidade de resistência e adaptação à pressão do tempo, do espaço e do público. O artista da notícia, o jornalista que sente a obra de arte possível na notícia cotidiana, encontra, a cada instante, vários caminhos diante de si. Mantendo o entusiasmo, ele terá sempre que realizar um ato de escolha.

Vários escritores, abordados por você neste livro, como Joyce, Proust, Gide e Faulkner, opinaram há muitos anos sobre a relação jornalismo e literatura. O problema é antigo... Gide manteve uma posição peculiar com relação ao jornalismo. Tentou excluí-lo da literatura. Sugeriu haver uma independência entre os dois – jornalismo, de um lado; literatura, de outro – negando àquele o caráter de obra de arte. Essa interpretação de Gide, porém, vinha de um preconceito e de uma interpretação unilateral do assunto. Para ele, jornalismo era exatamente o contrário da permanência: era a morte da palavra! A verdade é que todo o escritor necessita de uma base de realidade, que é a mesma do jornalismo, mas também precisa de se liberar das partes mortas dessa realidade, se deseja dar permanência a sua obra. Penso que a visão do homem, como ser e como vida ansiosa de alegria e de eternidade, só é alcançada pelo artista que talha obras em sentido vertical. O jornalismo, quando se torna um vício, deixa mesmo de ser jornalismo, no bom sentido da palavra, para se transformar em rotina, em repetição de palavras sem aplicação válida no mundo da realidade viva. Essa espécie de jornalismo apega-se ao detalhe, deleita-se com o que passa e não deixa vestígios. James Joyce esteve também em oposição ao jornalismo convencional, assim como Faulkner. Mas, se eles simbolizam o "antijornalismo", devemos entender esta expressão "antijornalismo" em seu sentido pejorativo, em seu significado mais comum, no da superficialidade de grande parte dos jornais no considerar as coisas humanas. E entender, também, que o modo mediocremente prático e leve, ou leviano, com que os jornais são feitos, nos obriga a uma constatação de um abuso de instrumento por parte daqueles que dele se encarregam comercialmente, impedindo um número maior de obras de jornalismo que sejam, também, uma forma de literatura.

No Brasil, qual teria sido a maior expressão desse jornalismo como gênero literário? A carta de Pero Vaz de Caminha foi a primeira reportagem escrita sobre o Brasil. A melhor de todas viria muito mais tarde, com Euclides da Cunha. Sob todos os aspectos, *Os sertões* (1902), é uma obra-prima de jornalismo. Surgiu de uma reportagem encomendada pelo jornal *O Estado de S. Paulo*. A Guerra de Canudos era assunto dos jornais da época, mas o imediatismo da imprensa comum não dava ao fato a devida perspectiva. Os motivos da luta eram desconhecidos, o ambiente que cercava Antonio Conselheiro, a própria figura do fanático, tudo isso estava cercado de mistério. O que era pior, de informações falsas ou truncadas. O modo como Euclides da Cunha aproximou-se do fenômeno foi o de um gênio do jornalismo. Observou a terra, penetrou no homem

Antonio Conselheiro e a República em desenho de Angelo Agostini: personagens da guerra de Canudos coberta por Euclides da Cunha para *O Estado de S. Paulo* e depois transformada em *Os sertões*. Ao lado, o obituário do jornalista Samuel Weiner no *JB*.

JORNAL DO BRASIL

SAMUEL WAINER

O FIM TRANQÜILO DE UM RENOVADOR DO JORNALISMO

SAMUEL WAINER MEU PAI

da terra, no fanático comum, tomado individualmente, e no fanático como parte da multidão, da coletividade onde vivia. E fixou o chefe, o ídolo, em páginas de extraordinário vigor. Não fez apenas um estudo isolado de Canudos. A comunidade fanática existia num meio, num país, o Brasil – tinha seus antecedentes históricos, suas determinações geográficas. O grande repórter que foi Euclides da Cunha eternizou a campanha de Canudos. Ao analisarmos a trajetória de Euclides em *Os sertões* deparamos com a crítica inequívoca do autor às alegadas razões republicanas de modernização do Estado brasileiro para justificar o massacre contra a população de Canudos. A República procurou desqualificar inteiramente as ansiedades daquele importante segmento da população baiana, vítima do massacre. É o desequilibrio social entre diversos brasis denunciado pelo jornalista/escritor Euclides da Cunha. E perceba que, em maior ou menor grau, isso continua acontecendo. Injustiças sociais graves continuam revoltando populações pobres em diferentes pontos do nosso país, ainda neste início de Século XXI. O que constitui exatamente a principal fraqueza do jornal – a transitoriedade – ganha, portanto, com Euclides permanência numa obra de jornalismo, porque, naquele acontecimento, que para muitos não tinha importância maior do que uma insurreição de fanáticos, ele viu uma constante da natureza humana, ávida e sobrenatural. Euclides da Cunha publicou capítulos de *Os sertões* em jornal, porque eram reportagens. Mas poderia não o ter feito e a obra continuaria sendo, intrinsecamente, jornalismo. Um jornalismo literário.

Na década de 1960, os americanos inventaram a expressão *New Journalism*... Exatamente. Mas foi a partir dos anos 70 que se aceitou mais abertamente esse tipo de jornalismo com vínculo literário. Novos nomes começaram a ser usados: jornalismo literário, não ficção criativa, literatura do real etc. Então, como definir "jornalismo literário"? Basicamente, poderíamos defini-lo com uma informação calcada nos fatos, mas relatada de forma literária, como o fez Truman Capote em *In Cold Blood* (*A sangue frio*), Gabriel García Márquez em *O relato de um náufrago* e, evidentemente, como

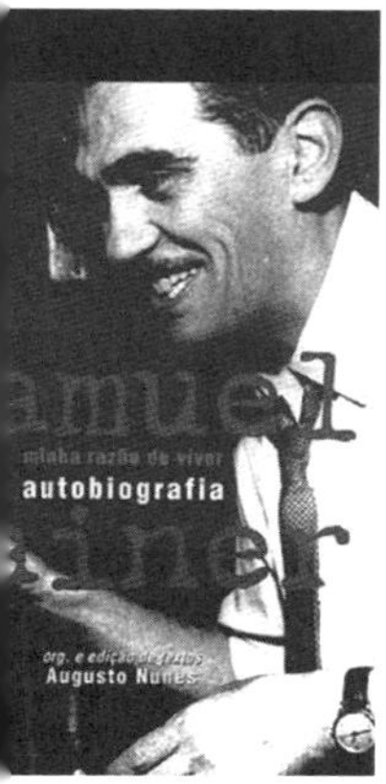

o nosso Euclides da Cunha em *Os sertões*. E digo mais, já encontramos essa tendência até nas obras de Honoré de Balzac, Ernest Hemingway e George Orwell. Um praticante brasileiro do "jornalismo literário" foi nosso saudoso Nelson Rodrigues. Quem, de nossa geração, não se lembraria da coluna "A vida como ela é", no jornal *Última Hora*, de Samuel Wainer? Era Nelson Rodrigues no seu melhor estilo de jornalismo literário!

14
A saga de Samuel Wainer

Ainda com toda a estabilidade dada por Roberto Marinho, você e Nelson Rodrigues abandonaram *O Globo* para trabalhar no *Última Hora*. Como lembra esse episódio e como descreve Samuel Wainer? A oferta era impossível de ser recusada... Wainer chegou com toda a franqueza e disse: "Vocês querem ir para o *Última Hora* ganhando o dobro do que vocês estão ganhando no *Globo*?". É claro que aceitamos! E Samuel Wainer era o "homem da vez". Foi, para mim, um dos maiores jornalistas brasileiros de todos os tempos! Transformou-se numa testemunha relevante da história e ajudou a construir a história do Brasil. O surpreendente em Samuel Wainer não era apenas sua audácia de repórter investigativo em busca da verdade, mas também a forma como capturava o instinto jornalístico, ou seja, com o menor número de palavras, com extraordinário poder de síntese. Ele era também um grande diretor de jornal e um mestre. Participava de todas as reuniões da redação. Comentava oralmente os artigos mais relevantes, saídos no jornal do mesmo dia. Além disso, aconselhava os novatos e dava tarefa aos focas. Às vezes, perguntava a um novato: "Você é jornalista?". E o rapaz/moça respondia: "Ainda não, seu Wainer. Sou foca!". Samuel Wainer fazia um jornalismo vivo em busca da verdade, com uma linguagem quase cinematográfica. Ele ia direto ao âmago das coisas, exatamente como o leitor deseja. Recordo-me dele como um jornalista capaz de impor sua presença pelo talento, pelo charme e pelo poder de sua inteligência. Eu e Nelson fomos convidados para trabalhar no *Última Hora* para "ganhar o dobro" do que estávamos ganhando em *O Globo*.

Aceitamos, sim! Precisávamos de dinheiro! Não pensamos duas vezes! Mas Roberto Marinho ficou bastante magoado. Quando o *Última Hora* acabou, sob pressões de Carlos Lacerda e da crise política que matou o presidente Getúlio Vargas, voltamos para *O Globo*. Roberto Marinho, então, nos chamou e disse: "Acabou a aventura? Então, agora voltem ao trabalho, seus fujões!".

Você disse que Samuel Wainer foi também protagonista da história. Refere-se especificamente ao caso de Getúlio Vargas? O caso do presidente Vargas não foi só o mais emblemático, mas o mais significativo episódio na carreira de Wainer. Além de valiosa testemunha, Samuel Wainer foi, sem dúvida, um grande protagonista da história do Brasil. Ainda quando trabalhava para Assis Chateaubriand, nos Diários Associados, Wainer conseguiu, em 1949, num esforço providencial, romper o mutismo de Getúlio Vargas, com uma entrevista que transformou todo o panorama político do país. Imagine que Chateaubriand o encarregou de fazer uma ampla matéria sobre um tema árido, que não atraía em absoluto o jornalista: a questão da produção de trigo no país. Samuel decide não escrever a matéria solicitada por Chateaubriand e volta ao Rio com outra, sobre os planos políticos de Getúlio. Pelo impacto que provocou, a entrevista exclusiva de Wainer, feita numa estância no Rio Grande do Sul, acabou ressuscitando politicamente Vargas e o getulismo. Com esse acontecimento histórico, a ligação entre Wainer e Getúlio torna-se sólida. Como escreveu em seu livro de memórias, *Minha razão de viver*, Samuel Wainer deu início a uma íntima "amizade política" com Getúlio Vargas, relação que iria resultar na criação do *Última Hora*, um dos jornais de maior sucesso no Brasil, na década de 1950. "Uma aventura fantástica", como ele mesmo definiu em *Memórias de um repórter*.

E qual o forte do *Última Hora*? Na época, em 1951, quando foi fundado, o jornal *Última Hora* revolucionou a imprensa brasileira. Wainer introduziu no jornal uma série de técnicas de comunicação, pouco conhecidas e exploradas naqueles tempos. Foi o primeiro a criar, no Rio de Janeiro, uma seção de Cartas dos Leitores. Tinha também colunistas famosos, como Paulo Francis, Astrogildo Pereira, Graciliano Ramos e outros... O *Última Hora*, de Wainer, foi o único jornal brasileiro a ser publicado simultaneamente em sete cidades: Rio de Janeiro, São Paulo, Niterói, Belo Horizonte, Curitiba, Porto-Alegre e Recife. Evidentemente, era um jornal "pró-Getúlio". Era também um órgão que se propunha a romper com o alinhamento da "imprensa oligárquica". A meta de Wainer era um tipo de imprensa "independente e popular". Em outras palavras, era um jornal que – segundo o próprio Wainer – se propunha a fazer oposição à classe dirigente e a favor do governo populista. Sempre negou, contudo, que o *Última Hora* pretendesse ser um "porta-voz" do governo, permanecendo simplesmente um intérprete das decisões governamentais. Um instrumento mediador entre o governo e o grande público.

E foi bem-sucedido durante vários anos, não foi? Não resta dúvida. Como jornalista, Samuel levantou também a bandeira das grandes causas e lutou por tudo o que significasse independência política, em favor do povo e do progresso nacional. Acreditava no que estava fazendo. E era um excelente mestre! Recordo-me quando, ao lado ainda de Nelson Rodrigues no *Última Hora*, Wainer passava todos os dias na redação, com uma paciência infinita, conversando com cada um dos repórteres, nas nossas reuniões de pauta. Aconselhava, escutava, opinava, ampliava temas, abria novos horizontes e distribuía tarefas. Samuel Wainer não era apenas jornalista, mas um grande líder editorial. Era também forte defensor das letras, tendo criado até um jornal literário, onde pude escrever todos os sábados. Era um entusiasta do cinema nacional: foi um dos primeiros a organizar uma lista de filmes nacionais e propor um festival cinematográfico gratuito ao povo carioca. Nesse festival, realizado com grande êxito, só filmes brasileiros foram exibidos. *O cangaceiro*, de 1953, o filme premiado em Cannes e grande sucesso cinematográfico da época, foi exibido na rua, em plena Avenida Getúlio Vargas, numa exibição promovida pelo *Última Hora*. Wainer destacou-se pela seriedade de todos os projetos que implementou no Rio de Janeiro e no resto do país.

Após o período de grandeza, Wainer provou também o sabor amargo da derrota. Samuel Wainer viveu o céu e o inferno, mas enfrentou com dignidade as luzes e as sombras do passado. A derrota pode ocorrer a qualquer um de nós. Pode atingir políticos, empresários,

"ULTIMA HORA" HAVIA ADIANTADO, ONTEM, O TRÁGICO PROPÓSITO

MATOU-SE VARGAS!

EXTRA

Ultima Hora

O PRESIDENTE CUMPRIU A PALAVRA:

"SÓ MORTO SAIREI DO CATETE!"

A Mensagem Que Vargas Deixou Pouco Antes de Desfechar Contra o Peito o Tiro Fatal: "A SANHA DOS MEUS INIMIGOS DEIXO O LEGADO DE MINHA MORTE. LEVO O PEZAR DE NÃO TER PODIDO FAZER PELOS HUMILDES TUDO AQUILO QUE EU DESEJAVA."

AS 8,30 HS. DA MANHA DE HOJE O MAIOR LIDER POPULAR QUE O POVO BRASILEIRO JA CONHECEU ENCERROU DE MODO DRAMATICO SUA GRANDE VIDA

UM TIRO NO CORAÇÃO — O GENERAL CAIADO AINDA ENCONTROU COM VIDA O PRESIDENTE — DESOLAÇÃO NO CATETE

O suicídio de Vargas, manchete de *Última Hora*, e, ao lado, Milton Ribeiro e Alberto Ruschel em cena de *Os cangaceiros*.

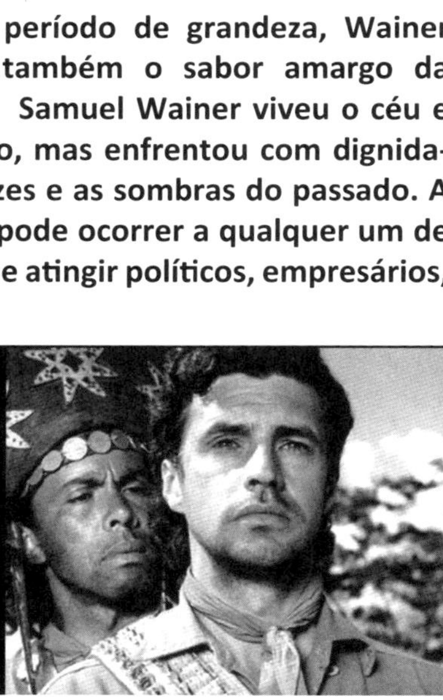

cientistas, homens de ideias... A vida não é feita apenas de vitórias! Lamento muito o que acabou acontecendo com Wainer, porque o conheci de perto. Era um amigo fiel! Foi triste, sobretudo porque não conseguiu desassociar-se da saga de Getúlio Vargas. Até o minuto derradeiro, ele e o *Última Hora* ficaram do lado de Getúlio: no dia 24 de agosto de 1954 – quando o presidente era velado no Palácio do Catete – o jornal vendeu 800 mil exemplares! E estávamos em 1954! Mas, quando Getúlio desapareceu, Samuel Wainer perdeu inteiramente sua força. Estava "liquidado". Carlos Lacerda, seu inimigo implacável, que arquitetara todo um plano contra ele, ajudou a piorar ainda mais a situação ao acusá-lo de "falsidade ideológica", sustentando que os documentos de identidade de Samuel Wainer eram falsos. E Lacerda podia levar as coisas até as últimas consequências. Aproveitando o fato de Wainer ser filho de pais judeus, Lacerda sustentava que o diretor de *Última Hora* nada mais era que um estrangeiro. Nascera na Bessarábia e não no Brasil, portanto, não era brasileiro, sustentava Lacerda – valendo dizer que, de acordo com a lei, não podia ser dono de jornal. Foi absolvido dessa acusação, mas acabou, depois, sendo perseguido pela ditadura militar e teve que deixar o país. Vendeu o jornal em 1972. Morreu empobrecido, como simples repórter da *Folha de S. Paulo*, que – através dos Frias – o acolheu com respeito. Entre 1973 e 1975, numa comovente demonstração de humildade, Samuel aceitou o cargo de redator-chefe do *Última Hora* paulista, que se encontrava então sob controle das Folhas. O homem que criou o jornal mais revolucionário de sua época aceitara voltar como assalariado à redação que ele mesmo fizera nascer. Apesar de tudo isso, foi sem dúvida alguma um profissional que transformou a própria história do jornalismo no Brasil. Era verdadeiramente um *journaliste d'action*. Éramos todos amigos e admiradores de Samuel Wainer: eu, Nelson Rodrigues, Paulo Francis... Nelson, que gostava de exaltá-lo, dizia: "Aí vem o mestre! Salve o mestre!".

Wainer foi um dos jornalistas brasileiros que mais conheceram os bastidores do poder. Esteve ao lado de Getúlio Vargas, de Juscelino Kubitschek e de Jango Goulart. Hoje, parece que não temos mais esse tipo de homem de imprensa. Os tempos mudaram? Os tempos mudaram e não temos mais esse tipo de profissional de imprensa, com todos esses poderes. A política hoje tem seus próprios "meios", isto é, tem dinheiro. Pode pagar apoio. Pode oferecer cargos. Não está inserida no Brasil pobre e precário do passado. Hoje, as pessoas conseguem mais coisas com a política do que com a influência da imprensa, de um jornal ou de uma revista.

Se a política tinha o poder de nomear pessoas no passado, hoje ela ainda é mais poderosa nesse plano. As alianças políticas giram em torno disso. Basta abrir um jornal, hoje em dia, para nos inteirarmos dessas nomeações!

Quer dizer que a imprensa tinha mais força no passado? Tinha, muito mais. Parte dessa força desapareceu com o regime militar. Foram vários anos de regime militar. Vinte anos de repressão! Então, nesses vários anos, a imprensa deixou de ser aquela imprensa que mudava tudo. Até Carlos Lacerda, um dos políticos mais hábeis no manipular da imprensa, perdeu sua força em decorrência da revolução que ele próprio defendeu. Hoje, estamos conscientes disso: a imprensa já não tem o poder que tinha no passado. Por outro lado, o governo passou a respaldar diferentes organizações na sociedade, passou a ajudar com subsídios os mais necessitados, criou planos para assentamentos, criou planos habitacionais e passou a apoiar os industriais, os empreendedores, organizações não governamentais... Isso a imprensa não faz. A imprensa hoje tenta corrigir. Mas é cada vez mais difícil corrigir. Hoje, há muita gente contra a própria correção. (risos) Mas é imprescindível que a imprensa continue atuante, em qualquer sociedade! Veja, por exemplo, no que toca a literatura. É a imprensa literária que mantém a literatura brasileira de pé. E a literatura e a cultura adquiriram no nosso país um prestígio muito grande nas últimas décadas. Coisa que não existia antigamente. A imprensa, nesse caso, está por trás, com toda a sua força, principalmente na parte cultural. Apesar disso, as pessoas leem pouco: falta educação, faltam incentivos! Ainda temos cerca de 2 mil municípios no país sem uma única biblioteca pública. Pode? Quando falamos de leitura, de jornais ou de literatura, é sempre oportuno lembrar aquela frase de Monteiro Lobato: "Um país é feito com homens e livros".

Os países que hoje apresentam os melhores índices de educação do planeta têm, igualmente, o maior número de leitores de jornal e de livros. Estudos da Unesco revelam isso! Na lista da ONU, o Brasil deixa muito a desejar. Nós falamos muito da China, um país que até a segunda metade do século XX era uma nação majoritariamente pobre, atrasada. Hoje, é uma verdadeira potência mundial, ao lado dos Estados Unidos e dos países mais adiantados da Europa. Por que a China chegou a esse nível e nós, com uma população muita mais reduzida, não atingimos nem de perto esse patamar? A China tem hoje toda essa força porque investiu também na educação e na cultura. Portanto, é essencial que um país lute

foto: Acervo ICAO

foto: Portal China Cultural Industries

Na China, 1988, compondo a comitiva do presidente Sarney: AO posa com a mala "Comprada em Ubá MG Brasil"; embaixo, Zora com a intérprete chinesa. Ao lado, Deng Xiaoping em visita ao Conservatório Central de Música de Pequim.

pela educação e pela cultura. Enquanto nós não investirmos suficientemente nessa área, maiores progressos não serão computados. Quando estive em Pequim, numa viagem presidencial, tive a chance de fazer uma pergunta a Deng Xiaoping numa conferência de imprensa. Perguntei: "Quais as prioridades de seu governo para o desenvolvimento da China?". Deng Xiaoping respondeu: "Temos quatro prioridades: educação, indústria, agricultura e defesa. Mas a educação é a prioridade número 1 da China". Aquele homem minúsculo, que me respondia, era na realidade um gigante da sabedoria. Isso porque, de fato, a base de tudo é o conhecimento, e a base do conhecimento é a educação. É por isso que, atualmente, no Brasil, precisamos repetir o lema com o qual o líder chinês dos anos 80 do século passado, Deng Xiaoping, enfrentou a "prioridade número 1" de seus primeiros anos de governo: educação, educação e educação. Com esse programa, o homem que herdou a revolução de Mao Tsé-Tung transformou um país cheio de problemas e dificuldades na potência global que é a China de hoje.

Muitos perguntam como uma sociedade oficialmente comunista – com mais de 1,3 bilhão de habitantes, dos quais 500 milhões são camponeses – pôde progredir adotando também um modelo capitalista. Ou, como os próprios chineses dizem: "Um país, dois sistemas".

Uma vez, quando um jornalista perguntou a Deng Xiaoping se o novo modelo chinês, "Um país, dois sistemas", não estava transformando a China num modelo precário de capitalismo ocidental, ele respondeu, citando um provérbio chinês da época dos mandarins: "Se o gato pega o rato, não importa a cor do gato". (risos) A China, hoje, é o que é porque investiu no caminho certo. Veja que esta não é apenas uma opinião pessoal! Dados da Unesco publicados em 2005 comprovam que a China ganhou com o pesado investimento em educação e caminha a passos largos para tornar-se a grande potência do século XXI.

1997: na posse de AO na ABL, com o amigo Gerardo Mello Mourão, que foi o primeiro correspondente brasileiro na China.

É surpreendente constatar que, ainda na década de 1980, a China era um país que enfrentava grandes carências e, no começo do século XX, ainda carregava os traumas do imperialismo. O escritor e poeta Gerardo Mello Mourão, meu amigo e companheiro, que era correspondente da *Folha de S. Paulo* em Pequim, sempre lembrava em seus artigos que, com a morte de Mao Tsé-Tung, a China iniciara uma "Nova Revolução". Gerardo tinha absoluta razão! Enquanto muitos jornalistas ocidentais batiam na mesma tecla, de que a China superpopulosa jamais atingiria um patamar decente de desenvolvimento, Gerardo Mello Mourão defendia o contrário. De fato, com a morte de Mao Tsé-Tung em 1976, foram travadas várias disputas internas no seio do PC chinês, mas Deng Xiaoping ganhou todas elas e prevaleceu no poder. Ao assumir a liderança do governo com sua equipe, determinou que o foco do desenvolvimento econômico da China seriam as "Quatro Modernizações", que priorizavam os setores de educação, indústria, agricultura e defesa. A própria terminologia usada por Xiaoping, "modernização" "desmaoizava" a China e indicava a aproximação do país com o Ocidente. Indicava igualmente um distanciamento em relação à URSS. Foi, portanto, a partir da implantação dessas "modernizações" e de uma gradativa porém contínua abertura ao Ocidente e ao capitalismo que a China candidatou-se à posição de grande potência mundial. E digo mais: a China não teve medo de copiar o que existia de bom no Ocidente. Em resumo, resolveu seus problemas investindo maciçamente em educação, na formação de cientistas, na preservação de sua identidade cultural, valorizando igualmente sua história de lutas. Em menos de uma década, formou mais de 300 mil engenheiros no exterior! Isso significa dizer que a China construiu, em poucos anos, um verdadeiro império! Um império que tanto a Europa quanto os Estados Unidos da América levaram séculos para construir.

foto: Agência Brasil

Tancredo Neves e, ao fundo, olhando para a câmera, seu neto, Aécio, em foto de 1984.

1992: AO com o poeta e publicitário Mauro Salles no lançamento de *Sangue na floresta* em São Paulo.

15
O Brasil e a coragem de Tancredo

Falávamos, anteriormente, sobre consciência política, sobre os que têm coragem de mostrá-la e sobre os que a ocultam. Tancredo Neves, seu conterrâneo de Minas, por exemplo, era um homem de denúncia, que não tinha medo de se expor. Ao lado de outras personalidades destemidas, ele empreendeu uma luta sem tréguas contra a ditadura militar e em favor do processo de redemocratização do país. A desgraça foi que, na última hora, o homem que o transformou em adido cultural na África acabou morrendo em circunstâncias inesperadas. Tudo isso foi realmente chocante. Se ele não tivesse morrido e tivesse assumido o poder, o Brasil seria hoje, talvez, outra nação. Recordo bem que, nas vésperas de sua morte, eu e minha mulher Zora aguardávamos ansiosos – como tantos outros brasileiros – a cerimônia da posse. Recebi um telefonema de meu amigo Mauro Salles, que trabalhava no gabinete de Tancredo Neves. Com voz nervosa, me disse: "Ele foi internado". Aflito, perguntei assustado: "Mas, Mauro, o que está ocorrendo? Ele vai ou não tomar posse?". Mauro foi quase telegráfico: "Depois explico os detalhes. Não posso falar mais". Daquele dia em diante, nunca mais Tancredo se recuperou. Foi uma comoção nacional, uma agonia sem precedentes, cujo desfecho foi uma das maiores perdas políticas sofridas pelo Brasil. E tudo isso na aurora da redemocratização. Depois de mais de 20 anos de ditadura militar, quando Tancredo surgia como o grande nome de consenso entre todos os partidos políticos da nação, o homem escolhido agonizava! Todos os brasileiros que aguardavam a grande mudança, a volta de um civil à Presidência da República, tiveram que acompanhar o sofrimento de um líder, que durou quase 40 dias, terminando somente em 21 de abril de 1985, quando finalmente morreu. Sua morte, além disso, coincidiu com o feriado nacional de Tiradentes, o nosso grande herói brasileiro. Ele fora submetido a sete cirurgias sucessivas. Acompanhamos com

intensa dor e desalento o velório em Brasília, depois em Belo Horizonte e, finalmente, seu enterro em São João Del Rei, onde nasceu. Seu caixão baixou ao túmulo sob os acordes de uma música-hino de Milton Nascimento: "Amigo é coisa pra se guardar no lado esquerdo do peito". Que são versos também de Carlos Drummond de Andrade. Sim, Tancredo não era homem que tinha medo de falar, de enfrentar desafios... Mas sua morte mudou inteiramente o rumo dos acontecimentos políticos no Brasil.

Segundo os rumores na época, Tancredo não queria se operar antes da posse. Teria recusado várias vezes as propostas dos médicos, porque queria primeiro assumir a Presidência. Mas os médicos insistiram tanto na cirurgia que ele, no final, acabou aceitando os conselhos, um dia antes da cerimônia. Outros – que não acreditavam nessa história – levantaram até a hipótese de ele ter sido assassinado. Lembra-se disso? Lembro, perfeitamente. Como muitos outros brasileiros, às vezes me ocorreu pensar que ele realmente tinha sido morto. Mas há provas substanciais de que, semanas antes de assumir, Tancredo pedia aos amigos mais próximos que lhe comprassem certos remédios contra a dor. Ele se automedicava, procurando esconder que estava gravemente enfermo. Até que entrou em colapso. De nada adiantou seu automedicamento e nem tampouco as seguidas intervenções médicas. A morte de Tancredo Neves deixou muitos brasileiros supreendidos e desolados. Nossa República nunca passou por uma situação tão absurda e penosa.

A morte de Tancredo, em 1985, lembra Ionesco. Foi mesmo um verdadeiro teatro do absurdo, não acha? O próprio fato de José Sarney – até então apagado – assumir repentinamente a Presidência da República era algo que gerava muitas interrogações. Sim. A súbita morte de Tancredo lembra Ionesco e o teatro do absurdo! O próprio José Sarney nunca esperou uma situação como essa! Diante da adversidade dos fatos, porém, Sarney contribuiu decisivamente para trazer o Brasil a uma normalidade democrática, que foi mantida até hoje. Para ele, as coisas, também não foram fáceis no início. Superou todos os obstáculos e converteu-se num dos políticos mais atuantes de nosso país.

16
Euclides e o paraíso perdido

Foto autografada de Euclides da Cunha no acervo da Academia Brasileira de Letras

Preocupa-se com o meio ambiente? Muito. A questão da preservação do meio ambiente é um tema crucial da humanidade. Desde meus tempos de África venho batendo na mesma tecla. Pretendo aproveitar meus últimos anos de vida para iniciar uma campanha nacional em defesa da Amazônia. A propósito disso, em 2009, comemoramos os cem anos da morte de Euclides da Cunha. Esse grande escritor, que morreu tragicamente, e que tudo abandonou – inclusive riquezas e posições nobres – para dedicar-se à Amazônia. Tanta era sua preocupação com os problemas amazônicos que tentou escrever uma obra inteiramente dedicada àquela rica região de nosso país. Infelizmente, foi assassinado por um homem qualquer, num drama passional que abalou o Brasil. Mas a luta de Euclides da Cunha em torno da Amazônia é uma luta que devemos retomar ainda com maior intensidade, de forma permanente. Cito Euclides porque ele era um cidadão brasileiro de grande talento e invejável consciência política. Precisamos, hoje, de pessoas como ele!

Foi ele o primeiro brasilianista amazônico? Euclides da Cunha, com seu espírito iluminado, foi, definitivamente, o primeiro a despertar para o conceito de brasilianismo amazônico. Até certo ponto lírico, o Euclides amazônico é mais universal e experimentalista do que o Euclides de *Os sertões*. Infelizmente, não pôde escrever uma obra completa sobre a hiléia maravilhosa, mas deixou um verdadeiro tesouro de informações em forma de cartas, ofícios, relatórios, minutas e notas, hoje mantido nos arquivos do Itamaraty. Na Amazônia, ele viu outro Brasil: o Brasil do homem na terra e sua tentativa de ser vitorioso sobre o meio ambiente. Ampliamos, através desse Euclides, sem dúvida, nossa conscientização sobre os problemas amazônicos. Suas observações sobre essa região do Brasil foram feitas sob uma ótica premonitória e intuitiva. Continuam extremamente atuais.

Você se refere à Amazônia como um dos problemas cruciais do Brasil – tanto no plano ambiental quanto no da soberania nacional – e que, embora essa questão venha sendo denunciada desde os finais do século XIX, a situação da região continua despertando inquietações. Sim; por isso que me referi a Euclides da Cunha, que tão bem estudou essa questão e à qual dedicou seus últimos textos de brasilidade. O livro *À margem da história,* lançado postumamente, mostra a lucidez de dois brasileiros – Euclides e o Barão do Rio Branco – na missão ao Alto Purus, que abriu uma nova fase no entendimento de uma região que, naquela época, já despertava – como desperta ainda hoje – a cobiça internacional. A escolha de Euclides da Cunha para chefiar a missão do Alto Purus revelou a sabedoria administrativa do Barão do Rio Branco. Euclides foi um dos primeiros escritores modernos da America Latina a encarar o desafio de descrever a Amazônia e seus dilemas. Mesmo que sua prosa amazônica tenha sido inconclusa, Euclides trouxe a tona uma série de problemas da região que continuam despertando nossa preocupação, como as questões relacionadas com a soberania, com o meio ambiente e com exploração predatória de suas riquezas e de sua biodiversidade. Outra obra pioneira que demonstra essa preocupação é o livro *O Vale do Amazonas*, de Tavares Bastos, que foi publicado em 1866. Mas o livro que Euclides da Cunha se preparava para escrever – *O paraíso perdido* – deixaria de existir por uma bala mortal. Sim. A Amazônia continua despertando hoje sérias questões de cunho ambiental, de soberania e de segurança nacional. Euclides foi um pioneiro nas tentativas de criação de uma política nacional tendo em vista a proteção da natureza, tanto no Nordeste quanto no Norte do país.

Por tudo o que escreveu, Euclides deixou bem claras não só as questões que assolam o homem do Norte e do Nordeste, mas também os contrastes e confrontos existentes naquelas duas regiões. Perfeito. Se, em *Os sertões*, o nordestino era, antes de tudo, um forte e vivia em multidões, em *À margem da história*, o seringueiro é, obrigatória e profissionalmente, um solitário. Se, em Canudos, havia multidões de homens, mulheres e crianças por toda a parte, na Amazônia dos seringais as pessoas, como que sumindo no meio da floresta, ficam isoladas em pequenos grupos, ferindo caules e esperando pacientemente que o leite se acumulasse num repositório. Do modo diferente que vira no Nordeste, a Amazônia exigia festas religiosas diferentes, que Euclides da Cunha descreve com força de suas palavras, inclusive no mostrar a figura de Judas que, amarrado num barco, desce o rio, homens e seus rifles atacando a embarcação e destruindo o símbolo detestado – do traidor de Cristo. Euclides, escritor notável, vítima de uma tragédia passional, deixara, por escolha própria, de aceitar postos nos exterior para ir ao encontro da Amazônia, para vingá-la, para resgatá-la. Foi, talvez, com a sensação de cientista messiânico, de profeta, que se dirigiu a uma região caluniada, e disto é sinal a carta que enviou então ao Rio de Janeiro e que Leandro Tocantins reproduziu em seu livro *Euclides e o paraíso perdido.* Uma obra onde o autor procura vingar a Hiléia Maravilhosa de todas as bru-

JORNAL DO BRASIL — Segunda-feira, 16 de Agosto

LAMENTAVEL TRAGEDIA
NA ESTAÇÃO DA PIEDADE
O ABYSMO DAS SUSPEITAS
UM MORTO E DOUS FERIDOS
O DR. EUCLYDES DA CUNHA

Os antecedentes – Revolta intima – Na vespera do desfecho – Resolução inabalavel – O desenrolar da tragedia – A morte do Dr. Euclydes da Cunha – Os dous feridos – Soccorros e providencias – No Necroterio – Outras notas.

A morte de Euclides noticiada no *Jornal do Brasil* do dia seguinte, 16/08/1909.

talidades que a maculam, desde o século XVIII até os dias atuais!

***O paraíso perdido* de Euclides da Cunha não foi adiante por sua própria ingenuidade, que o levou à morte?** Apesar de sua genialidade como pesquisador, escritor e homem de grandes ideias, Euclides era realmente um "amante ingênuo". Sua mulher o abandonou. Foi morar com um oficial do Exército no bairro de Piedade. Tentando ajustar contas, arruma um revólver e vai enfrentar o amante de sua mulher, que por sua vez era um campeão de tiro. Sabia como ninguém manusear a pena, mas não uma arma de fogo. Foi morto pelo outro. Era, sim, um ingênuo, nesse sentido! Não era um amante hábil, que sabe enfrentar riscos. Não tinha nada de mulherengo. Era um homem casado, querendo viver a vida de casado. Depois de matar Euclides, o assassino ainda comunicou o fato a sua mulher: "Acabo de matar seu marido..." Aí, aconteceu aquela coisa espantosa: o assassino foi absolvido! A propósito disso, eu gostaria de contar uma história bizarra, que me aconteceu. Um belo dia – meses depois de ter assumido minhas funções no *Globo*, em 1949, quando já tinha minha coluna literária e já era conhecido entre escritores e candidatos a escritores – a portaria me chama e avisa: "Seu Olinto, tem uma pessoa aqui que quer entregar um livro para o senhor. Pode subir?". Mandei a pessoa entrar. Quando o cavalheiro entrou, segurando um livro na mão, toda a redação ficou paralisada, me olhando. O cavalheiro, sentou-se à minha frente e disse: "Senhor Olinto, eu tenho lido a sua coluna, diariamente, e trouxe meu livro para o senhor ler". E eu, então, perguntei: "Pois não. Seu livro, do que se trata...?". E ele: "O livro chama-se *A tragédia de Piedade*". Quando acabou de pronunciar isso, levei um choque – me dei conta de que estava face a face com Dilermando de Assis, o assassino de Euclides! Num ambiente que se tornou tenso na redação, ele ainda completou: "Neste livro, senhor Olinto, eu conto toda a verdade! Provo minha inocência, porque fui vítima também. Gostaria muito que o senhor lesse e escrevesse sobre ele". Dilermando – na minha frente. O homem que foi protagonista de uma dupla tragédia passional e que eliminou um membro da Academia Brasileira de Letras, um dos maiores escritores do Brasil! Foi o assassino de Euclides da Cunha e, anos mais tarde, de seu filho, que, inconformado, tentou vingar a morte do pai. Ambos foram mortos pelo mesmo homem, que dormia com a mulher de Euclides. Nos dois casos, ele foi absolvido na Justiça, por legítima defesa. Mas, perante a sociedade, sempre foi considerado um pária, um destruidor de lares. Depois de ter matado o filho de Euclides, Dilermando separou-se da mulher, Ana, que foi a causa principal de toda essa tragédia, para casar-se com outra, mais jovem.

E que achou do livro? Não consegui ler. Eu não quis ler o livro. Até perdi o exemplar… Acho que ficou na casa de minha primeira mulher, que depois da separação ficou com todos os meus livros. Foi até bom tê-lo perdido… Achava uma obra amaldiçoada!

Acha que devemos nutrir a mesma indignação de Euclides da Cunha em relação com o que sucede na Amazônia? A indignação de Euclides deve ser também a nossa diante das brutalidades que a atingem, ainda hoje, em grau maior, sem que tomemos a iniciativa real que evite o roubo incessante de nossas matas e a exploração predatória de nossas florestas! Acho que devemos nutrir até maior indignação, porque os problemas da Amazônia, ao meu ver, até pioraram.

Por que a Amazônia atrai tantas paixões e cobiças? Por suas riquezas, por sua beleza, por sua magia, por ser uma importante região estratégica do hemisfério sul e do mundo. Lembre-se que a Amazônia foi uma conquista portuguesa legada ao Brasil. Desde então, provoca as mais variadas paixões e cobiças e, por uma estranha influência de seu mistério, atrai não só grupos religiosos: católicos, espíritas, protestantes de vários matizes e de vários países, como também um número sem fim de organizações não governamentais. E, por mais absurdo que pareça, já foram denunciadas regiões inteiramente dominadas por estrangeiros, onde cidadãos brasileiros não podem entrar. Brincadeira?

Em nome da preservação da Amazônia, o Brasil criou um Fundo de Proteção à Amazônia, através do qual nossas autoridades pedem contribuições às nações ricas para que ajudem a proteger a região. Críticos dessa estratégia advertem que, para que a soberania seja respeitada, é preciso que o próprio Brasil tome conta de suas coisas. Qual sua reflexão? Em primeiro lugar, acho esse negócio de "estender o chapéu", uma coisa absurda! Não devíamos precisar de ninguém para nos ajudar a resolver problemas – como os da Amazônia – que são da alçada dos brasileiros e do próprio Brasil. São problemas que nos remetem a sérias questões de segurança nacional. Conto uma história para ilustrar. Quando dei uma palestra sobre Literatura do Amazonas, na década de 1980, na Universidade de Li-

verpool, na Inglaterra, falei sobre os poetas amazonenses do passado e do presente e dei ênfase, sobretudo, à riqueza daquela região do Brasil. No final da palestra, um professor alemão pediu a palavra e elogiou-me pela a conferência. Depois, acrescentou: "É importante saber que a Amazônia tem grandes talentos, grandes escritores e que é rica. Mas é preciso também que a Amazônia conte com o respaldo de um movimento internacional para que suas riquezas sejam, realmente, protegidas. Ao lado da ONU, deveríamos criar um movimento de internacionalização da região, porque se não fizermos isso, o mundo vai perder a Amazônia!". Eu, que já tinha terminado minha palestra, fiquei estarrecido com a ideia da intervenção. Pedi, então, para fazer novamente uso da palavra. Fui curto e grosso, mas corajoso. Disse: "Meu querido professor, a Amazônia é território brasileiro! Qualquer aproximação estrangeira para tomar conta da Amazônia será recebida a bala! Tenha absoluta certeza disso, querido professor Schneider! Passe bem!". Teve outro que queria ainda argumentar, destacando que a Amazônia era o "pulmão do mundo", mas voltei para Londres antes que eu apelasse para as vias de fato! (risos)

Como administrar um território que é duas vezes maior que a Europa Ocidental? Como administrar São Paulo? Como administrar o Rio de Janeiro? Trabalhando, meu querido, trabalhando! Criando planos verdadeiramente viáveis e não fazendo apenas discursos bonitos. A Amazônia não necessita de discursos bonitos, porque já é linda por natureza. Temos que ser honestos com a Amazônia e respeitar também o espírito da terra: como dizem os africanos, em cada árvore existe um Deus! Vamos respeitá-los!

Vê uma diferença de propósitos em *O paraíso perdido*, de Euclides da Cunha, e o *Inferno verde*, de Alberto Rangel? Talvez ambos nos levem à decisão de que o importante é uma luta permanente contra o desmatamento contínuo que tem levado a teses de outros países que desejam nos "ajudar" a dirigir a região. Tento imaginar o livro definitivo que teria escrito Euclides da Cunha, com os personagens que sentissem a força de uma terra que precisava de amor e de amanho. O centenário da morte de Euclides da Cunha, em 2009, nos fez lembrar de um escritor que entendeu sua terra (e entendeu a Terra). Nos fez lembrar que vale a pena lutarmos para que a Amazônia seja a terra brasileira por excelência e; como tal, defendida contra os que fazem tudo para possuí-la ou destruí-la.

Euclides é mais conhecido no exterior por sua obra *Os sertões*, que atraiu até mesmo Mario Vargas Llosa. Euclides era conhecido, sobretudo, em Universidades dos Estados Unidos, da América Latina e da Europa. Até Jean-Marie Le Clézio, ganhador do Prêmio Nobel de Literatura de 2008, não deixou de confessar sua admiração pela obra de Euclides da Cunha. Aliás, Le Clézio presta homenagem a Euclides, informando que se inspirou em *Os sertões* para escrever seu livro *A quarentena*, editado no Brasil em 1997, pela Companhia das Letras. Sim, Euclides da Cunha é conhecido em muitos países desde os inícios do Século XX. Em 1920, em Londres, Robert Cunninghame Graham já fazia uma releitura de *Os sertões*, publicando um livro intitulado *Um místico brasileiro*, que só foi traduzido para o português em 2002. Em 1952, Lucien Marchal, francês, publicou *Le mage du Sertao*, que jamais ganhou tradução em nossa língua. O húngaro Sándor Márai, um grande admirador de Euclides, escreveu também o romance *Veredicto em Canudos*, em 1970. Agora, o que aconteceu com Vargas Llosa é diferente! Quando ele me procurou em Londres para dizer que pretendia escrever um livro sobre Canudos e me consultou sobre a questão, ele era meu colega no Pen Club e presidente internacional da organização. Eu representava o Brasil. Aconselhei a ele que procurasse, então, Jorge Amado, que também era um grande conhecedor do Nordeste e da obra de Euclides da Cunha. Ele realmente foi à Bahia e falou com Jorge Amado sobre seu projeto de escrever o romance *A guerra do fim do mundo*. Jorge, no final da conversa, simplesmente disse: "Acho que você tem inteira liberdade de escrever um romance baseado na obra de Euclides da Cunha". Em seguida, aconselhou Vargas Llosa a ler outras obras fundamentais, que esclareciam também a visão euclidiana de Canudos. O escritor peruano seguiu os conselhos de Jorge Amado, morou cerca de dois ou três meses na região de Canudos e escreveu *A guerra do fim do mundo*. Eu particularmente não gostei, porque se trata de um assunto tão brasileiro, tão nosso que, por muito bom que fosse, não teria a força que nós sentimos diante da epopeia de Euclides. Entendi aquilo como uma espécie de "clonagem".

A revista sai com número extra para noticiar o grande fato de 25/08/1961: Jânio Quadros renunciou à Presidência.

17
1960: Jânio

A década de 1960 foi também de grandes surpresas na sua trajetória de aventuras. No rápido governo de Jânio Quadros, na Presidência da República, você foi convidado para ser o primeiro embaixador brasileiro na Nigéria. Por que Jânio escolheu seu nome e por que, inicialmente, as coisas não se materializaram? Em primeiro lugar, ele já tinha escolhido o Raymundo Souza Dantas para ser o primeiro embaixador do Brasil em Gana. Raymundo foi aprovado e tudo aconteceu. Em seguida, mandou o cronista Rubem Braga para o Marrocos, que acabou desistindo do posto. Depois, começou a estudar a possibilidade de nomear outros embaixadores para a África... Foi então que alguém disse a ele que Antonio Olinto era um nome ideal, porque havia publicado vários artigos importantes sobre a África e conhecia a história do continente africano como poucos. Logo depois, a Presidência me contatou e indicou que, "caso eu estivesse interessado, que me preparasse". Menos de um mês depois, Jânio renunciava, jogando por água abaixo todos esses convites. Foi aquela confusão em todo o país... Confusão que acabou com o Tancredo Neves se tornando primeiro-ministro. Mas Tancredo, sim, era meu amigo íntimo! Meu amigo de Minas e homem do Benedito Valadares. Ambos eram do mesmo partido, o PSD (Partido Social Democrático). Quando fomos a Brasília, eu e Zora, para assistir sua posse, Tancredo me disse: "Olinto, nós vamos abrir uma embaixada na Nigéria e gostaria de tê-lo lá como nosso adido cultural, o que acha da ideia?". Respondi: "Ministro, não precisa fazer o convite a segunda vez. Eu já aceitei na primeira. Será uma honra aceitar agora". Zora, que gostava de brincar, aproveitou a ocasião e acrescentou: "Mas, ministro, como o senhor faz uma coisa dessas comigo? Manda meu marido para um lugar onde existe bigamia!". Tancredo, sorrindo, replicou: "E onde é que não existe, minha senhora?". (risos).

Você foi uma das poucas pessoas que conversaram com Jânio Quadros nas vésperas de sua renúncia. Por que – a seu ver – ele renunciou e que impacto isso teve em seus planos? Em primeiro lugar, creio, Jânio foi vítima do desconhecimento, da ignorância. Ele, aparentemente, não sabia que se assinasse um documento desses, de renúncia, estava tomando uma

Jânio e a vassoura que prometia varrer a corrupção em evento no Rio de Janeiro em abril de 1953, já eleito prefeito de São Paulo. Ele frequentava AO em Londres.

"decisão unilateral". O Congresso não precisaria aprovar. Era obrigado a aceitar. E ele queria mais poder. Como o Congresso não estava ajudando, Jânio queria "assustar" o Congresso. No fundo, queria que o Congresso recusasse sua renúncia. Foi uma ingenuidade completa de Jânio, inclusive dos que serviam ao seu governo... Por outro lado, ninguém sabia que ele estava, de fato, disposto a entregar a carta de renúncia, num *fait accompli*. Imagine que ele redigiu essa carta sem que seus conselheiros soubessem! Os assessores não sabiam de nada! A carta de renúncia foi apresentada ao Congresso numa sexta-feira. Jânio não esperava, talvez, que seu pedido fosse homologado naquele mesmo dia... Enfim, Jânio manda a carta e alguém no Senado disse assim: "Senhores, vamos resolver isto, vamos discutir esta situação..." Nesse momento, o José Maria Alckmin, que era o vice-líder da oposição, levantou-se e lançou a palavra de ordem: "Senhores, não temos nada a discutir! Nada! Por favor, leiam a Constituição! O ato é unilateral. Já está aceito pela própria força da lei". Terminava ali o curto período de Jânio na Presidência da República. Em resumo: o Brasil não era a França e Jânio Quadros não era, definitivamente, o general Charles De Gaulle.

Mas isso foi terrível, porque levou o país ao estado de exceção e à ditadura militar. Pois é! Mas foi a burrice do Jânio! Perdoe minha expressão... Ele era um homem inteligente, mas carregava também uma razoável dose de burrice no cérebro. Como é que um presidente da República podia ignorar que uma carta de renúncia é um documento unilateral? Foi uma pena, porque foi eleito por maioria absoluta de votos, de mais de 6 milhões de brasileiros, que a ele confiaram os destinos do país.

Você se encontrou com Jânio em várias outras ocasiões. Em São Paulo, em Londres... Como era Jânio na intimidade? Era uma pessoa meiga e também um homem aficionado pela língua portuguesa. Era um linguista, alguém que gostava de discutir o idioma. Não era um homem de estilo, de escrever. Era, sobretudo, um excelente professor de português. Eu adorava as teses dele. Como muitos, ele gostava da Inglaterra. Viajava muito para

Londres, acompanhado por dona Eloá. Ficamos muito amigos em Londres. Ele inclusive ia lá para casa, Zora fazia comida e ficávamos até tarde conversando. Lembro-me de que um dia chegou com uma garrafa do "melhor uísque do mundo". Caríssimo! Zora, inocente, disse: "Obrigado pela gentileza, presidente.Vou guardar com carinho". Ao que ele prontamente revidou: "Gentileza não, minha senhora! Isso é precaução. Seu uísque pode ser ruim, mas este é o melhor do mundo! Por favor, isso é para ser bebido agora!". Nesse dia, Jânio – que já passara dos 70 – bebeu sozinho a garrafa! Nós ficamos só no vinho... Quando se levantou para sair, notamos que suas pernas estavam bambas. Convidamos para levá-lo até o taxi. Então, com aquele olho dilatado, disse: "Minha velha tia dizia que, depois dos 70, qualquer homem fica fraco de uma das duas extremidades – ou da cabeça ou das pernas. Hoje, minhas pernas estão me traindo. Boa noite". Entendemos de imediato sua mensagem. Queria dizer que, apesar das pernas trêmulas, sua cabeça continuava boa, em alerta. Coisas de Jânio!

Nunca falou com ele sobre a renúncia? Nunca. Jamais perguntei sobre aquela sua decisão. Mas sentia, no meio das conversas, que ele escondia uma certa mágoa por ter cometido aquele "erro monumental". Jânio nunca tocou nesse seu passado comigo e eu, também, não toquei no assunto. Quando Jânio voltou à vida política e foi candidato à prefeitura de São Paulo, fui visitá-lo e perguntei: "Então, Jânio, vai ser mesmo candidato?". E ele: "Vou. Vou ser candidato. E desta vez não renunciarei". Pela resposta firme, seu tom de voz, percebi, então, que ele estava se renovando. A política voltara a entusiasmá-lo. Mas já era tarde... Estava com 70 anos.

Tinha um senso de humor muito original... Durante quatro anos de governo em São Paulo, Jânio Quadros administrou o estado com seus "bilhetinhos". Quando Jânio Quadros foi empossado como governador de São Paulo, recebeu uma máquina administrativa emperrada pela burocracia. Jânio, que precisava de algo inovador foi buscar inspiração no velho Winston Churchill. A exemplo do estadista britânico, lançou mão dos memorandos e despachos diretos, tanto para seus secretários, assessores, chefes de instituições afiliadas ao estado e como até mesmo para simples funcionários. Consta que Jânio escreveu mais de 40 mil desses "bilhetinhos", alguns deles verdadeiras relíquias. E conseguiu com esse exercício quebrar certas "tradições" que retardavam ações vitais do governo. Embora muitos qualificassem esses "bilhetinhos" como mais uma das loucuras de Jânio, esses despachos diretos, na maioria das vezes, deram certo. Esses bilhetinhos, de certa forma, destravaram a máquina burocrática e ganharam notoriedade não somente pelo seu sentido anedótico, mas por derrubarem barreiras até então consideradas intransponíveis.

Lembra-se de alguns deles? Um dos que me fizeram rir muito foi o que dirigiu a sua própria esposa, que estava organizando um evento beneficente. Através de requerimento regular, dona Eloá dirigiu-se ao marido, solicitando os salões do Aeroporto de Congonhas, para ali realizar a exposição. Jânio despachou um "bilhetinho":

> Indeferido. Encontre V.S. outros meios. O Aeroporto de Congonhas não é local para tais inciativas. E por favor, chegando em casa, não insista.

Mas às vezes irritava-se e respondia com vigor a certos ataques, não é mesmo? Uma vez, uma colunista do Rio escreveu coisas sobre Jânio que ele considerou ofensivas e que não correspondiam à realidade dos fatos. Irritado, ele escreveu algo assim:

> Senhorita, mais uma vez, leio-a produzindo uma injúria contra mim. Afirma V.S. que fontes "respeitadas" informam que possuo 60 milhões de cruzeiros para minha campanha à Presidência da República e que destino essa fortuna somente ao Nordeste! E indaga: "De onde procede todo esse dinheiro?"
>
> Permito-me responder: Não sei, e gostaria que V.S. começasse contando, a mim, onde está todo esse dinheiro. Senhorita, tenho respeitado sua honra, sem conhecê-la. Por favor, respeite a minha, que todos respeitam, mesmo não me conhecendo.

Muitos qualificaram esses despachos como uma espécie de "filosofia de governo". No fundo, Jânio usou os bilhetinhos – fossem eles ríspidos, anedóticos ou bem humorados – para solucionar problemas, operando o milagre de equacioná-los de maneira rápida e efetiva, em benefício da coletividade. Pelo menos, era assim que Jânio entendia as coisas.

18
O feitiço da África

Sua nomeação como primeiro embaixador brasileiro na Nigéria não se materializou devido à renúncia de Jânio. Em vez disso, você foi o primeiro adido cultural do Brasil na Nigéria. Por que a preocupação com a África na década de 1960? No início da década de 1960, começaram a surgir algumas iniciativas no sentido de fazer com que o Brasil estreitasse suas relações com a chamada África negra. Embora nessa ocasião alguns diplomatas se referissem à política africana do Brasil como uma "diplomacia traumática", não se podia negar que uma aproximação realmente havia sido estabelecida. Esse perfilamento brasileiro resultou na criação de embaixadas em vários Estados africanos.

Um testemunho de suas observações, durante o período em que serviu na Nigéria, é a obra *Brasileiros na África*. Foi considerado pela crítica um registro primoroso da presença brasileira no continente. Passou mesmo a ser objeto de estudos e teses acadêmicas no Brasil e no mundo. Considero *Brasileiros na África* a obra mais séria que escrevi sobre a África.

O que mais o impressionou na sua experiência africana? O mágico sobre o lógico. No começo do meu livro *Brasileiros na África*, destaquei que nem sempre, ao longo de minha caminhada africana, admiti a preeminência

foto: José Aparecido Miguel

foto: Acervo ICAO

Máscara da coleção de arte africana de AO e, ao lado, o adido cultural brasileiro na Nigéria na sala do rei de Warri com seus ministros.

do lógico sobre o mágico. E nisso me parece jazer a fonte de grande parte dos erros ocidentais relativamente à África. Portanto, minha "experiência africana" não diz respeito só à geografia do continente, mas essencialmente aos hábitos, à religião, à cultura e aos costumes daqueles povos. Os africanos vivem mais no mundo mágico do que no mundo das firmezas lógicas e ideológicas do mundo ocidental. E, apesar dessa visão mágica dos africanos, ninguém é mais religioso do que eles.

Você organizou conferências, fez exposições de artistas brasileiros e, inclusive, propôs o ensino do português na Nigéria. O que obteve como resposta? Os nigerianos – aliás, os africanos em geral – são muito receptivos. E os projetos tiveram grande aceitação. Uma das primeiras atividades na Nigéria foi justamente a organização de exposições de artistas brasileiros. Essa exposição despertou imediatamente o interesse do professor O. Rewane, do Hussey College de Warri, a região da Nigéria que mais influência recebeu da língua portuguesa. Hoje, Warri é uma cidade petrolífera e região portuária que liga o Níger com o Oceano Atlântico. Mas, desde o século XV, já era visitada por missionários portugueses. Posteriormente, tornou-se base do comércio escravocrata português. Muitos podem achar estranho o fato de se propor a inclusão da língua portuguesa para um país como a Nigéria. Mas muitas palavras da língua portuguesa já ingressaram no linguajar africano, levadas que foram pelos ex-escravos chegados do Brasil. De modo que há muitas semelhanças linguísticas. Esse assunto foi, aliás, tratado na época com o ministro da Educação da região ocidental nigeriana. Havia,

Nigéria: sobrados em estilo colonial brasileiro no bairro dos ex-escravos retornados à África após a Abolição.

crédito: Desenhos cedidos pelo arquiteto Günter Weimer, IHGRGS

por outro lado, muito interesse dos descendentes de brasileiros de aprender o português. Em Lagos, funcionavam duas sociedades que agrupavam descendentes brasileiros: a União Descendentes Brazileiros, fundada em 1919, e a Brazilian Descendents Association, criada em 1963. Eu e minha mulher, Zora, fomos associados às duas entidades, numa forma de reconhecimento ao trabalho feito por eles, principalmente na criação de um Instituto Cultural Brasil-Nigéria, que existe até hoje. Como membros da Descendents Association, recebi o nome de Atundá ("poderoso senhor dos cavalos") e Zora, de Adoni ("enviada de Deus"). O entusiasmo pelo português era tão grande na Nigéria que resolvemos instituir um curso para o ensino da língua.

Como consequência histórica da era colonial, línguas estrangeiras, como o inglês e o francês, impregnaram também a literatura africana. A seu ver, não seria justo devolver às línguas nacionais o lugar que a elas cabia de direito? Sim. Mas quando a Europa colonizadora, nos anos 40 e 50 do século passado, viu vencer a guerra contra a existência de colônias, foi obrigada a libertar os territórios africanos que ocupava, surgiu também na África um movimento literário de alta qualidade. E essa literatura se concentrou, basicamente, nos idiomas europeus mais expressivos. Esta foi a primeira grande dificuldade que os escritores africanos tiveram pela frente. Por outro lado, não podemos negar que a literatura africana em língua inglesa e francesa teve também grande importância e destaque na África e no resto do mundo. Analise, por exemplo, o caso de dois escritores que conheci intimamente: Wole Soyinka, da Nigéria, e Leopold Senghor, do Senegal.

O que sucedeu com Soyinka? Veja só... Um dia, Soyinka chegou na Embaixada do Brasil na Nigéria e me procurou. Disse: "Soube que o adido cultural do Brasil em Lagos é escritor. Eu também sou escritor". Estava ali, na minha frente, e era praticamente um menino. Conversamos, tomamos um café e ele

foto: Wisteria Press/Divulgação

me mostrou algumas de suas poesias, que eram muito boas. Mas era um jovem, começando a vida. Não tinha ainda amadurecido. Então, ainda nos primeiros anos da independência da Nigéria, assisti, em Ibadã, a uma peça de Wole Soyinka em iorubá. Embora não a entendesse toda, li um resumo da peça, antecipadamente, podendo assim acompanhar grande parte do enredo. Como já o conhecia, conversei com Soyinka depois do espetáculo, elogiei o desempenho dos atores e o conteúdo da peça, mas expressei também uma opinião sincera: "Soyinka, você não pode levar para Londres uma peça falada em iorubá, por mais bonita que ela seja. Como você é fluente em inglês, com curso completo pela Universidade de Lagos, não terá qualquer dificuldade em usar a língua deles". Foi exatamente o que ele fez. Vinte anos depois, ganhou o Prêmio Nobel de Literatura pelo conjunto de suas obras.

Hoje é considerado um dos maiores dramaturgos e poetas da África negra.
Cresceu muito. E foi sempre um crítico da negritude, tal como a via Leopold Senghor e um dos responsáveis pelo conceito do pan-africanismo, que move a política interna da África. Os trabalhos de Soyinka, *Death and the King's Horseman* ("A morte e o cavaleiro do rei") e *Myth, Literature and the African World* ("Mito, literatura e mundo africano") refletem esse pan-africanismo como política de libertação. Discordava da negritude de Senghor, mas acredita na existência de um mundo negro e de valores negros. Defende a tese de que algumas estruturas tradicionais da sociedade africana podem ser boas alternativas para as estruturas europeias. Apontou problemas, a exemplo da dogmatização europeia de ques-

;oyinka, que AO conheceu muito jovem na Nigéria, ›em antes de ele se tornar o primeiro Prêmio Nobel da literatura africana, em ·avura no livro *Outsiders* e em palestra na Holanda.

foto: Embaixada da Nigéria em Haia, Holanda

1964: AO recebe em sua casa, no Rio, o poeta Léopold Senghor, presidente do Senegal, e o também poeta Manuel Bandeira em reunião de escritores.

foto: Acervo ICAO

tões terrivelmente complexas, como a discriminação racial. A esquerda – dizia ele – comete o erro de reduzir todo o problema à luta de classes!

E no Senegal – embora defendendo a negritude como conceito cultural e político – Senghor continuou escrevendo suas poesias na língua do colonizador, o francês. Leopold Senghor, com o qual cultivei estreita amizade, foi o primeiro poeta a obter reconhecimento pelo conjunto de sua obra na África. Tornou-se, também, presidente do Senegal e autor de uma poesia nova, em francês, sobretudo com o lançamento de seus livros *Chants d'ombre* ("Cantos de sombra"), *Hosties noires* ("Hóstias negras") *Nocturnes* ("Noturnos) Quando falei com ele pela primeira vez, levantei a questão da comunicação interétnica. Ele reconheceu que o povo devia ser instruído primeiro na língua materna, mas disse que seria ilusório rechaçar a influência das línguas estrangeiras. Segundo Senghor, um jovem deveria aprender pelo menos duas línguas de comunicação internacional.

E isso não colidia com a defesa do conceito da negritude? Senghor definia "negritude" como um conjunto de valores de civilização do mundo negro. E essa definição – confessou-me ele – longe de ser estática, traduzia uma situação dinâmica, concreta. O conceito sustentava e ilustrava a existência de uma personalidade, de uma cultura negra original face às teorias que negavam a ideia de uma "civilização negra". Era também – segundo ele – uma forma de demonstrar que, na verdade, não há civilização superior a outras civilizações, mas que cada uma acentua um aspecto necessário e insubstituível da civiliza-

foto: José Aparecido Miguel

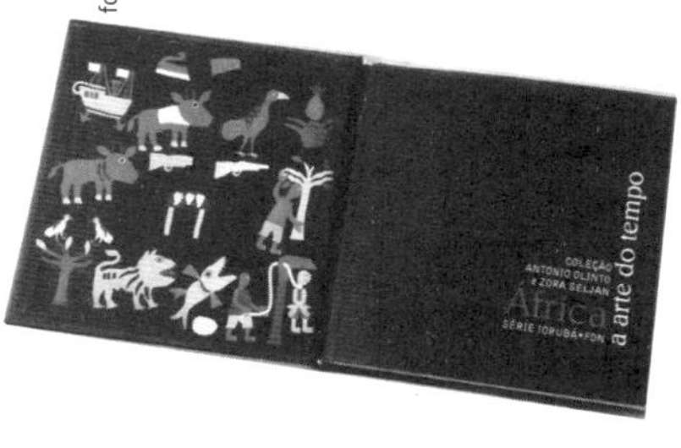

O livro *A arte do tempo,* que reúne a coleção de arte africana de AO e Zora.

foto: Acervo ICAO

Ao lado, AO com personalidades nigerianas, entre as quais Maria Romana da Conceição, inspiradora de *A casa da água.*

ção universal. A negritude, nesse sentido, não era um grito de guerra contra outras culturas. Era um grito de guerra contra a opressão, a injustiça, o racismo e a exploração colonial. Um grito contra a estreiteza das ideias preconceituosas. Era também um grito em defesa de um espaço cultural africano.

Isso valia também para outros países africanos, além do Senegal? Sim. Em Angola, por exemplo, Agostinho Neto escrevia poemas para apressar a liberdade de seu país e os utilizava como arma política. Em São Tomé e Príncipe – hoje parte da Comunidade dos Países de Língua Portuguesa (CPLP) – Caetano da Costa Alegre (1864-1890) recebeu o título de "criador da negritude em poesia", com versos tão tocantes como os que dizem: "Ah, pálida mulher, olha a noite é negra e tem milhões de estrelas,/ o dia é belo e branco e tem apenas uma". Era uma forma simbólica de elogiar a cultura de sua terra.

Quando ainda morava na África, você conviveu com novos momentos históricos no continente, tendo registrado seu entusiasmo em seus escritos. Como comenta? Nos meus tempos de África, em Dacar, Freetown, Acra, Porto Novo (Daomé) e Lagos, os jovens negros de Abidjan, lendo sob os postes, eram o signo de uma verdade nova no mundo, de um modo diferente de fazer democracia e buscar o socialismo, de formas ainda não conhecidas de reestruturar as bases da administração pública, no esforço de uma "africanização" que, em maior ou menor grau, passou a ocorrer em diferentes partes do continente negro. Que as áfricas são muitas, isso é verdade; mas todas caminham para uma união. Muitas são as Áfricas, sim. São justamente essas diferenças magníficas que levam muitos estadistas de hoje a uma total incompreensão da amplitude cultural, econômica, política e social do novo continente africano.

Você foi o escritor brasileiro que mais dedicou espaços para louvar a arte religiosa africana. É até mesmo um colecionar de objetos africanos... Como explica o fascínio? Para explicar a religiosidade africana, escrevi em *África: a arte do tempo*, que o africano não esculpe uma figura. Ele é a figura que esculpe. Não dança. Ele é a dança. Na identidade perfeita sujeito-objeto, o africano é a coisa que faz. Para

foto: José Aparecido Miguel

Um canto do apartamento de AO no Rio, com peças da coleção africana.

ele, todos os objetos do mundo estão ligados entre si e estão ligados ao seu corpo e ao seu espírito. Essa ligação torna-o hospedeiro de Deus. Seu corpo vira a casa de Deus. Seu cântico, a voz de Deus. Seu lombo, cavalo de Deus. Nascimentos, colheitas, casamentos, partidas, chegadas, mortes, doenças, alegrias, tudo é presidido pelos deuses e pelas figuras que lembram deuses. Quer maior fascínio que isso?

E as máscaras africanas? Você tem mais de duzentas! (risos) As esculturas e as máscaras são feitas para os momentos decisivos. A máscara africana traz os mortos de volta. Leva os mortos num passeio pelo mercado, pelas ruas, pelos caminhos do mato, pelas casas, pelas beiradas dos rios. A máscara promove o baile das bruxas. As bruxas do mundo perturbam a calma das pessoas e precisam ser distraídas. Assim, as máscaras fazem com que as bruxas se esqueçam de intranquilizar os homens na sua labuta diária. Bruxas e deuses gostam de dança. Pela dança, pegam forma de gente e sentem o alumbramento da mortalidade. Portanto, na África, homens, bruxas e deuses dançam por todos os lugares: pelas estradas, pelos terreiros, pelos adros, pelas clareiras. Dançam também nos ritos da fertilidade, figuras de madeira presidindo cada movimento da celebração. Cada máscara desempenha uma função na arte religiosa africana.

Pode dar alguns exemplos curiosos? A máscara-peixe, de madeira, ajuda na pescaria. As canoas descem o Rio Benin, as casas dos deuses erguendo-se fortes, acima das águas. A fenda de Oxum aumenta a pescaria dos habitantes de Oxogbô. Iemanjá contempla, de suas águas verdes, os pescadores de Lagos. A figura Baulê, de lábios cerrados, levada para as margens do Lago Ebrié, considera as distâncias do horizonte. A máscara Senufô, serena, recolhe-se em seus pensamentos. O machado largo e duplo de Xangô distribui a justiça em Oió. A flecha de Oxóssi, o caçador, transforma Keto em cidade-mito cheia de gente viva. As máscaras estão encarregadas de muito mais coisas ainda. Velam sobre os homens, os mercados, sobre seus atos de compra e venda, seus amplos e livres movimentos de amor e alegria.

As máscaras estão vinculadas as mais diferentes formas do homem africano ver e relacionar-se com o mundo. É a arte em seu conjunto de vivências integra-

O elefante e o baobá, fotografados na Tanzânia: entre os africanos, as árvores são sagradas, pois nelas moram deuses.

das ao cotidiano e ao tempo das festas, por exemplo. É o corpo, a fertilidade, a religiosidade, o sexo. É na arte africana e sua diáspora que se afirma o entendimento geral do mundo, quando se dilata nas repetições dos gestos, das danças, nos dizeres, nas representações dos objetos, nas cores, nas muitas maneiras de traduzir temporalidade, diferentes expressões, comunicações em linguagens sensíveis que expõem um grande projeto coletivo de sabedoria tradicional. Assim, são mantidos patrimônios tão antigos e referenciais quanto a própria história do homem. Como as esculturas de madeira, os objetos litúrgicos e a joalheria, as máscaras atestam a permanente fruição da sabedoria tradicional africana.

Em Angola e na África do Sul, as árvores são também símbolos sagrados? Todas as árvores africanas têm seus deuses. Até os galhos podem ter espíritos particulares. Se alguém quiser cortar um ramo de árvore, pela tradição, deve pedir licença ao Deus da árvore. Se quiser modelar um vaso, pede licença ao Deus do barro. Ao atravessar um rio, pede licença ao rei da águas. Deuses e Deusas estão em toda parte na África, tomando conta das coisas. De todas as coisas. Em resumo: falar da África, de seus povos, de seus deuses e tradições é falar da diversidade, do encontro de civilizações e de fontes e matrizes que abastecem o mundo ocidental. Ali são faladas mais de 2 mil línguas diferentes, reunindo mais de 50 países, com quase 1 bilhão de pessoas! Essa África-continente é também profundamente doadora e formadora do povo brasileiro. É igualmente dessa África que, há mais de 4 milhões de anos com o *Australopithecus ramidus*, se origina o homem moderno, que coloniza o planeta a partir de pequenas e sucessivas ondas migratórias rumo ao resto do mundo.

Quando você trata da arte poética, no universo da África de expressão portuguesa, que destaque dá a Moçambique? Gosto de citar o poeta Rui Nogar – Francisco Moniz Barreto (1932-1993), que é um dos grandes líricos do continente. O português que ele utiliza foge às regras normais do idioma. Sua síntese é própria, mas tem grande beleza! Nogar aprendeu o português e falou-o de um modo pessoal. No dia a dia, usa a língua africana de sua gente, mas nunca abandonou o português. Buscava na nossa língua um lirismo raro e claro, com uma extraordinária cadência, influenciada, ao mesmo tempo, pelo ritmo poético de seu belo canto de amor sem vírgula nem pontos. Explique-se que a palavra *suruma*, importante no poema, quer dizer "mel" no idioma africano de Nogar.

Xicuembo

Eu bebeu suruma
dos teus ólho Ana Maria
eu bebeu suruma
e ficou mesmo maluco

agora eu quer dormir quer comer
mas não pode mais dormir
mas não pode mais comer

suruma dos teus ólho Ana Maria
matou sossego no meu coração
eu bebeu suruma oh suruma

dos teus ólho Ana Maria
com meu todo vontade
com meu todo coração
e agora Ana Maria minhamor
eu não pode mais viver
eu não pode mais saber
que meu Ana Maria minhamor
é mulher de todo o gente
é mulher de todo o gente
de todo o gente todo o gente
menos meu minhamor.

No seu livro *Brasileiros na África* você sustenta que foi na poesia e pela poesia que se iniciou o combate pela libertação das terras de expressão portuguesa da África. Como o Brasil interagiu, na época, com o processo de libertação desses povos irmãos? No início, imperou o formalismo oficial, uma injustificável "neutralidade". Mas depois as coisas mudaram, porque, com o fim da Segunda Guerra Mundial, abriu-se, de fato, caminho para a independência da África negra. Os "ventos da mudança" sopraram fortes no

Morre Agostinho Neto, médico, poeta e primeiro presidente de Angola independente (1975-1979).

02 11 Setembro 2009

Dossier

AGOSTINHO NETO 1979 2009

Uma morte prematura

"O mais importante é resolver os problemas do povo". Esta é sem dúvida a frase de Agostinho Neto mais recordada, trinta anos depois da sua morte, em Moscovo, a 10 de Setembro de 1979. Mas do infausto acontecimento, os angolanos só teriam conhecimento no dia seguinte, num noticiário da RNA, às 13 horas, que silenciou o país e deu início a um luto de 45 dias.

foto: semanário angolano Novo Jornal, 11/09/2009.

continente africano. Só Portugal, por teimosia, queria resistir mais tempo. Essa teimosia, aliás, ultrapassava o bom senso político e viria a custar muitas vidas, como ficou depois provado. O Brasil, velho aliado de Angola e antiga colônia de Portugal, teria de apoiar todos os movimentos de libertação dos povos africanos, principalmente os da África de expressão portuguesa. No início, como disse, levados por um formalismo oficial e por uma espécie de sentimentalismo saudosista com relação à Portugal, os governos brasileiros da época adotaram uma posição, inclusive na ONU, de quase neutralidade, que não era da grande maioria do povo brasileiro. Os governos, especialmente em matéria de política externa, nem sempre interpretam o sentimento de seu povo. No Brasil, a comunidade intelectual esteve sempre ao lado de Angola, Moçambique, Guiné-Bissau, Cabo Verde e São Tomé e Príncipe em suas lutas contra o colonizador. Escritores, professores, jornalistas e profissionais liberais tinham, nesse particular, o apoio do povo brasileiro, que já não admitia a existência de colônias naquele tempo. Por isso, a eclosão da liberdade em terras de expressão portuguesa da África foi recebida com júbilo no Brasil. Sob a responsabilidade do diplomata Olívio de Andrade Mello – todos ainda se lembram que foi recebido entre nós, com muito júbilo, o anúncio da independência angolana – o Brasil foi o primeiro país a reconhecer a independência de Angola. Agostinho Neto foi um desses escritores angolanos que usaram a poesia como arma inicial contra o colonialismo português.

A poesia rebelde de Agostinho Neto serviu, a seu ver, para acelerar o processo de independência e libertação do povo angolano? Definitivamente. Neto foi figura proeminente do movimento cultural nacionalista de Angola. Foi preso em 1951, quando reunia assinaturas para a Conferência Mundial da Paz, em Estocolmo. Depois, voltou a ser preso em 1955, ano em que lançou seu primeiro opúsculo de poemas, que já descreviam as amargas condições de vida do seu povo. Sim, foi acusado de rebeldia pelos colonizadores por sua poesia de conteúdo político e revolucionário. Sua prisão, no entanto, desencadeou uma vaga de protestos em grande escala. Muitos intelectuais franceses e de outros países protestaram. Entre eles: Jean-Paul Sartre, André Mauriac, Aragon, Simone de Beauvoir e o pintor mexicano Diego Rivera. Sua prisão criou tanto impacto que, em 1957, foi eleito

Prisioneiro Político do Ano, da Anistia Internacional. Agostinho Neto, na África de expressão portuguesa – sustentam muitos – é comparável a Leopold Senghor, na África de expressão francesa. Sim, foi um rebelde, um revolucionário, que se projetou não apenas no contexto africano, mas em todo o mundo. Sua luta – pela liberdade, pela independência de seu povo – está refletida na sua poesia. Neto, como disse, fazia poesia para apressar a liberdade:

> Amanhã
> entoaremos os hinos à liberdade
> quando comemorarmos
> a data da abolição desta
> escravatura.

Em outro poema, de 1960, já como um plano para a Angola libertada:

> Ressuscitar o homem
> nas explosões humanas
> do dia a dia
> na marimba do chingulo,
> no quissange do tambor
> no movimento dos braços
> e corpos.

No poema *Construção e reencontro*, há toda uma política a favor da angolanidade, um mergulho na cultura do povo e a aceitação das realidades quotidianas de Angola.

> Chegados à hora
> caminha o povo infatigável para o reencontro
> para o novo se redescobrir e fazer
> nas melodias e nos cheiros ancestrais
> na modificação progressiva dos sacrifícios aos
> deuses, nas violências sagradas e nos ritos
> sociais, na iniciação da vida e do amor
> no milagroso pacto entre o homem e o cosmos.

Agostinho Neto era um poeta rebelde, se assim o desejarmos.

E nos outros países de expressão portuguesa, havia outros poetas rebeldes? Claro. Muitos. Marcelo Veiga, nascido na ilha de São Tomé e Príncipe, em 1892, foi o grande poeta da negritude, principalmente por seu poema *África é nossa*, escrito em 1916, em que diz: "Qualquer parcela da África tem povo" e logo a seguir: "Porque o seu povo que é o seu dono". Recordo-me de alguns versos:

> Esta África em que quem quer dá co'o pé
> Esta negra África escarumba, olá!
> Não a q'remos mais sob o jugo de alguém,
> Ela é a nossa mãe!
> A África é nossa!
> É nossa! É nossa!
> Que iris! Que oiro!
> Que raro tesoiro!

Mas temos outros "poetas rebeldes" nascidos na África de expressão portuguesa. Um exemplo é Baticã Ferreira, nascido em Guiné-Bissau, que escrevia em português e francês. Lembre-se que, nos tempos heróicos das lutas pela independência, Guiné-Bissau e Cabo Verde se confundiam em um só combate, com os escritores de uma região e de outra não fazendo distinção e aparecendo juntos em antologias e coletâneas. Cabo Verde tinha poetas autenticamente revolucionários. O tom do poeta Onésimo Silveira era assim:

> Atrás dos ferros da prisão
> é preciso lutar
> pelo pão das crianças sem pão
> As crianças de barriga inchada
> de lombriga e de fome!

Outro poeta, Gabriel Mariano, tinha seus poemas gravados em fita magnética e largamente difundidos entre os militantes do Partido Africano da Independência da Guiné e Cabo Verde (PAIGC). Escrevia versos assim:

> É aqui meu amor
> É aqui que fica
> o lar do nosso sonho
> Na boca vermelha
> desta espingarda.

Como memorizou tantos versos? Fui professor de literatura brasileira e africana. Tinha que saber… Ademais, me preparei, porque sabia que você me perguntaria sobre essas coisas (risos).

Continuará o mundo necessitando de pessoas rebeldes como Agostinho Neto, Che Guevara, Ghandi, Zapata, Tiradentes, Zumbi, Ganga Zumba e tantos outros que conhecemos através da história? André Gide defende a tese de que só o rebelde salva o mundo. E isso está claramente explicado no seu *Journal* e aparece nos livros de todos os inquietos e inconformados. Um Rimbaud, um Francis Thompson, um Graham Greene... Mais que revolucionários, são eles todos rebeldes, sal da terra. Talvez aqui deva ser dito não haver uma ligação necessária entre um e outro. Está claro que ocasionalmente um rebelde será também revolucionário, mas seu apego à escolha pessoal, à rebeldia isolada e eminentemente ética – tanto no sentido imediato da palavra moral como no mais amplo, de uma filosofia de vida – costuma levá-lo a recusar decisões coletivas e palavras de ordem, sem base no respeito à pessoa humana. Para marcar a diferença, pode-se classificar Fidel Castro de revolucionário. Mesmo no poder, ou fora dele, continuaria sendo revolucionário. Já Che Guevara surge com símbolo do rebelde, a quem o poder eventual não pode satisfazer, porque sua inquietude era abrangente e implicava um propósito de mudar, ao mesmo tempo, o homem e a sociedade. O desejo que existe no centro da alma do grande escritor, do líder religioso, de criadores de sistemas filosóficos, do artista – quando não sejam simples exploradores de uma tese – é o de melhorar o homem. Contudo, melhorá-lo sem matá-lo, sem violentá-lo, sem torturá-lo, ações normalmente vinculadas à prática revolucionária.

Será difícil melhorar os homens deixando-os inteiramente livres? Não será, desde que a rebeldia prevaleça. Pois não há outra maneira de humanização que não tenha por chão a liberdade. O que pode ser difícil é a noção de avanço da liberdade. Contudo, sem liberdade jamais chegaremos ao ideal, proposto por Teillard de Chardin, de se humanizar o bicho humano. Assim, precisamos dos homens rebeldes. Continuamos precisando de sua palavra desabrida, de sua crítica destemida. E não são só os homens que devem ser rebeldes: as mulheres poetas, as revolucionárias, as que lutam por uma sociedade mais justa, todas elas devem figurar nesse pavilhão de grandes nomes que ajudam a transformar o mundo.

19
Escravos, abolição e racismo

Os negros estiveram presentes desde o início da formação social brasileira. Suas culturas, suas religiões contribuíram para forjar a identidade do Brasil. Compreender a escravidão é, de certa forma, uma tentativa de se entender também a cultura brasileira? Claro que sim! Em primeiro lugar, a escravidão deve ser entendida como "trabalho", trabalho forçado. O negro africano veio "trabalhar" no Brasil! E trabalhou. E plantou. E colheu. Fez tudo aquilo – muitíssimo mais do que um empregado normal faria... É preciso compreender que sua produção estava associada à violação sistemática dos direitos humanos: ele era preso, torturado e apanhava toda vez que não fizesse aquilo que seu dono – o senhor rural absoluto – lhe impunha. O suor e o sangue dos negros, portanto, sedimentaram os alicerces de nosso tecido social e da nossa cultura. Foram, na verdade, os negros que "criaram" o Brasil! Fazendo com que os portugueses trabalhassem menos, os escravos oriundos da África também nos ensinaram a anatomia do trabalho. Nos provaram que a base da vida em sociedade é a produção! Agora, isso tudo foi feito através do poder coercitivo. Nem o negro africano, nem ninguém está preparado ou predestinado a ser escravo. Antes de tudo, o escravo era visto como um animal de tração, como uma mercadoria, pelos senhores feudais. Nada mais! Mas, apesar disso, dessa mesquinhez humana por parte do regime feudal, o escravo africano trouxe para o Brasil toda a sua filosofia de vida, toda a sua cultura negra e todo o poder de sua crença. Perceba que, para o negro, para o africano, tudo é sagrado. A árvore é sagrada. O rio é sagrado. A comida é sagrada. Trouxeram, então, consigo, essa capacidade de sentimentos e sentidos: essa interpretação de que tudo é sagrado. O negro trouxe ao Brasil a noção da proximidade do homem com a natureza, a noção de se ter "os pés no chão": de dormir no chão, de amar no chão... Algo completamente diferente da "Europa civilizada", que introduziu, além das chamadas "boas maneiras", as roupas e os sapatos sofisticados de sua nobreza! Uma Europa, cujos habitantes brancos queriam ganhar cada vez mais, com o mínimo de esforços. Eram os donos da terra! Os negros, não eram donos de nada, mas trouxeram como sua grande contribuição esse sentimento de trabalho e de crença, que até hoje constitui elemento fundamental para a compreensão da nossa cultura.

A mulher africana, escrava, também teve participação de grande destaque nessa formação cultural. Nas exaltações aos negros como filhos dos trópicos, a mulher africana, a negra escrava, aparece com toda sua força simbólica. E não sem razão: para além de sua ternura, ela aparece como a ama de leite, como arrumadeira, cozinheira, companheira da Sinhá, como pendor sexual dos homens brancos e, naturalmente, como mãe de muitos brasileiros. Quantas vezes, quando menino em minha terra, Ubá, via aquelas senhoras negras na cozinha, sentadas, junto com o restante da família. Então, curioso, eu perguntava, indicando uma delas: "E quem é aquela, tia?". E minha tia respondia: "É minha mãe-de-leite, Olintinho". Como pendor sexual dos homens brancos, como amantes dos portugueses, como companheiras, elas também desempenharam um papel crucial na formação de nosso país. Claro que na falta de mulheres brancas, num Brasil colonial carente de sexo, os portugueses foram atraídos pelas escravas negras. Famílias ilustres, em diferentes partes do Brasil, guardam ainda hoje traços africanos, devido a união de senhores brancos e mulheres negras no passado. Há os que interpretaram nas leis brasileiras e portuguesas – através da história – apenas o favorecimento do concubinato, da depravação sexual e das ligações efêmeras no Brasil colonial. Mas, ao contrário dos ingleses, que não se misturavam com os nativos e levavam para as colônias, que dominavam, suas mulheres brancas, os portugueses romperam com esse tipo de moralismo, apesar das proibições e das tentativas de europeização do comportamento sexual. E as negras, sadias, sagazes, afetivas e engenhosas, acabaram ajudando a criar um novo tipo humano de brasileiros: os mulatos. Por tudo isso, a cultura africana contagiou e enriqueceu a brasileira não só através da larga e variada importação de escravos para o trabalho, mas através da miscigenação. A consequência da escravidão não foi apenas a "depravação", essência mesma do regime escravagista. Trouxe também um lado muito positivo e digno: a coragem da miscigenação, da união de seres de etnias diferentes. Joaquim Nabuco costumava repetir uma frase heráldica colhida junto a fazendeiros escravocratas: "A parte mais produtiva da propriedade escrava é o ventre reprodutor". A mulher negra é partícipe direta da nossa antropologia cultural, não resta dúvida!

Se os escravos estavam proibidos de quase tudo, até mesmo de exercer seus rituais religiosos, como conseguiram manter sua cultura no Brasil? A resposta está na história. Como a escravidão era fruto, às vezes, de guerras entre nações da África, toda uma aldeia, com seu rei, seus súditos e seus costumes, podia ser aprisionada por um soberano vizinho e vendidos todos seus habitantes como escravos aos portugueses. Assim, a aldeia podia vir parar inteira num lugar qualquer do Nordeste brasileiro. O modo de vida não mudava tanto se a língua se mantinha. As lembranças não morriam. Era como se as pessoas tivessem transportado suas aldeias consigo para o Brasil. O português – dono de escravos – não separava as famílias, as etnias. Mantinha-as unidas. Já o inglês, temendo as rebeliões e a queda da produção, costumava separar os membros de uma mesma tribo ou aldeia. Distribuía os escravos da mesma etnia por diferentes pontos da América. No Brasil, um dos resultados foi que o negro conseguiu conservar parte de sua cultura, enquanto, nos Estados Unidos, ele a foi perdendo gradativamente. Até o fenômeno dos muitos quilombos acontecidos no Brasil adveio da transplantação de aldeias africanas para terras brasileiras. Quando a maioria dos escravos de uma região do Nordeste, por exemplo, falava a mesma língua e tinha os mesmos costumes, tornava-se-lhes admissível enfrentar as dificuldades de fuga e do estabelecimento de uma comunidade longe dos pontos em que o homem branco tinha suas cidadelas.

E, apesar do regime de escravidão, os negros, fisicamente, adaptaram-se bem ao clima do Brasil? Naturalmente, o meio ambiente influiu bastante. As frutas brasileiras eram parecidas com as africanas. A comida também era parecida e o calor que cercava as coisas era praticamente o mesmo. Para a religião primitiva, a comida é básica. Os deuses também comem, e comem determinada comida. Não comem tudo o que veem pela frente! Nunca! O Xangô, trazido a Iurobalândia, podia, no Brasil, comer um tipo de comida parecido com o que havia em Oió. Ao venerar seus deuses, conseguia o africano-escravo, em terras brasileiras, fazê-lo com pouca diferença em relação ao que fazia na África. Sabe-se que a reação do europeu contra as religiões africanas foi grande também entre nós. Até começos do século XX, cartas a jornais pediam providências à polícia contra a prática de cultos negros neste ou naquele bairro, nesta ou naquela região. Esta era, porém, uma reação periférica. Na realidade, a religião negra continuava no Brasil e era mantida pelos escravos, às vezes a descoberto, na maioria delas às escondidas. Na verdade, eles encontraram no novo país "clima" para dar continuidade a seus rituais religiosos. Enganando o senhor, que cultuava um santo católico, dentro em pouco o escravo não viu muita diferença entre esse santo católico e o orixá de sua terra. O negro africano veio, assim, para ficar. Para ficar e para ser brasileiro, integrado na terra, na ecologia, no ecossistema, nas aspirações comuns do povo, na alegria dos trópicos. O negro é eminentemente anti-Lévi-Strauss. Como consequência, hoje, a influência da religião da África no Brasil é muito grande, embora ela já não seja inteiramente africana – a não ser em certas e poucas casas de candomblé da Bahia.

Quer dizer que, nos Estados Unidos, os deuses africanos morreram de frio e não vingaram? (risos) Morreram de frio e de fome. Pensar em curtir Xangô e Iansã em meio à neve, com os termômetros caindo para 10 graus abaixo de zero, não combinava muito com as características dos deuses africanos. E o fato de não haver o alimento adequado, a que esses deuses estavam acostumados, separou também o africano de seu panteão. Como resultado, em poucas gerações, o negro africano sentiu-se desenraizado na América. Perdeu uma linha geral de sua cultura, uma direção – ou aquilo que Bergson chamava de "direção de uma direção" – e essa linha explodiu mais tarde em *blues*, em *jazz*, em *souls* e num entendimento muito especial do protestantismo, da palavra de Deus que o africano-americano tomou para si de forma tão exclusiva quanto um grupo de *quakers*, transformando a ortodoxia da religião europeia para as alegres danças em igrejas, participação gritada e exaltada do pastor negro – imprimindo, enfim, a marca da cultura negra numa religião da reforma inglesa, que buscava o silêncio e a discrição no culto de Deus.

Diante da participação tão rica do negro africano no Brasil, não pensa que a literatura sobre sua influência na formação de nossa sociedade é ainda modesta? É relativamente modesta sob certos aspectos. Mas, se pegarmos vários autores nacionais – por exemplo, a literatura de Guima-

foto: Portal girafamania.com.br

Representação do culto dos orixás no Brasil.

rães Rosa –, vamos encontrar lá a presença negra. Ela está lá, fazendo parte da comunidade no interior de Minas Gerais. Aparece nos romances de José Lins do Rego, no Nordeste, porque era o escravo negro que tratava da cana-de-açúcar e servia ao senhor de engenho. Portanto, o escravo negro na ficção brasileira aparece sempre como o indivíduo que está submetido ao trabalho, obedecendo ao senhor feudal. Aparece, com mais pujança, na ficção de Joaquim Manuel de Macedo – em *Vítimas algozes*, de 1869, ou seja, 19 anos antes da abolição da escravatura. Um romance abolicionista, em que Joaquim Manuel de Macedo denuncia a escravidão como criadora de vítimas oprimidas socialmente: uma perversão moral, desagregadora da sociedade branca, cujo regime beirava – segundo ele – o sadomasoquismo. A escrava negra, como a companheira, a ama-de-leite e, naturalmente, a amante, também figura na nossa ficção. Temos *A escrava Isaura*, de Bernardo Guimarães, romance que foi reconhecido até pelo Imperador Dom Pedro II.

Machado de Assis, nosso grande escritor, não se importou muito com o tema. Se omitiu... Porque foi por outros caminhos. O negro escravo aparece pouco nas obras de Machado de Assis. Quando aparece, ele é o negro empregado do Rio, que ajudava na cozinha, lavava roupa, fazia comida ou servia simplesmente de mensageiro. A presença do negro na literatura machadiana é fraca, quando não devia, pelo fato de Machado de Assis, ele mesmo, ser mulato. Do ponto de vista americano, ele era negro! Machado de Assis foi um romancista da classe média brasileira! Só episodicamente o negro aparece em seus romances, mas como ente servil, urbano.

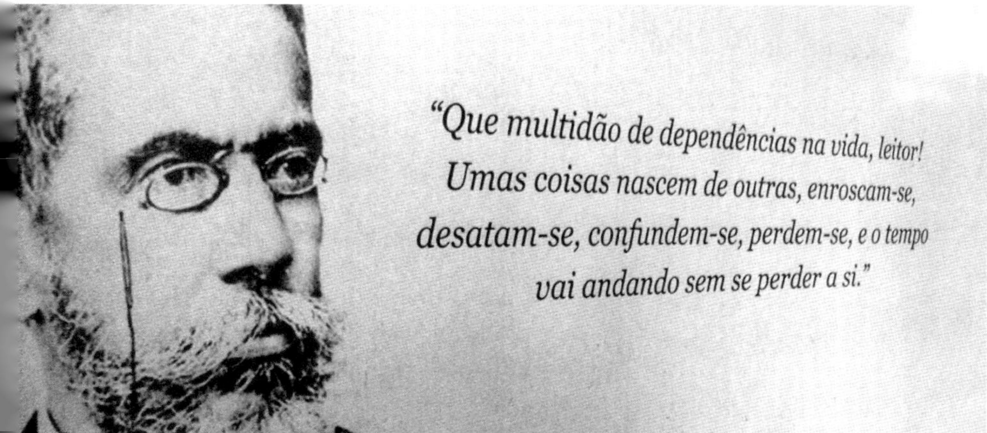

foto: ABL/Divulgação

E as omissões não param em Machado! Até hoje, mesmo o cinema nacional reserva pouco espaço para os temas negros. Focaliza mais questões relacionadas com brancos. Não é verdade? É verdade. Mas é normal, na medida em que quase todos os nossos homens de cinema são brancos! E quase todos eles veem uma realidade branca. Não veem a realidade negra, exceto quando fazem filmes sobre a violência nas favelas, onde o negro ou o mulato são, invariavelmente, os vilões. Mesmo assim, algumas obras cinematográficas são históricas, como, por exemplo, o filme de Paulo Gil Soares, *Os filhos de Olodumaré*. É, ainda hoje, um importante documento da negritude brasileira. Feito muito antes de *Negras raízes*, esse filme revelou as raízes da civilização afro-brasileira de modo direto, vivo, novo, numa obra que é uma das melhores peças etnológicas feitas no Brasil em linguagem de cinema.

Você se refere ao seriado feito a partir do livro *Roots*, do americano Alex Haley? Exatamente. O livro foi lançado em 1976, e o seriado, com o famoso personagem Kunta Kintê, em 1977.

Na década de 1930, Gilberto Freyre deu uma valiosa contribuição para o estudo da escravidão e de suas consequências na formação da sociedade brasileira, com sua obra *Casa-grande e senzala*. Que peso tem, a seu ver, o livro de Freyre, para podermos compreender a força da influência negra na nossa cultura? A obra de Gilberto Freyre foi uma dádiva para o Brasil. *Casa-grande e senzala* é o livro que, realmente, foi ao fundo

foto: Editora Global/Divulgação

foto: Fundação Pierre Verger

AO: admiração por Gilberto Freyre e Pierre Verger. Para ele, a obra do primeiro "foi uma dádiva para o Brasil", enquanto o fotógrafo francês fez um registro "magnífico" do Brasil negro.

do assunto. Freyre mostrou, mais do que qualquer outro estudioso, como o negro brasileiro, o negro africano, era na sua essência. Mostrou não só o negro brasileiro, mas o Brasil negro. Mostrou – ao mesmo tempo – as relações existentes entre o Brasil branco e o Brasil negro. Quando eu me encontrava em Bucareste, na Romênia, o embaixador do Brasil me procurou e disse: "Olinto, precisamos de você, vamos lançar *Casa-grande e senzala* em romeno e gostaria muito que você fosse à universidade e falasse um pouco sobre o tema para os estudantes". Aceitei, mesmo sabendo que a tarefa, talvez, não seria tão fácil assim, pela própria natureza do tema. Falei durante uma hora e meia, para um público completamente diferente dos brasileiros, pessoas que conheciam um pouco da cultura sul-americana, mas somente à distância. O resultado, porém, foi surpreendente! O tema provocou tanto interesse por parte do público, que tive de responder cerca de 45 minutos de perguntas! Gilberto Freyre valorizou muito o tema que elegeu em *Casa-grande e senzala*. Acabou escrevendo uma obra clássica, que desperta o interesse de praticamente todos. Ao escrever essa obra, Freyre acabou também mudando toda a nossa cultura... Foi um livro que sacudiu as bases da cultura brasileira!

Pierre Verger, com quem você tantas vezes se encontrou na Nigéria e no Brasil, foi também um dos primeiros franceses a se interessar pela história da escravatura e pelos estudos afro-brasileiros. A obra de Verger é magnífica! Pierre, que pertencia a uma família rica, vendeu tudo na França e virou fotógrafo e antropólogo 24 horas por dia! Ele adotou o Brasil como pátria e o candomblé como religião. Nos encontramos muitas vezes na Nigéria. Fizemos juntos viagens de estudo. Pierre Verger era babalaô e dedicou toda sua vida ao estudo da diáspora africana, ao comércio de escravos e às religiões afroderivadas do Novo Mundo. Era um excelente fotógrafo. A Fundação Pierre Verger, na Bahia, tem mais de 65 mil fotos de sua autoria! Suas fotos premiadas foram publicadas em revistas famosas, como *Paris-Match*, *Life* e *Paris-Soir*. Pierre viveu em minha casa, durante três meses, em Lagos. Essa convivência foi muito produtiva. Na época, conversamos muito sobre o Brasil, sobre nossa afroascendência. Tinha grande interesse pelo Brasil e era fascinado pela Bahia. Era, por adoção, um iorubá. Tanto isso era verdade que, um dia, quando ainda vivia no meu endereço na Nigéria, perguntei a ele se queria me acompanhar em uma viagem de pesquisa. Ia para Abomei, visitar a tribo dos Ewe, povo originário do Golfo da Guiné, que habitou uma região onde hoje é o Benin. Respondeu secamente à minha pergunta: "Não!". E eu disse: "Posso saber por quê?". Ele: "Ah! Você não sabe? Eles são uns bandidos! Brigaram com os iurobás numa guerra sangrenta e fizeram 500 prisioneiros. Como não tinham como alimentá-los, covardemente os venderam para o mercado de escravos. Assim, foram todos para o Brasil, para a Bahia, como escravos – incluindo mulheres e crianças! Não tolero os ewes e não pretendo nunca visitá-los!". Fui sozinho, com a Zora. Ele ficou em Lagos! Era um verdadeiro iurobá, o Pierre!

Os negros pobres, marginalizados, os que se encontram presos em penitenciárias superlotadas, as mulheres e crianças desamparadas que vivem hoje no Brasil, são frutos da escravidão e de uma abolição que não os amparou? A verdade é que o negro brasileiro partiu do nada. Em 13 de maio de 1888, houve a abolição. E o que mais? Nada mais. Absolutamente nada. A campanha em favor da libertação dos escravos no Brasil foi plena de exaltação, uma das mais engajadas da América Latina. Foi um discurso em que não faltaram palavras bonitas, frases de efeito! Mas o dirigente, o político e o intelectual brasileiros da segunda metade do século XIX foram omissos numa questão crucial: a necessidade irrefutável de, uma vez alcançada a libertação dos escravos, integrá-los, o mais rapidamente possível, no corpo da nacionalidade. E isso, desgraçadamente, não ocorreu. Entregue a si mesmo, sem teto, sem trabalho e sem acesso à educação, foi o negro liberto se marginalizando, ao ponto de só com raras exceções conseguir ascender a postos de certo destaque em nossa sociedade nos séculos XX e XXI. O que era necessário ser feito e não foi? Penso que, desde o primeiro minuto do dia 13 de maio de 1888, data da Abolição da Escravatura, era preciso que o governo brasileiro tivesse iniciado um programa de integração desse importante segmento populacional de nossa sociedade. O governo deveria tê-los socorrido adequadamente, ter iniciado uma campanha de alfabetização que também contemplasse os negros no período imediato ao pós-escravidão. Em vez de dar a eles a oportunidade de ser úteis à sociedade brasileira, as autoridades do nosso país deixaram os ex-escravos no total abandono! Até hoje, o negro e seus descendentes enfrentam enormes dificuldades para se educar ou educar seus filhos. E não é este ou aquele governo o culpado por essa lastimável situação! Todos os governos anteriores se omitiram. Nenhum deles tratou do assunto de forma séria. E é preciso que trate! Em decorrência de tudo isso, o negro ficou para trás na vida da sociedade. Nunca pôde subir nessa sociedade, porque não sabia ler, não sabia contar, não tinha trabalho ou rendimento. Nenhum governo da República levou isso em consideração! Pelo contrário, depois da queda do Império, os republicanos chegaram a queimar documentos da escravidão para evitar problemas futuros com essa matéria. Queimaram! Ministros que assumiram suas pastas durante a República queimaram valiosos documentos sobre a escravidão no Brasil, porque não queriam se envolver com o assunto!

Ao analisar a questão racial brasileira, os anglo-saxões, em geral, nos acusam de disfarçar a realidade. Acusam-nos de não promover os afro-latinos. Empreguei várias vezes, em debates ou palestras em universidades inglesas e americanas, a expressão "afro-latino". Chamei inclusive nosso país de "civilização afro-latina", fato que levou muitos professores e estudantes ingleses e americanos a pedir que eu explicasse essa classificação. De tal maneira a cultura negra – de raízes iorubás, calabares, guineenses, angolanas, conguesas e moçambicanas, entre outras – se entranhou no Brasil, que o europeu e o norte-americano, ao nos estudarem, ficam sem entender o que está acontecendo entre nós. Em conferência que fiz na Universidade de Londres, em 1970, sobre literatura brasileira , falei sobre toda ela de modo geral e destaquei quatro nomes: o de Cruz e Souza, como poeta, o de Machado de Assis, como símbolo do escritor brasileiro, o de Lima Barreto, como romancista, e o de Mario de Andrade, como líder de uma revolução literária. Na hora das perguntas, um professor da Universidade de Londres, especialista em questões de cultura negra, teve aquela expressão de quem vai fazer uma pergunta crucial, e fez. Quis saber por que razão, numa conferência em que tantos nomes foram citados, eu não mencionara um único escritor negro do meu país? Tive que começar a resposta dizendo que ele parecia desconhecer inteiramente a literatura brasileira, porque os quatro nomes que eu destacara eram, por coincidência, de escritores negros: Cruz e Souza, Machado de Assis, Lima Barreto e Mario de Andrade; sendo um negro puro, um mulato quase negro e dois mulatos claros. O professor perguntou, então, por que eu não informara antecipadamente que esses escritores eram negros. Respondi que, para mim, todos os quatro eram escritores brasileiros, não escritores negros, e que talvez estivesse nisto a base da harmonia racial brasileira. Acrescentei que tampouco me ocorreria chamar de "escritor italiano" o brasileiro Menotti del Picchia ou de "alemão", o escritor Augusto Meyer. Engoliram seco e ficaram fumegando.

Há muitos que defendem a existência de uma "harmonia racial" no Brasil. Mas, todos nós sabemos que há também racismo e preconceito no nosso país. Como explicar esse fenômeno? Nos anos 1960 e 1970, quando falava a ingleses e americanos sobre convivência racial no Brasil, alguns reagiam, dizendo que no nosso país o preconceito racial era tão forte ou pior do que nos Estados Unidos. Mesmo se atenuarmos a questão, não dramatizando o tema, a verdade é que o preconceito racial sempre existiu no Brasil. Não há como negar. No Império, o negro era visto unicamente como escravo, filho de escravo ou neto de escravo. Pertencia, então, a outra sociedade, que não a sociedade dos brancos. Durante a República, porque eram ex-escravos negros, pobres, analfabetos e, portanto, não foram integrados – como deveriam – na sociedade dos brancos republicanos, ciosos de suas conquistas. Muitos brasileiros defendem a tese da "harmonia racial" e não admitem a existência de segregação no Brasil. Naturalmente, dependendo do ângulo pelo qual se interpretar o fato, é até possível sustentar que a "harmonia racial" faz parte de nossa filosofia. Ocorre que, tendo herdado muito do espírito paternalista do colonizador português, o brasileiro não deixou de conservar também um pouco do sentimento do "pai e superior" em relação aos que considera menos bem colocados na escala social – o que é uma desvantagem na hora de admitir que todos sejam real e efetivamente iguais, como rezam as constituições dos países civilizados. Isso acontece principalmente na classe média brasileira, saída da antiga sociedade rural. Se não temos preconceito de raça e segregação *per se* (como existiu na África do Sul, nos Estados Unidos e na Rodésia), revelamos uma consciência social que nem sempre inclui a aceitação total do homem de cor. Dos 20 milhões de analfabetos que até 2009 continuam existindo no Brasil, a maioria é constituída por negros! Mas os tempos mudaram e continuarão mudando! Tenha certeza disso!

Você parafraseou Abdias do Nascimento, que criou o Teatro Experimental do Negro no Brasil e tanto lutou pelos valores da cultura tradicional africana... O trabalho de Abdias do Nascimento é admirável! Para mim, que tive sempre nele um amigo, Abdias foi fundamental no combate à discriminação racial no Brasil. E não só isso: é um intelectual de extraordinária importância para a compreensão da questão do negro na sociedade brasileira. Saído de Franca, no interior de São Paulo, ele fez praticamente de tudo. Criou o Teatro Experimental do Negro, que se converteu num sucesso fora e dentro do Brasil. E seu teatro não foi apenas criado como uma reação à exclusão do negro no teatro dos brancos, mas como uma frente de luta de liberta-

foto: Editora Global/Divulgação

foto: Biblioteca do Congresso dos EUA

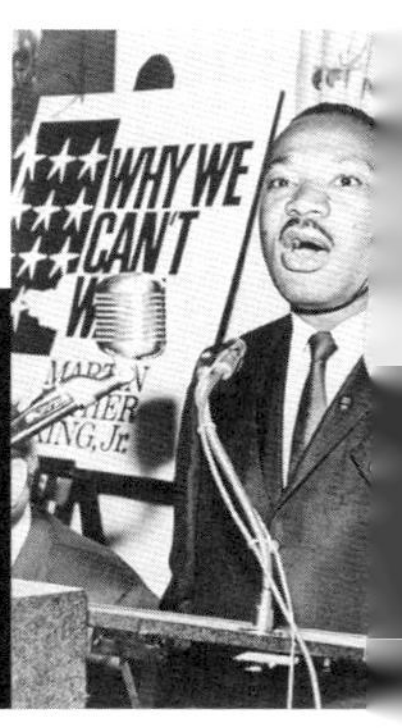

ção, cujo maior líder, para Abdias, era Zumbi dos Palmares. Abdias foi também um político negro atuante. Trabalhou ao lado do governador Leonel Brizola, no Rio de Janeiro, foi deputado e senador da República! Foi ele que idealizou o 20 de novembro, o Dia Oficial da Consciência Negra. Abdias do Nascimento é, para mim, um homem múltiplo: artista, poeta, pensador, homem de teatro, político e filósofo. Combinou, em sua obras, os mais variados elementos da cultura africana. Um homem intenso...

Foi também professor de várias universidades americanas. Sim. Seu currículo é amplo. Me recordo que, quando lecionava na Universidade Colúmbia, em Nova York, fui procurado durante minhas férias por Abdias, que me consultou sobre a possibilidade de ele receber um convite para lecionar numa universidade americana. Explicou-me que queria deixar o Brasil, por estar cansado das perseguições. Tinha sido preso várias vezes! Estava esgotado com essa rotina. Me confessou: "Antonio, não posso ficar mais no Brasil! A situação está péssima! Eu queria ir para os Estados Unidos!". Procurei ajudá-lo. Encontrei-me com administradores de pelo menos três universidades americanas. Um deles me disse: "Já conhecemos o professor Abdias e queremos que ele venha. Vamos enviar-lhe um convite para que fique conosco seis meses". Ele foi e ficou vários anos. Acabou se casando com uma americana maravilhosa, a Elisa Larkin e, depois, juntos, vieram morar no Brasil. Sua vida é uma saga!

Abdias defendia a tese de que o negro da diáspora está em busca de um caminho próprio, ou seja, o caminho de uma libertação psicológica, social e política, que seria a marca do momento histórico do negro no mundo, seja na África, seja nas Américas. Talvez, como aconteceu nos Estados Unidos, com Barack Obama, que acabou dando um empurrão no século XXI, sepultando a utopia de que um negro jamais chegaria à Presidência em Washington. De fato, já vivemos, com a eleição de um negro para a Presidência dos Estados Unidos, a visão pós-racial do sonho

Abdias Nascimento, amigo de AO e criador do Teatro Experimental do Negro. Ao lado, outro líder negro, Martin Luther King. Sobre o presidente Barack Obama, Antonio Olinto chegou a publicar um artigo.

americano. Essa preocupação com a liberdade psicológica, social e política do negro materializa-se num país do hemisfério norte que, ironicamente, enfrentou, e ainda enfrenta, sérios problemas no que toca a questão da discriminação racial. Quem não se recorda da luta travada por Martin Luther King, que acabou sendo covardemente assassinado? Foi por isso que muitos chegaram a postular que, depois da Declaração da Independência, o fato político mais importante do país foi a eleição de Barack Obama. Em 1965, representei o Brasil num simpósio promovido pela Televisão Educativa dos Estados Unidos. Participavam dois americanos e dois africanos negros, um inglês e eu, brasileiro. O assunto: "O problema do negro no mundo". Nesse simpósio, debatemos a questão do negro nos Estados Unidos, na África e no Brasil. Ao fazer uso da palavra, disse: "Estamos discutindo, aqui, algumas coisas, sem levar em consideração outras de grande relevância: a África já está independente e, quando falamos do negro nos Estados Unidos, no Brasil e no resto da América Latina, temos 15 países olhando para nós. Esses 15 países negros já são membros da ONU. Já constituem uma força política universal! E esse avanço não ficará apenas limitado à geografia africana. Será necessário também termos um negro na Presidência dos Estados Unidos!". Imagine que, em 1965, Obama tinha apenas 4 anos – nasceu em Honolulu, em 4 de agosto de 1961. Então, nesse simpósio, os professores negros americanos sustentaram que era impossível, no século XX, os Estados Unidos elegerem um presidente negro. E quando elegessem, no século XXI, o candidato vitorioso sairia do Partido Democrata, e não do Republicano. Dito e feito! O que foi discutido no simpósio acabou acontecendo! Em 2009, um negro assumia o comando da Casa Branca. Em certo sentido, Abdias do Nascimento ajudou nisso, porque a vitória de Obama foi resultante dos esforços dos movimentos como os que ele liderou. Dentro da ONU, nas instituições internacionais e em numerosas organizações não-governamentais, a luta em favor do respeito, da liberdade psicológica, social e política do negro ganhou ampla repercussão. Foi uma mudança extraordinária no discurso mundial em favor dos negros, anteriormente oprimidos e massacrados. E perceba que essa política não nos atingiu tanto, porque o Brasil ficou um pouco fora desse debate, inclusive no contexto da ONU. Demos atenção a outros problemas, mas a questão do negro foi mantida em segundo plano. Agora, se foi possível mudar os Estados Unidos, é necessário também mudar o Brasil. Por que não ter um negro como presidente da República no Brasil? Temos alguém preparado para isso? Devemos ter. Existem, no Brasil, intelectuais negros altamente capacitados, não tenho dúvidas.

foto: European Communities

20
Cecília Meireles

Nos seus texto críticos, Cecília Meireles aparece como um desses grandes nomes que ajudaram a transformar as coisas, pelo menos no âmbito da cultura nacional. Quando a encontrou pela primeira vez? Assim que me casei com Zora, em 1955, minha vida começou a ficar mais adequada aos encontros sociais. Antes, eu morava mais em hotéis, pousadas ou pensões. Após o casamento, mudei para um apartamento próprio e comecei a frequentar "socialmente melhor" as pessoas. Conheci Cecília Meireles pessoalmente quando ela tinha seus 54 anos, através de minha mulher, que era sua amiga íntima. Recordo perfeitamente do primeiro dia, quando ela nos convidou para um jantar maravilhoso, creio, no Cosme Velho. E, desde aquele dia, ficamos fregueses dos almoços oferecidos por ela. Isso ocorreu exatamente depois que Cecília tinha visitado a Índia. Então, tínhamos assunto permanente para discutir, principalmente sobre a beleza da literatura e das tradições indianas, sobre o progresso das letras no Brasil e da poética nacional. Cecília era uma mulher muito culta. Conhecia bem outros povos e culturas!

E foi ela, diga-se de passagem, quem traduziu o Prêmio Nobel Tagore para o português. Exatamente. Traduziu Rabindranath Tagore e muitos outros, como Lorca, Ibsen, Rilke, Virgínia Woolf e até Pushkin. Cecília Meireles, que também era bibliotecária, foi pioneira na criação das bibliotecas infantis no Brasil. Isso me inspirou muito, porque até hoje tenho fascínio pelas bibliotecas. Quando era muito jovem, ela criou a primeira biblioteca infantil do Rio de Janeiro, cuja sede era no Flamengo. Cecília achava que a biblioteca era a base da educação, principalmente dos jovens, das crianças. E isso ocorreu sobretudo depois do seu segundo casamento, com o engenheiro Heitor Vinícius da Silveira, que a fez muito feliz e animou grandemente seu espírito criativo e filantrópico. O primeiro casamento, com o pintor português Fernando Correa Dias, que sofria de depressão crônica, terminou tragicamente. Ele se

Edição do *Romanceiro da Inconfidência* ilustrada pela gravadora Renina Katz e desenho da própria Cecília Meireles.

suicidou em 1935, fato que trouxe para ela grande amargura. A respeito dessas tragédias, aliás, Cecília costumava dizer, com grande força espiritual, que nasceu no Rio três meses depois da morte do pai e perdeu a mãe antes de completar 3 anos. Foram todos esses contratempos que deram a ela, desde menina, uma certa intimidade com a morte, com o efêmero e com o eterno. E isso está refletido na sua poesia. Mas foi justamente durante esse segundo casamento que ela conseguiu repousar, recuperar suas energias e concretizar a fase mais importante de sua vida de escritora. Nesse período, surgiu a grande obra-prima de Cecília Meireles, o *Romanceiro da Inconfidência*, livro extraordinário, que poderíamos chamar, talvez, de *Os Lusíadas* do Brasil. Nessa obra, o gênio poético ceciliano nos traz, de forma cristalizada, suas reflexões sobre um importante período histórico do nosso país, denunciando a injustiça da exclusão social, a barbárie da escravidão, a perversidade do poder econômico, a hipocrisia religiosa e a espoliação colonial. O poema da Inconfidência de Cecília Meireles se parece com a obra de Camões. Assim como Camões fez o Canto de Portugal, nossa primeira grande poeta fez o Canto do Brasil. E ela, falando sobre isso, era uma delícia, porque tinha uma conversa simples, amável e bonita. Ela sabia conversar bem, era melódica e podia usar as palavras mais sofisticadas com plena naturalidade. Há pessoas que usam palavras sofisticadas e parecem pernósticas, artificiais. No discurso de Cecília, isso nunca acontecia. Uma vez, num desses almoços no Cosme Velho, eu disse a ela: "Olhe, Cecília, você quando fala é quase como verso.Você já fala como se fosse um decassílabo, como se fosse um verso de sete sílabas". E ela, com toda a singeleza, replicou: "Não, Olinto. Isso é de ler muito. A gente, de tanto ler poesia, acaba capturando o ritmo poético e contaminando a fala. É como um processo musical". Cecília achava que isso não acontecia só com ela. "Conheço muitas pessoas que adquiriram essa 'sequela' poética. O Manuel Bandeira tem um pouco disso", afirmava. Cecília Meireles era viciada em poesia! Mesmo no fim da vida, quando já estava no hospital, acometida pelo câncer, ela me confessou que continuava lendo poesia. "A poesia é meu anestésico, Olinto", disse-me com voz embargada, no leito hospitalar.

Cecília Meireles era também muito conhecida na França e até mesmo na África. O presidente Senghor, do Senegal, conhecia toda sua obra. Ia justamente falar sobre isso! Quando o escritor e presidente do Senegal, Leopold Senghor, visitou o Brasil, em 1964, Cecília Meireles já se encontrava hospitalizada. Então, saiu nos jornais que eu iria receber em minha casa o Leopold Senghor depois de uma autorização do Itamaraty. Em geral, pelas regras de então, um presidente em visita oficial não poderia participar de festas privadas

O presidente Senghor, que admirava profundamente a poesia de Cecília Meireles. Aqui, com AO e Manuel Bandeira, na reunião extraoficial de escritores de 1964.

sem a devida autorização do Ministério das Relações Exteriores. Eram regras adotadas na época por questões de segurança. Mas Senghor, que eu já conhecia de Paris, me pediu para reunir alguns membros da comunidade literária do Rio de Janeiro, porque ele queria trocar ideias e conhecer pessoalmente alguns autores brasileiros, principalmente poetas. Esperava conhecer Cecília Meireles...

Ele não queria nada oficial, uma reunião organizada pelo governo... Exatamente. Queria uma reunião particular, mais aberta. E foi o que procurei fazer. Convoquei todo mundo para minha casa. Um dia antes, Cecília Meireles – que se inteirou do evento pelo jornal – me telefonou e, com toda a sua ternura e interesse, avisou-me que não poderia comparecer justamente porque se encontrava hospitalizada. Apresentou suas desculpas e pediu-me a gentileza de falar com o presidente pelo telefone quando ele estivesse em minha casa. Assim que Leopold Senghor chegou, liguei para o hospital e avisei Cecília, pedindo a ela que aguardasse um pouco. Ao mesmo tempo, disse ao presidente que ela não poderia comparecer ao encontro, porque estava muito doente, hospitalizada, mas que naquele momento ela estava na linha e queria saudá-lo. Senghor emocionou-se a tal ponto que seus olhos lacrimejaram. "*Cecília Meireles, la grand poète du Brésil. Je l'adore*", disse ele, profundamente comovido, após falar com Cecília, por mais de dez minutos pelo telefone. Depois da conversa, dirigiu-se ao grupo que o aguardava e confessou: "*Quel dommage, mon Dieu!* Gostaria tanto de conhecer pessoalmente Cecília Meireles. Li todas suas obras traduzidas para o francês. Lamento profundamente que esteja tão doente!". Voltou-se então para Manuel Bandeira e disse: "Acabo de falar com Cecília Meireles. Será que ela não tem salvação?". E Manuel Bandeira, também comovido, explicou ao poeta africano, quase sussurrando, que ela se encontrava, na verdade, em fase terminal, "totalmente desenganada pelos médicos". Duas semanas depois dessa reunião, em 9 novembro de 1964, Cecília Meireles morria. Faleceu dois dias após ter completado 63 anos de idade.

Toda a comunidade literária foi ao seu enterro. Sim. Todos. Quando eu e Zora chegamos ao funeral, deparamos com uma multidão de amigos, escritores, poetas, jornalistas, artistas. Todos, muito tristes, falavam em voz baixa em sinal de respeito. De repente, escutamos um berro! Mas um berro estrondoso: "Cecília Meireles! Você não pode morrer! Não nos abandone, Cecília, querida!". Por trás do berro, que ecoou por todos os cantos, estava Augusto Frederico Schmidt, poeta de espírito criativo e polivalente, que tinha verdadeira paixão por Cecília. Depois desse "escândalo sonoro", ele caminhou em direção ao caixão, ajoelhou-se e beijou suavemente as mãos cruzadas da poeta. Em seguida, chorou copiosamente. Augusto Frederico Schmidt, que também era um grande poeta, era um apaixonado por Cecília Meireles. Era um dos seus "amigos permanentes", inseparáveis. Foi um episódio dramático e, para muitos que lá estiveram, exagerado – mas que realmente refletia o amor e o respeito que Schmidt tinha por ela e por sua obra poética. Ele era seu amigo fiel e um dos maiores admiradores de sua poesia, que considerava uma das mais ricas no universo da língua portuguesa.

Era uma poesia feita por uma mulher extraordinária, mas nem por isso uma poesia feminina... Cecília Meireles não poderia jamais ser enquadrada apenas como poeta feminina, "poetisa", que fazia "poesia de mulher", como se costumava dizer no mundo literário masculino da época. Cecília fazia, efetivamente, uma "poesia de palavras", do domínio da palavra que ela possuía. O que é "poesia de mulher"? Não existe "poesia de mulher". O que existe é quando alguém tenta apenas fazer "versinhos", mas isso não é bem poesia, apesar da boa intenção. A poesia é ou não é. Cecília Meireles está à altura de um Carlos Drummond de Andrade. É mulher, com grande orgulho, e uma mulher cujo talento pode estar até acima do de um Carlos Drummond de Andrade no uso da palavra.

Você sustenta que ela plantou o *Ou isto ou aquilo* em nossa poética e que Cecília Meireles é autora do melhor trabalho de onomatopoética já realizado no Brasil. A onomatopéia designa expressões ou palavras cuja sonoridade imita a voz, ruídos, cantos de pássaros, barulhos de máquinas, sons da natureza... Pois bem, chamo de onomatopoética a experiência lírica de Cecília Meireles com a língua portuguesa, falada pelo povo brasileiro. Sua poesia em *Ou isto ou aquilo* é como um filme de Charles Chaplin, uma poesia para crianças, para ser lida e compreendida por crianças. Mas é, também, dedicada a adultos. O efeito simbolista, inclusive na direção pictórica da palavra, acentua-se em cada verso, na conquista de uma beleza vocabular que parece lidar com tintas, traços, imagens visuais e sons. Com sua poesia, Cecília renovou a língua com o jeito do povo, inteiramente povo, mas também um povo literário. O português brasileiro bem-falado. Quando você conhece a palavra, você pode multiplicá-la. A função do poeta é multiplicar a palavra e dar a ela o seu melhor som poético. E foi isso que Cecília Meireles fez com genial maestria. Ao longo de sua caminhada de poeta, jornalista, cronista e contadora de histórias ou versos para crianças, Cecília Meireles manteve um nível de grandiosidade – nos sentidos estético e ético da palavra – que raramente alcançamos. Ao concluir seu *Romanceiro da Inconfidência*, ela conquistou um desses momento civilizatórios que marcam a presença histórica de um país no tempo. Com sua obra, ela firmou a linguagem que deve bastar para provar a um povo que ele existe. Nesse sentido, repito, ela foi maior que o magnífico Carlos Drummond de Andrade!

Vivemos ainda sob o signo de Cecília Meireles? Ou está ela um pouco esquecida nas nossas memórias? Vivemos. Aliás, eu fiquei muito satisfeito ao publicar, no *Globo*, um poema logo após a sua morte, prevendo que no século XXI, durante o centenário de seu nascimento, ela voltaria a resgatar o que há de melhor no lirismo absoluto da poesia brasileira. Previ que as crianças haveriam de cantar suas poesias, lembrar-se-iam dela. E veja como são as coisas: trinta e tantos anos depois, fui encarregado de fazer a grande festa de Cecília no Rio de Janeiro. Durante o ano de seu centenário, foram hasteadas no solo ceciliano muitas homenagens em forma de conferências, seminários, selos comemorativos, leituras públicas de suas obras e reedições de seus livros de poesia, como o *Romanceiro da Inconfidência*. Lembro-me bem de que, em 2001, levamos a poesia dela para as 38 bibliotecas existentes na cidade do Rio de Janeiro. Milhares de crianças participaram dessa homenagem centenária. Foi um enorme prazer que tive de poder sobreviver esse tempo e participar diretamente das homenagens a essa minha amiga e grande poeta do Brasil, que foi também a "patrona da paixão da leitura". Ela se transformou, sem nenhum exagero, na poeta do sentimento nacional brasileiro, do sentimento patriótico. O sentimento de que nós não somos apenas uma nação, mas um tipo de "nação única".

Durante séculos, a poesia foi uma seara exclusiva dos homens. Na própria história do Brasil, isso ficou patente. Cecília Meireles rompeu com esse sistema? A poesia sempre foi uma seara de homens. As primeiras palavras femininas só começaram a aparecer e ser impressas no começo do século XX. Antes, raramente podíamos identificar uma ou outra. Por outro lado, tanto a música popular quanto a poesia eram inclinações muitas vezes associadas à boemia. Em relação a isso, me lembro de que, no caso de Olavo Bilac, ele tinha uma namorada, Amélia, que escrevia poesias. Irmã de outro poeta conhecido, Amélia escrevia meio-escondida, ocultando, na maioria das vezes, seus talentos poéticos, devido justamente à recriminação existente na época. Revelava muito pouco do que escrevia. Quando morreu – dizem –, uma grande parte seus poemas foi enterrada com ela, no caixão. Lembro-me disso, porque uma vez aconteceu comigo uma coisa muito curiosa, para não dizer "cemiteresca". Eu estava na redação do *Globo*, posto em sossego, quando de repente aparece um indivíduo estranho que me diz: "Bom dia, senhor Olinto, venho aqui pedir uma ajuda ao senhor". Eu disse: "Pois não, de que se trata?". Ele continuou meio que gaguejando: "O senhor, o senhor sabe que a irmã do Alberto de Oliveira escrevia poesia muito bem e era apaixonada por Olavo Bilac e o Olavo Bilac por ela? O senhor sabia disso?". Eu disse: "Sabia, prossiga". Aí ele completou: "Mas o senhor sabia que, quando ela morreu, seus melhores poemas foram colocados dentro do caixão e enterrados com ela?". Foi quando interrompi e perguntei: "E qual a relação de tudo isso comigo e com *O Globo*?". Nervoso, o cidadão então explicou: "É que consegui, após laboriosa investigação junto à funerária e a um respeitado coveiro, identificar onde o caixão de Amélia foi enterrado, de maneira que eu queria que o senhor e o *Globo* me ajudassem, no sentido de irmos ao cemitério juntos e, talvez, de noite, num esforço concertado, abrirmos esse caixão para recuperarmos esses poemas históricos". Juro que fiquei atônito! Sabia que o tipo tinha um parafuso solto, mas não pensei que seria capaz de uma tal proposta: desenterrar defuntos à meia-noite! Sem me demonstrar chocado, respondi educadamente: "Meu querido, não só o jornal *O Globo* não pode participar disso, como eu, pessoalmente, também não posso. Isso que o senhor está propondo é um crime!". Mesmo assim, depois de ter explicado várias vezes a ele que violação de sepultura era crime passível de pena de prisão e de multa, em conformidade com o artigo 210 do Código Penal, o maluco saiu de lá furioso e ficou me chateando por mais de um mês com essa história do caixão. Pedi até que o segurança não o deixasse entrar na redação, caso voltasse a me procurar. De qualquer forma, se formos acreditar nessa versão dos fatos, até hoje os poemas mais pessoais de Amélia estariam enterrados junto com ela, creio, no Cemitério São João Batista, onde Bilac foi também sepultado. Amélia de Oliveira, irmã do poeta Alberto de Oliveira, foi o grande amor de Olavo Bilac. Aos 15 anos, ela já fazia versos. Os 35 sonetos que compõem *Via Láctea* foram copiados a mão por Amélia para serem entregues ao editor. Ela chegou a ficar noiva de Bilac, mas o irmão, que assumiu o controle da casa após a morte do pai de Amélia, José Mariano de Oliveira, proibiu seu casamento com o poeta. O irmão tinha horror a poetas e jornalistas e proibiu definitivamente Bilac de encontrar-se com Amélia. Como consequência, ambos morreram solteirões. Ele, aos 53 anos, em 1918, amargurado e entregue à bebida. Ela, aos 77 anos, em 1945, 27 anos depois da morte do grande poeta, que foi um dos fundadores da Academia Brasileira de Letras. Bilac é o poeta do amor, e a paixão inconclusa por Amélia de Oliveira foi, também, tema central de sua poesia. Estou convencido de que foi a força desse amor impossível que deu à poesia de Bilac o sopro da eternidade, por assim dizer.

Mas todos os seus poemas foram realmente enterrados com ela? O que consta é que foram enterrados os poemas mais pessoais de Amélia, dedicados a Bilac. Em 1950, a família dela publicou alguns de seus sonetos em um livro intitulado *Póstuma*. Contei esse episódio tragicômico somente para ilustrar um pouco a intolerância de que a mulher-poeta era alvo no início do século XX.

Há futuro para a poesia no Brasil? Claro que há! Costumo dizer que, neste país, a poesia é uma das coisas mais vivas e mais avançadas que existem. Volta e meia aparecem poetas novos que começam a fazer poesia nova e a sair da mesmice dos estilos. Os grandes poetas de ontem – então de sempre – rompem sua própria rotina e renovam-se. E o surto de mulheres que, a partir de Cecília Meireles, destruiu a antiga apatia poética e atingiu a linha de frente do fazer poesia inovou o gênero entre nós?

Precisamos de novas Cecílias Meireles? Precisaríamos, pelo menos, de outra com a estatura de Cecília Meireles para a cultura brasileira. A poesia dela não era só de uma força romântica muito grande, mas era também extremamente delicada. Uma poesia voltada para todas as faixas etárias, condutora de um sentimento poético diferente. Atingia tanto o adulto como a criança. Não exagero ao dizer que, em Camões, uma criança jamais pegaria a essência do que ele estava dizendo. Mas, em Cecília Meireles, isso é plenamente possível! Seus poemas podem até ser cantados por crianças. No dia em que ela morreu, após o velório, voltei para casa e disse à minha mulher: "Zora, ainda não escrevi minha coluna para *O Globo*. Resolvi não fazer um artigo. Escreverei um poema em homenagem a Cecília". O artigo, que começa citando títulos de seus livros, foi feito em versos e ficou assim:

Cecília Meireles

A tarde de novembro era sustida
Na súbita notícia dessa morte
Como se houvesse fim para uma vida
Feita de versos, cânticos e forte
No barro mesmo em que se tece a trama
Da permanência. A crônica reclama
Que Tiradentes e outros personagens
De Cecília se cubram das roupagens
Que convêm à serena condição
Dos mitos pelo tempo. Todos são
Agora no país que é o nosso e dela
Mais realizados, donos de janela
De ver além dos ápices. Ou isto
Ou aquilo. Poemas, sons, em misto
De material mortal e jubilosa
Continuação, presença, como rosa
De metal para sempre rosicler.
Numa revolução, esta mulher
Poeta sempre foi, não poetisa,
Que na palavra às vezes se divisa
Um destino. E poeta permanece
Neste novembro agora posto em prece.
Saí, fui conversar com Heitor Grillo,
Lembrar versos, dizer isto ou aquilo,
Perceber os minutos já primeiros
De um futuro iniciado em desesperos
Calmos de quem sentiu verso e reverso
Dos gumes. Quando à noite fui ler verso
Disto ou aquilo Zora me dizia
Que o silêncio surgido em meio ao dia
Era sinal de data com lembrança
Em centenário e festa de criança
Com Cecília no século vinte e um
Recitada por grupos de meninos,
Já os vejo chegando, de um em um,
No começo de súbitos destinos
Lendo versos com límpida alegria
Felizes de ser gente e ter poesia.

Recordo que, logo depois de ter publicado esse poema, Augusto Frederico Schmidt, que era um analista apaixonado, me cumprimentou e disse: "Nunca mais teremos uma poeta como Cecília Meireles, Olinto. Foi uma perda lamentável!". Parecia que não se conformava.

21
Schmidt: poeta e empreendedor

Era Schmidt um amigo próximo?

Sim. Poderia considerá-lo um amigo próximo, e não apenas um "conhecido". O conheci em circunstâncias bastante favoráveis, quando comecei a trabalhar em *O Globo*, em 1950. Um dia, estou ocupado com minha coluna quando entra na redação aquele cavalheiro alto e gordo, que era "amigo de Roberto Marinho". Os colegas já haviam me advertido: "É muito amigo do doutor Roberto!". Passou perto da minha mesa e nem falou comigo. Pouco depois, voltou e disse: "Você é o Olinto?". E eu: "Sou, sim senhor!". E ele: "Pois é, eu leio todos os seus artigos sobre poesia. Até que enfim *O Globo* pegou a poesia pelo gasnete e está falando bem de nossa literatura. Parabéns, Olinto!". Perguntei: "E acha que estou à altura dessa responsabilidade?". E ele "Você é o melhor crítico literário que já li em *O Globo*". Jovem vaidoso, como era, me derreti todo. Eu que, no começo, não via em Schmidt um poeta de grande estatura – como o considerava Carlos Drummond de Andrade –, fiquei muito feliz com o elogio que recebi. E passei a ver Augusto Frederico Schmidt com outros olhos, com outro espírito. Com o tempo, descobri que ele – mais do que qualquer um – era

foto: European Communities

14/06/1960: o embaixador Augusto Frederico Schmidt apresenta credenciais à Comunidade Econômica Europeia em Bruxelas.

o poeta do amor. Um lírico! E quando a gente olhava para aquele homem enorme e gordo, era difícil, à primeira vista, entender que ele era um poeta lírico. Poetas eram o Vinicius, o Drummond, o Bandeira, com suas respectivas aparências, e não aquele homem com aquela gordura toda! Suando às bicas! (risos). Resultado: ele ficou meu amigo. Sempre me visitava e dirigia uma palavra elogiosa ou de carinho. Telefonava dizendo: "Olinto, querido, muito bom aquele seu artigo". Um dia, resolvi escrever um artigo intitulado "O inimigo da poesia", sobre um escritor que defendia o fim da poesia, dizendo que os escritores não deviam perder tempo e investir somente em prosa. "Precisávamos de mais romancistas", sustentava ele. Poesia era coisa de afeminados! Aí, Schmidt, que não ia com a cara desse escritor, ficou ainda mais próximo de mim! Telefonava todas as semanas e sempre elogiava meus escritos. Quando fui convidado para ir a Estocolmo, procurei Schmidt e revelei meus planos. Ele, prontamente, me pediu um favor. "Olinto, gostaria que você ajudasse. Queria mais cinema sueco no Brasil! Quero fazer um festival, aqui no Rio, e gostaria que você escolhesse alguns títulos e investigasse como poderíamos importá-los". Quando cheguei na capital sueca, procurei alguns distribuidores e acabei vendo uma porção de filmes suecos. Tomei nota dos títulos, peguei resumos e trouxe de volta para ele. Foi então que Schmidt disse: "É uma pena, Olinto. Eu ia comprar um grande cinema, aqui no Rio, mas venderam para outra pessoa! Minha ideia era começar com um festival de filmes suecos!". Apesar disso, o fato de eu ter levado seu pedido em consideração fortaleceu ainda mais nossa amizade.

Dizem que era muito mulherengo. Um dia, eu e Zora encontramos com Schmidt em Copacabana. Estava triste e cabisbaixo. Perguntamos: "Olá, Schmidt. O que há com você? Parece que vem de um velório!". E ele, com a cabeça baixa, respondeu desolado: "Tenho até vergonha de dizer, mas acabo de perder uma namorada". O pior de tudo é que ele era casado. Disse a ele: "Mas isso não é o fim do mundo, Schmidt!". E ele, com aquele olhar de menino que perdeu o brinquedo, retrucou: "Para mim, perder uma namorada é pior que perder uma fortuna" (risos).

Augusto Frederico Schmidt era um homem que podia ser dividido em dois: o poeta e o empresário bem-sucedido. Foi até atacado e desprezado por ser "poeta rico". Na época, poeta não tinha que ser pobre? Poeta tinha que ser pobre ou tuberculoso. Por ser rico, ele era muito malvisto. Schmidt era um empreendedor. Ele sabia fazer negócios e ganhar dinheiro. Era um indivíduo criativo e polivalente. E o pessoal da poesia, do outro lado, reclamava: "Você não pode perder tempo tentando fazer dinheiro. Você tem que se dedicar à poesia. Poeta deve ser pobre!". Eu, às vezes, ficava irritado com essas observações: "Mas, meus amigos, o que vocês querem que ele faça, deixar de ganhar dinheiro para passar fome? Só para ser poeta respeitado?". E, como empresário, a verdade é que Schmidt deu grandes contribuições ao desenvolvimento do país. Foi um dos maiores defensores da tese do "enriquecimento nacional". Foi ele que criou a primeira rede de supermercados do Brasil: a rede Disco, no Rio de Janeiro. Introduziu também a ideia do *self-service* no Rio. Lembro-me de que nessa época passei por Portugal e percebi que havia um único supermercado em todo o país. Só unzinho em Lisboa! Quando cheguei ao Brasil, o Schmidt já tinha adotado o sistema em vários pontos. Além disso, foi um dos fundadores da Panair do Brasil, companhia de aviação. Ajudou Roberto Marinho na criação da maior rede de televisão que o Brasil teria, a TV Globo. Naquele tempo, era a Tupi, de Chateaubriand, que dominava. Foi um dos melhores assessores de Juscelino Kubitschek na Presidência da República! Escreveu todos os seus discursos e criou o famoso *slogan* "50 anos em 5". Foi delegado na ONU e embaixador plenipotenciário na Comunidade Econômica Europeia. Quem melhor do que ele? Era um grande vendedor. Uma vez, em tom de brincadeira, fiz uma dedicatória para ele, assim: "Ao caro Schmidt, com o abraço de seu amigo e cliente, Antonio Olinto". É que eu, além de ler suas poesias, comprava também nos supermercados Disco. Quando leu, ele imediatamente respondeu: "Querido Olinto, adorei sua dedicatória! Aproveito para convidá-lo a visitar as nossas lojas, porque acabamos de receber algumas coisas maravilhosas para o Natal. Não perca! Recomendo comprar logo, antes que acabe! Passe sem falta lá no Disco". O homem aproveitava todas as oportunidades para vender, até quando respondia a dedicatórias! Estava sempre interessado em fazer negócios, em fazer contatos, em conhecer pessoas influentes.

No Leblon, Rio, em dia chuvoso de 1960, a segunda loja do Supermercado Disco, empresa do poeta Augusto Frederico Schmidt.

Foi você que o apresentou a Roberto Campos? Sim. Um dia, encontro-me com ele no Disco. Vem me abraçar e diz: "Antonio, que bom revê-lo. Diga-me uma coisa, você não é amigo íntimo do Roberto Campos?". Eu disse: "Sim. Muito. Nos conhecemos desde crianças". E ele: "Olinto, meu querido, me apresente ao Roberto Campos, não posso desconhecê-lo! Gostaria muito que você me apresentasse a ele! Venha tomar um uísque na minha casa e, por favor, traga o Roberto". Então, levei o Roberto para a casa dele, que falou quase que a noite inteira sozinho. Nós – eu e Schmidt – só ouvindo. No final, fomos embora e no dia seguinte Schmidt me procurou e disse: "Antonio Olinto, muito obrigado! Você me apresentou o homem mais inteligente que conheci no planeta. O ruim é que ele não me deu a chance de falar. Não consegui expressar nenhuma das minhas ideias. O homem é uma verdadeira metralhadora verbal! Mas não pense que vou abandoná-lo". Em seguida, me confessou que se sentiu "pequeno" diante do Roberto. "Me senti um verme diante daquela sumidade", disse, dando uma gargalhada estrondosa! Mais tarde, contudo, superou a diferença e desenvolveu estreita e proveitosa amizade com Roberto Campos.

Quando foi trabalhar com o Juscelino? Na década de 1950. Augusto Frederico Schmidt aproximou-se de JK através de Paulo Bitencourt, que era dono do jornal *Correio da Manhã.* Schmidt ajudou muito na campanha de Juscelino para a Presidência da República, em 1955. Depois da vitória de JK, tornou-se um dos mais prestigiados assessores do presidente. Quando Juscelino criou a Operação Pan-Americana – uma das coisas mais marcantes de sua política exterior –, ele colocou para comandá-la ninguém menos que Augusto Frederico Schmidt, esse dono de supermercado, esse poeta gorducho e namorador de Copacabana. Mas não parou por aí, chefiou várias missões brasileiras no exterior tendo participado inclusive da XIV Assembléia Geral das Nações Unidas, em Nova York. Escreveu, praticamente, todos os discursos pronunciados por JK, que os achava "perfeitos". Nos finais do governo de Juscelino foi ainda indicado para representar o Brasil no Mercado Comum Europeu (MCE), coroamento de sua carreira de assessor político. E, apesar de todo esse sucesso, Schmidt não foi o homem feliz que poderia ter sido. Ele se sentia invariavelmente amargurado por ser malvisto, por ser motivo de anedotas e por ser o "Gordinho Sinistro", como o apelidaram.

Durante o governo Kubtischek, o papel de Schmidt era de eminência parda, de "homem de bastidores". Num artigo publicado no *Jornal do*

***Brasil*, me parece que seu colega Murilo Melo Filho qualificou-o como uma espécie de "Richelieu brasileiro", que manipulava muito bem os cordões da cena política brasileira, tendo sido o grande executor da Operação Pan-Americana, que, lançada em 1958 por JK, propunha a eliminação da miséria no continente americano como meio de conter o comunismo, em prol da expansão da democracia.** É verdade. E essa operação Pan-Americana realmente colocou o governo JK na frente em matéria de política internacional. Foi de fato uma coisa nova e até hoje ainda tem seus efeitos. Muita coisa que vigora hoje vem dos tempos de Juscelino. Um dos resultados práticos foi a criação do Banco Pan-Americano do Desenvolvimento. E Schmidt era banqueiro também! O que sempre achei espantoso foi o fato de ele, além de bom poeta lírico, ser também um bem-sucedido empresário, homem de negócios. Tinha poderes. Curioso, no entanto, foi o fato de, no fim da vida, como já disse, ter sido tão infeliz em termos de amor. Vivia reclamando disso!

Ainda quando se encontrava no governo de JK, Schmidt – apesar de ser considerado de direita – fez sérias advertências sobre o "superpoder militar" que se estabelecia no Brasil. Quando Juscelino foi cassado, em junho de 1964, Schmidt revelou-se escandalizado com os fatos e escreveu um discurso duro, lido por Kubtischek antes de sua partida para o exílio em Paris. Confere? Schmidt ficou com Juscelino até o final, enfrentou todas as pressões com admirável coragem. Mas não foi só ele. Naquele tempo, Roberto Campos era ministro da Revolução. E, quando o presidente Castello Branco chamou todos seus assessores e disse que decidira colocar o Juscelino na ilegalidade, todos os ministros concordaram. Menos Roberto Campos. Ele disse: "Presidente, se o senhor faz questão de ter unanimidade entre os ministros, eu não posso votar. Eu trabalhei com Juscelino durante vários anos, me dei muito bem com ele, sempre fui respeitado. Portanto, se for esse o caso, eu lhe entrego meu cargo de ministro do Planejamento". Então, o presidente disse: "Roberto, vote com sua consciência e, por favor, continue ministro!". Ele não votou. Tanto Roberto Campos quanto Augusto Frederico Schmidt sempre estiveram ao lado de Juscelino. Roberto, aliás, sempre achou que foi um grande erro do governo militar ter tido a coragem, ou melhor, a audácia, de cassar Juscelino e colocá-lo fora da lei. Teria sido muito mais "inteligente" se os militares da Revolução de 1964 continuassem "honrando" o Juscelino. Roberto Campos, conversando comigo privadamente, qualificou isso de "enorme erro político". Em nenhuma circunstância Roberto poderia votar contra Juscelino!

Além de Schmidt e Roberto Campos, vários outros intelectuais não abandonaram Kubitschek, mesmo depois do golpe militar de 1964. Josué Montello, por exemplo. Josué Montello foi subchefe da Casa Civil da Presidência da República e serviu Juscelino durante todo o tempo. É verdade. Escreveu até um livro intitulado *Juscelino de minhas recordações*, em que amplia de forma muito lúcida os testemunhos sobre a grandeza do seu amigo presidente. É uma confissão, um diário completo sobre o amigo, que, além de erguer no Planalto Central a nova capital, Brasília, converteu-se num vulto histórico do nosso país. Era muito amigo dele. Em 1970, Montello ocupava o cargo de conselheiro cultural da Embaixada do Brasil em Paris e me visitava com frequência, em Londres, e eu o visitava em Paris. Depois, Josué ocupou o cargo de embaixador do Brasil na Unesco. Foi uma das pessoas que deram impulso à minha entrada na Academia Brasileira de Letras.

22
Josué Montello

Como conheceu Montello? Era jornalista. Fui apresentado num encontro de profissionais da classe. No começo da década de 1950, Montello já era colunista permanente do *Jornal do Brasil* e lá escreveu até 1990. Colaborou com o *JB* por mais de 35 anos! Um dia, encontrei-me com ele na cidade e ele me fez um pedido: "Olinto, acabo de escrever um livro e queria que você lesse. Posso enviar lá para *O Globo*?". Resolvemos que nos encontraríamos pessoalmente para falar do assunto. Então, lá no Vermelhinho, tivemos um desses encontros muitos bons, em que Montello me contou um pouco de sua vida. Ele nasceu em São Luís do Maranhão... Saiu de lá, com 21 anos, a bordo de um naviozinho e chegou ao Rio de Janeiro sem conhecer ninguém. Me contou que, quando desembarcou na Praça Mauá, com uma malinha de roupa e uma escova de dentes, a primeira coisa que perguntou não foi sobre o endereço de pensão ou hotel. Queria saber onde ficava a Academia Brasileira de Letras! Descobriu o caminho e, lá chegando, em frente à Casa de Machado de Assis, Montello colocou a malinha na calçada e ficou olhando detidamente para o prédio.

Depois, fez uma promessa para si mesmo: "Prometo que tudo farei para um dia entrar nessa Academia". Foi só depois disso que pegou a maleta e foi procurar uma pensão na Lapa.

E entrou. Entrou em 1954, ocupando a cadeira 29, que pertenceu a Cláudio de Souza, que, além de médico, foi romancista, ensaísta e teatrólogo. Quando chegou ao Rio, Montello não tinha ainda uma obra que pudesse merecer a atenção dos acadêmicos ou da intelectualidade da capital federal. Mas ele era um homem muito esforçado. De hábitos até estranhos. Imagine que ele dormia só até as três da madrugada. Acordava ainda noite e começava a escrever, indo até as oito horas, quando então preparava seu café e ia trabalhar. Coisa de louco! Quando ele, um dia, me contou isso, eu disse: "Mas, Josué, você não acha que isso é um pouco demais?". E ele discordou: "Absolutamente! Na hora que está todo mundo dormindo, em que reina total silêncio na cidade, eu já estou trabalhando".

Fotos: Acervo ICAO

AO em visita ao romancista Josué Montello: acadêmico e conhecedor dos rituais da ABL, ele orientou Olinto para a entrada na Academia.

AO cumprimenta Dona Marly Sarney em solenidade; o então presidente da República e Zora acompanham.

Como ele entrou na Academia? Esperou pelo momento certo. Quando se produziu o cadáver adequado. (risos) Quando Cláudio de Souza morreu, Montello já tinha três livros publicados e candidatou-se. Começou, então, como se deve, fazendo suas gestões permanentes: visitas à Academia, conversas com os acadêmicos, cartas etc.

Essas gestões são, então, fundamentais para que um escritor consiga entrar na Academia? É fundamental visitar a Academia, conversar com os acadêmicos, mostrar a obra que escreveu, enfim, tornar-se "visível". Tudo isso faz parte do jogo. Em 1953, quando já era candidato, Josué Montello recebeu um convite do Itamaraty para reger a cátedra de Estudos Brasileiros da Universidad Mayor de San Marcos, em Lima, no Peru. Quando ainda se encontrava lá, recebeu uma carta do Osvaldo Orico, que era também professor e diplomata, dizendo que "infelizmente não podia votar nele". Após ler a carta, Josué Montello, preocupadíssimo, procurou o primeiro voo disponível para o Brasil e voltou a jato para o Rio de Janeiro. Desceu no aeroporto e foi direto para a casa do Osvaldo Orico, que, surpreso com a visita de Montello, justificou-se mais uma vez, dizendo ter escrito uma carta explicando que não poderia votar em seu nome. Montello foi retilíneo e franco: "É justamente por essa razão que estou aqui! Deixei tudo lá em Lima, Osvaldo, porque não posso, de forma alguma, perder o seu valioso voto! Senão, nunca vou entrar na Academia!". Você sabe que ele saiu de lá com o voto assegurado do Osvaldo Orico? E ganhou a eleição na Academia. Entrou jovem para a ABL, com trinta e poucos anos. Era uma pessoa extremamente determinada, o meu amigo Josué Montello.

Entre nossos escritores, Josué Montello é um dos romancistas mais consagrados. Como vê sua obra? Não crê que exista também um fundo religioso em tudo o que ele escreve? Montello é um construtor soberano de romances, um artesão da palavra. Há até quem o tenha comparado a Velázquez, o insuperável pintor espanhol, preferido do rei Felipe IV de Espanha. Ganhou o apelido de "Velázquez da literatura brasileira". Mas você tem razão, porque, de certa forma, o religioso está presente em seus romances, sobretudo nos primeiros que escreveu. Naturalmente, ele não pôde escapar daquela "religiosidade maranhense", que é muito forte! O Maranhão foi criado por gente que sempre esteve ligada à religião. Ademais, Josué Montello vinha de uma família profundamente religiosa. O pai era pastor protestante. Desde criança, ele conviveu com o "espírito da religiosidade". Apesar de ser protestante, Josué Montello tinha um certo namoro com a igreja católica. E depois, até por minha influência, teve também um namoro com a igreja africana. Tanto a Bahia quanto o Maranhão têm a força da religiosidade proveniente da África. E ele procurou inspiração em assuntos mais ou menos religiosos, sem serem inteiramente religiosos. Um exemplo é *A luz da estrela morta*, que é uma ideia rara: as estrelas existem, existem, existem e depois morrem. Mas a luz das estrelas, depois de mortas, continua iluminado a terra durante centenas de anos! Então, uma coisa que não existe continua existindo! Não é estranho? Montello usou esse símbolo, "a luz da estrela morta", e fez dele um belíssimo romance, cheio de magia!

***Os tambores de São Luís* tiveram a mesma inspiração?** Quando Josué Montello foi para a Unesco, em Paris, ele me confessou que tinha a ideia de escrever uma história que envolvesse os africanos. Quando o José Sarney soube disso, chamou-o e disse: "Josué, veja o que você tem no Maranhão! O Maranhão é muito rico em histórias. Você não precisa ir a África!". Ele escutou Sarney. Pesquisou pacientemente e acabou escrevendo um dos romances mais belos e mais bem-feitos da língua portuguesa – *Os tambores de São Luís*, que eu considero uma obra-prima! É o momento culminante de sua carreira de escritor. Ali, ele descreve com toda sua genialidade os passados sociais do Maranhão, seus presentes e seus futuros.

José Sarney foi um homem que sempre se interessou pela literatura. Mas é um bom escritor? Muito bom escritor. A prosa de Sarney é uma das melhores que conhecemos. É também um autor conhecido no exterior, onde seus livros foram traduzidos. José Sarney entrou merecidamente na Academia. No começo, até nem queria se candidatar. Dizia: "Sou político, Olinto. E, como político, a oposição é sempre maior". Montello foi um dos que insistiram com Sarney. No dia da eleição, Montello, supersticioso que era, colocou no bolso do Sarney uma carta e disse: "José, se acontecer alguma coisa comigo no trajeto até a Academia, por favor, entregue meu voto aos acadêmicos".

Falando de ex-presidentes, o Juscelino Kubitschek também foi candidato a uma vaga na Academia Brasileira de Letras, mas não levou... Juscelino foi nosso grande estadista! Um dos maiores, e escrevia muito bem como "escritor oficial". Seus "planos escritos", sobre a Pampulha ou sobre a criação de Brasília, são muito originais. Ele merecia ter entrado para a Academia; mas o problema mais sério que enfrentou foi a Revolução de 1964. Os autores da revolução militar de 1964 não poderiam, jamais, suportar tal vitória de Juscelino! Jamais! Então, os militares e os que apoiavam a Revolução fizeram tudo para ele perder. E ele acabou perdendo. Os próprios acadêmicos temiam que a Academia fosse fechada caso Juscelino entrasse! Imagine! Foi por isso que Juscelino Kubitschek não foi eleito para a Academia Brasileira de Letras. Tornou-se imortal por outras razões, eu diria.

foto: Wolfhardt

23
A academia dos imortais

Você também lutou bastante para entrar na ABL. Quem, no início, o apoiou? Josué Montello foi um dos primeiros a me ajudar! Graças à minha amizade permanente com ele, aceitei igualmente seus conselhos. Ele ocupou a presidência da ABL e conhecia bem as coisas. Imagine você que, quando eu me candidatei pela primeira vez para a Academia, obtive nada mais nada menos que 13 votos! E ele, que votou em mim, disse: "Bom começo! Primeiro, porque você ainda não é bem conhecido dentro da Academia e, segundo, porque ter 13 votos na primeira candidatura já é um capital importante para o futuro. Fique tranquilo!". E eu fiquei. Disse: "Aguardo, então, a próxima oportunidade".

Quantos votos são necessários? Vinte. Temos quarenta acadêmicos, isto representa quarenta votos. Então, é necessário ter dezenove votos, mais um. Todas as vezes que me apresentei como candidato, Josué Montello me ajudou. Quando ele foi escolhido para ir a Paris, as coisas ficaram mais difíceis, porque ele não estava mais no Rio para me socorrer. Então, participei de outra eleição e consegui 18 votos! Perdi outra vez! Mas só faltaram dois votos! Só dois votinhos!

E perdeu para quem? Com muito orgulho, para Nélida Piñon... (risos) Ela teve 19 votos e eu, 18. Mas, quando Montello terminou seu trabalho em Paris e voltou para o Rio, ele reassumiu suas funções na Academia Brasileira de Letras. Aí, um dia, chega para mim e diz: "Agora você entra para a Academia! É só esperar pela próxima eleição. Está preparado?". Disse: "Estou". Quando o grande Antônio Callado morreu, em janeiro de 1997, aconteceu, pouco depois, essa tão esperada eleição. Josué, então, voltou a me contatar. Advertiu: "Olhe, Olinto, você já tem assegurados 19 votos. Mas isso não basta. Se você não conseguir mais um, você perde de novo! Então, fiquei naquela expectativa... Um pouco antes de realizada a eleição, houve aquele Prêmio Machado de Assis e Josué deu meu nome como candidato. Graças, naturalmente, ao seu apoio, acabei ganhando a láurea. No mesmo dia em que meu nome foi anunciado, Josué Montello me disse: "Quem recebe o Prêmio Machado de Assis já tem assegurada sua entrada na Academia. É

fotos: Acervo ICAO

O Petit Trianon, edifício de solenidades da ABL. Ali, AO e Nélida Piñon foram empossados nas cadeiras 8 (1997) e 30 (1989) respectivamente. Abaixo, AO com o editor inglês Rex Collins e Austregésilo de Athayde.

o termômetro!". Em julho de 1997, seis meses depois da morte de Antonio Callado, deram-se as eleições. Fui assaltado por um estado de nervos incrível. O resultado foi o seguinte: eu recebi 27 votos e o outro candidato apenas dez. Ganhei folgadamente! Mas Josué estava sempre ali, do meu lado, atento. Foi Josué Montello quem me colocou, de fato, na Academia Brasileira de Letras.

E a posse? Já tinha isso na cabeça, desde a primeira vez em que me candidatei. Imaginava uma cerimônia em que o próprio Josué Montello me receberia. Mas, então, ele próprio, numa conversa confidencial, tirou minhas ilusões. Disse: "Não serei eu, não! Outra pessoa, que estava na espera, receberá você e fará o discurso de recepção". Perguntei: "Se não for você, Josué, quem será?". Josué, direto: "Seu amigo Geraldo França de Lima". Quase desmaiei. Mas como isso seria possível? De fato, Geraldo França de Lima era um grande amigo, mineiro como eu, bom escritor, mas inteiramente cego! Cego, cego, cego! Já não lia nem escrevia! Como escreveria e prepararia o discurso? Mas *la noblesse oblige*: tive que seguir o que Josué tinha proposto. Fui, então, até o Geraldo e pedi-lhe que fizesse o discurso de recepção de minha posse. Ele ficou contentíssimo, vibrou; mas – como eu esperava – levantou justamente a questão de seu impedimento visual. Eu expliquei que ele teria que fazer o texto e depois decorar, porque para botar tudo em braile já não dava mais tempo e eu nem sabia se ele lia braile. Ele replicou: "É complicado, Olinto. Melhor seria gravar o texto e soltar na hora da posse".

E qual foi a alternativa? O texto gravado, claro! No dia da posse, Geraldo foi até o pódio, fez as saudações iniciais e em seguida entrou a gravação. Um

foto: Acervo ICAQ

discurso maravilhoso, que emocionou os presentes e arrancou fortes aplausos. Ele iniciou os primeiros parágrafos do discurso dizendo:

> Senhor Antonio Olinto,
>
> Desde que, nas condições em que me encontro, me convidastes para receber-vos no instante de vossa sagração acadêmica, implicitamente dispensastes um discurso que, pela forma, pelo conteúdo, pela essência, pelo brilho e esmero de sua composição artística, estivesse à altura da pompa e da gala desta noite em que vos tornais consócio ilustre desta centenária companhia.
> Tentei declinar deste momento que, se para mim é honroso, para vós inesquecível. Fostes mais forte do que eu e agora aqui me tendes.

Foi, sobretudo, muito gratificante ver meu amigo Geraldo França de Lima superalegre por participar diretamente da minha festa de posse. Às vezes, volto a ler o discurso de Geraldo e me emociono. Amigos da Academia Brasileira de Letras, que estudam estatísticas, me advertiram que, em nenhuma academia do mundo, até 1997, um cego tinha feito um discurso de recepção para a posse de alguém. Geraldo França de Lima, por isso, deveria entrar para o *Guinness Book of Records*. Ele morreu pouco tempo depois da recepção que fez na cerimônia de minha posse. Morreu num momento em que a Academia Brasileira de Letras entrava numa fase de renovação. Com novos presidentes, indivíduos mais dinâmicos, com novas ideias.

Que presidentes foram mais dinâmicos? Um dos grandes presidentes, na minha opinião, foi Austregésilo de Athayde. Foi ele, definitivamente, que renovou toda a concepção de nossa Academia. Foi ele que realmente lutou para construir aquele prédio imenso ao lado do Petit Trianon... Todos os presidentes fizeram alguma coisa! O próprio Machado... foi o símbolo da Academia. Ruy Barbosa foi omisso, não tinha tempo. Era político e queria ser presidente da República. Quem tomava conta das tarefas da Academia era seu vice. De qualquer forma, seu nome ficou associado à ABL, também como casa do conhecimento. Veja só, no começo, a Academia ficava num imóvel perto do Passeio Público, mas não tinha sede própria. Por ocasião do centenário da Independência do Brasil, vários países colaboraram para a construção de prédios comemorativos da data. A França contribuiu com o Petit Trianon, uma réplica da Académie Française. Depois dos festejos, ficou ali aquela casinha isolada. Quando o embaixador da França inaugurou o Petit Trianon, sugeriu-se que o prédio ao lado também fosse aproveitado pela Academia. O embaixador concordou, mas advertiu que o terre-

1979: AO e Zora com o escritor Alberto da Costa e Silva na Embaixada do Brasil em Londres. Abaixo, com Austregésilo de Athayde, que presidiu a ABL por 35 anos.

no era do governo e era necessário obter a devida autorização para usá-lo. Acabaram cedendo o terreno. Quando o Austregésilo de Athayde assumiu a presidência da casa, os prédios do governo ao lado da Academia encontravam-se abandonados, porque todo mundo se mudara para Brasília, a nova capital da República. Foi ao Juscelino e pediu: "Presidente, o senhor poderia doar aquele terreno ao lado da Academia, que está abandonado, para construirmos uma grande sede cultural, com bibliotecas, salão de palestras, teatro, tudo associado à ABL?". Juscelino, naturalmente, perguntou qual era o objetivo de todo esse projeto e Austregésilo, muito hábil, explicou que o objetivo era não só incentivar a cultura do país, mas também render fundos para a Academia. Juscelino achou que a ideia era boa e cedeu o terreno. Daí, sai o Juscelino e entra o Jânio Quadros. O novo presidente reage imediatamente à decisão do antecessor: "Nada de mais terrenos para a Academia!". Reverteu a decisão de Juscelino. Mas durou pouco também a decisão de Jânio, porque ele renunciou. Entraram os militares. Athayde voltou novamente a Brasília, explicou tudo aos militares. Castello Branco tomou a dianteira e disse que, para assegurar o pedido, era melhor enviar um projeto ao Congresso Nacional. Se o Congresso aprovasse, não haveria mais problemas. E foi assim que as coisas sucederam. Roberto Campos, que era o ministro do Planejamento, deu parecer favorável e a matéria passou no Congresso. Depois disso, não havia mudança de governo que pudesse alterar a decisão! Mas as coisas não pararam aí. Animado com a vitória no primeiro *round* da história, Autregésilo de Athayde volta a Brasília e, dessa vez, pede apoio da Caixa Econômica Federal para construir um prédio de 30 andares no terreno doado pelo governo. E sabe que ele conseguiu? Duraram 20 anos as transações para a posse definitiva desse prédio pela Academia. Mas, hoje, é esse prédio que sustenta a ABL. Portanto, a nova Academia Brasileira de Letras, com todas essas

foto: JB online

4/11/1977: Rachel de Queiroz toma posse da cadeira 5 na ABL. Abaixo estátua da escritora em Fortaleza.

facilidades e capacidade própria de investimento, deve muito aos esforços de um presidente realmente dinâmico, como foi Austregésilo de Athayde. Graças a ele, a ABL funciona hoje muito bem. E está sempre aberta ao público!

Assim, tratado por você, Austregésilo assume o vulto de verdadeiro herói da Academia. E foi! Sem desmerecer outros presidentes. Além disso, existem outros aspectos espetaculares de Austregésilo... Era também um grande jornalista! No casarão onde viveu, no Cosme Velho, hoje um museu aberto, podemos ver o arsenal de informações existente no local, a ilustrar a importância desse homem, que, em 1948, foi destacado para representar o Brasil na terceira Assembleia Geral da ONU, ocasião em que participou da comissão responsável por redigir a Declaração Universal dos Direitos Humanos.

Austregésilo foi braço direito de Assis Chateaubriand, o magnata dos Diários Associados. Sim. Acompanhou Chateaubriand, como diretor de jornalismo, praticamente todo o tempo. Em 1952, ganhou uma láurea muito prestigiado nos Estados Unidos: o Prêmio Maria Moors Cabot, pelo trabalho que fez na revista *O Cruzeiro*. Só na Academia, Austregésilo ficou mais de 40 anos! De 1953 até sua morte. Como presidente, serviu a Academia Brasileira de Letras por 35 anos.

24
Rachel de Queiroz

Se Cecília Meireles foi a grande poeta mulher do Brasil, o que dizer de Rachel de Queiroz? Rachel de Queiroz é a primeira-dama da prosa brasileira. Foi uma grande romancista, tendo exercido sua suserania com inteira simplicidade e modéstia. Era minha grande "amiga permanente". Sempre admirei sua vida, seu modo de viver e de ver as coisas. Ainda adolescente – tinha apenas 18 anos –, Rachel provocou espanto nos meios culturais do país ao escrever a

foto: Mizunoryu

lápis, mais estendida numa cama do que sentada numa cadeira, uma história que viria a ser um dos maiores romances escritos no Brasil, em todos os tempos. *O quinze*, essa obra espetacular, que renovou a ficção regionalista, retrata a esperança, a fome, o milagre, a morte e a fé dos retirantes sofredores do Nordeste. E tudo isso baseado em fatos vividos e testemunhados por ela. Rachel era ainda uma menininha cearense, com menos de 20 anos, quando, em 1930, dava contribuição extraordinariamente expressiva à vasta matéria da literatura das secas. Imagine que ela saiu da Escola Normal para a total fama literária, entusiasmando poetas como Augusto Frederico Schmidt e Manuel Bandeira, convertendo-se, de uma hora para outra, em um importante nome nacional. Depois disso, a literatura brasileira nunca mais foi a mesma. Se Cecília Meireles foi a nossa grande dama da poesia do Brasil, Rachel de Queiroz foi inquestionavelmente a grande dama da prosa brasileira.

O escritor Haroldo Bruno escreveu um livro sobre Rachel de Queiroz que é, ao mesmo tempo, crítica, antologia, biografia e iconografia da escritora. Constitui essa obra um estudo completo sobre a autora? Ou há livros, a seu ver, mais completos? Não. O livro de Haroldo Bruno é muito bom. Essa obra, publicada em 1977, é um dos estudos mais completos sobre Rachel de Queiroz. Uma das partes mais interessantes dele é o capítulo "Depoimento da Autora", em que ela explica o ofício da palavra. Sobre se o escritor deve ser um profissional, ela assim responde: "Se há uma coisa que eu realmente sou, e não nego, é 'ser uma profissional conscienciosa' – uma artesã fiel ao seu ofício. Pela minha natureza, tenho horror a qualquer forma de diletantismo. Escrevo porque essa é a minha arte – e digo a palavra arte no sentido profissional, mais estrito; como se diz arte de carpina, de tecelão, de pedreiro, de artífice". Rachel tentou explicar que ela sempre procurou viver dentro de sua profissão, tendo abraçado o jornalismo como única opção possível na sua linha de trabalho, já que o romance – fora as conhecidas exceções – era ainda entre nós, na época, trabalho de amadores. Querendo dizer com isso, talvez, que a profissão de escritor não era tão reconhecida no Brasil.

Rachel de Queiroz foi a primeira mulher a entrar na Academia Brasileira de Letras, em 1977, mas Cecília Meireles nunca teve essa chance. Por quê? Cecília não entrou na Academia porque não deu tempo. Em primeiro lugar, ela morreu. Em segundo, os tempos eram outros. Se fosse dado um tempo entre esse fato e a morte dela, Cecília teria sido, certamente, a primeira mulher a entrar na Academia Brasileira de Letras. Logo que esses tempos mudaram, com a entrada de Rachel de Queiroz, outras mulheres começaram também a ser aceitas e, hoje, a eleição de mulheres é um fato consagrado na ABL. Mas Rachel foi realmente a primeira a romper esse círculo de dominação masculina na nossa Academia. Aliás, uma tendência que persistiu por mais tempo ainda na Academia Francesa. Foi, sem dúvida, Rachel quem deu a versão feminina ao fardão da Academia.

Ela não era, e nunca foi, feminista. Claro que não! Uma vez, confessou abertamente: "Nunca fui feminista. Não acredito nessa entidade particular 'a mulher', diferenciada de outra entidade, 'o homem'. Tudo é gente, tudo é criatura. Claro que acho que as mulheres, nas sociedades mais atrasadas, têm vida mais dura e mais estreita que a dos homens; mas isso são contingências do ambiente social no seu todo, e não um propósito especial de discriminação contra a mulher". Ela dizia, sobre isso, até coisas mais fortes. Uma vez, proclamou: "Quem primeiro discriminou a mulher foi Deus, Nosso Senhor, que, fazendo a mulher a fêmea da espécie, lhe pôs às costas a carga da maternidade". Rachel sempre se perguntava: "Como sair do círculo mágico do conceber, parir, amamentar, criar o filho, sem a ruptura das leis naturais?". Não, Rachel de Queiroz nunca foi uma feminista! Agora, além de ter mudado inteiramente o nosso romance, nossa ficção, mudou também a atitude da mulher face à literatura e face à sociedade. Sua lógica era: "A mulher é mulher, e não um ser subordinado". Rachel conseguiu "dessubordinar" a mulher brasileira, apesar de não ter sido feminista. Não foi feminista, não

foto: Acervo ICAO

1989: Barbosa Lima Sobrinho, D. Maria José e AO no lançamento de *Tempo de Palhaço*.

quis ser ministra da Educação, mas, com 20 anos, já era filiada ao Partido Comunista. Pois é! Jânio Quadros ofereceu-lhe o Ministério da Educação, mas ela rejeitou, argumentando que uma escritora e professora cearense não deveria ocupar ministério. Era rigorosa em certas coisas! Dizia: "O compromisso do escritor é com as letras!". Com relação ao PC, ela percebeu muito cedo que era impossível conviver com comunistas militantes pró-soviéticos. Rompeu quando o partido censurou uma de suas obras e obrigou-a a fazer autocrítica. Lembro-me de que uma vez me disse: "Fui solenemente expulsa do PC, Olinto. E até me chamaram de alcagueta e de policial fascista! Não aguentei!".

Seu saudoso amigo Alceu Amoroso Lima referia-se a Rachel de Queiroz como uma das "mulheres canônicas" do Brasil, uma "Passionária de todas as causas". Não acha isso curioso? É curioso, porque Alceu era católico ferrenho, praticante e comungava todos os domingos. Mas a admiração dele pela Rachel superava sua visão disciplinada do mundo, seus escrúpulos religiosos. Alceu respeitava a "religiosidade nordestina" de Rachel de Queiroz. Ela não era católica, mas tinha religiosidade: a fé mística que, invariavelmente, o nordestino carrega dentro de si – a religião do sertão. Nesse sentido, cultivava outro tipo de religião e Alceu de Amoroso Lima compreendeu isso muito bem!

Quando falamos de Rachel de Queiroz, também falamos de crônica, de linguagem coloquial, num estilo oral, como se o leitor ouvisse o que está lendo. Não acredita que ela dá a suas obras um ar de conversa? Certamente. Uma de suas mais belas crônicas, *Pequena cantiga de amor para Nova York*, é um dos ápices da crônica brasileira de qualquer tempo, em sua clareza e imagem. Os vocativos funcionando com propriedade, as palavras se encadeando com beleza e sentido de novidade, embora tudo tão antigo, tão sempre e – com a devida licença de Manuel Bandeira – tão Brasil. Rachel de Queiroz não tem medo de dizer o que quer; usa o ponto de exclamação, de interrogar, de clamar, de fazer apelos. E esse começo de declaração, ao mesmo tempo realista e passional, é típico de sua linguagem sem medo, num tempo de contestações e afastamentos. Sua cantiga de Nova York é assim:

> Sim, eu logo te amei, Nova York.
> Foi ver-te e amar-te, assim que o *cab* amarelo
> deixou o recinto do aeroporto Kennedy,
> e o esqueleto negro da tua primeira ponte
> se desenhou proibitivo à minha frente.
> Te amei logo.
> Imensa, bruta, desumana, te amei logo.
> Babilônia, muitos te chamaram Babilônia.
> Ah, Babilônia caberia toda na décima terceira parte
> de um dos teus menores mistérios.

Considero essa uma das mais belas crônicas brasileiras. Realmente, você tem razão, um ponto que merece louvor na crônica de Rachel de Queiroz é sua linguagem coloquial. Se outros autores brasileiros escrevem crônicas, elaborando-as com recursos da obra escrita, Rachel praticamente "fala" suas crônicas, o leitor quase ouve o que está lendo. Isso é, a um tempo, efeito e causa de seu realismo. Talvez seja por isso que ela nos pega também quase sempre desprevenidos, nos leva à emoção e nos deixa pensando logo depois de lermos seus textos.

foto: Divulgação

Você foi um dos amigos íntimos de Rachel de Queiroz e um dos peregrinos nas visitas que fazia a ela na Ilha do Governador. Que recordações guarda desses encontros? A casa de Rachel de Queiroz, na Ilha do Governador, era um verdadeiro clube de cultura para jovens escritores e para todos aqueles que amavam a literatura. Me lembro muito bem de que, quando chegava o fim da tarde, eu saía do serviço e disparava para a Ilha do Governador para ouvir Rachel de Queiroz. Ela recebia a todos com muito carinho, muita dedicação e com muita alegria. Era uma pessoa muito jovem de espírito! Não tinha idade. Mantinha intacta a mente da menina de 19 anos que lançou seu primeiro grande romance e abalou todas as estruturas da literatura brasileira. E assim foi durante toda sua vida! Sempre adolescente na sua genialidade. Imagine que aos 82 anos, quando lançou sua obra-prima *Memorial de Maria Moura*, em 1992, Rachel continuava mantendo o ar de sua juventude e seu grande entusiasmo pela vida. Aprendi muito com Rachel de Queiroz nessas reuniões na Ilha do Governador, onde falávamos sobre os mais variados assuntos: políticos, literários, filosóficos e, naturalmente, sobre sua grande paixão, o Ceará e o Nordeste brasileiro. Ela morou durante 12 anos na Ilha do Governador. Foram muitos encontros. E depois, essa peregrinação tinha outra vertente que me atraía: eu estava tentando namorar Maria Luiza, sua irmã mais jovem! Um dia, ela desconfiou de alguma coisa e foi direto ao assunto: "Olinto, vocês dois estão namorando, é?". E eu, rápido, me defendi: "Não, nada disso, Rachel! Eu só acompanho a Maria Luiza de volta à casa. Ela não deve vir sozinha para cá!". Então ela disse: "Ainda bem, porque não aconselho mulher nenhuma a casar com escritor. São todos irresponsáveis!". Falou em tom de brincadeira, mas até hoje não me esqueço disso.

Você a qualificou como uma das mulheres mais extraordinárias que o Brasil conheceu no século XX. Era também uma mulher feliz? Muito. Venceu o fracasso do primeiro casamento com o jornalista José da Cruz Oliveira, de quem corajosamente se separou em 1939 e com quem teve uma única filha, morta antes de completar 2 anos de idade. Superou todas as dificuldades. Nunca teve medo de falar de nada. Desde sua filiação ao Partido Comunista até suas relações polêmicas com o general cearense Castello Branco e outros líderes do golpe militar de 1964. Nunca abandonou o lado positivo da vida, mesmo quando se encontrava doente ou sob pressão.

Dizem que seu segundo casamento foi sob medida... A propósito disso, Rachel me contou uma vez uma história engraçadíssima. Me disse que, um dia, andando pelo centro do Rio de Janeiro, percebeu que um sujeito a estava seguindo. Cada vez que parava, o camarada também parava, disfarçando. Até que ela parou frente a uma livraria. Quando o homem também parou, ela olhou fixamente para ele e disse: "O senhor, por acaso, está me seguindo?". E o estranho replicou: "Sim, estou". E Rachel de Queiroz: "O senhor está me seguindo porque sabe que sou uma grande escritora e quer um autógrafo?". E o estranho: "Não. Estou seguindo a senhora pelo requebrado do seu traseiro!". Passada a surpresa da resposta insólita, Rachel acabou explodindo numa gargalhada. Naturalmente, o episódio não terminou aí. Meses depois, ela casou-se com esse homem e foi extremamente feliz pelo resto de sua vida. Na verdade, ela encontrou um sujeito que, afinal, não estava atrás de sua literatura ou de sua fama. Estava atrás, veja só, do "requebrado de seu traseiro".

E quem era esse brincalhão? Chamava-se Oyama de Macedo. Era um homem admirável! Médico respeitado e marido exemplar, que viveu ao lado dela durante 42 anos. Infelizmente, ele morreu em 1982, bem antes de Rachel, que faleceu aos 92 anos, em novembro de 2003. A propósito da morte dela, lembro-me de que seu corpo foi velado no Salão dos Poetas Românticos, da Academia Brasileira de Letras. Contou também com a homenagem da Marinha de Guerra, porque Rachel de Queiroz era madrinha da Guarda dos Fuzileiros Navais do Rio de Janeiro. Foi uma cerimônia arrebatadora.

A Academia Sueca pediu à Academia Brasileira de Letras que indicasse um escritor brasileiro para concorrer ao Prêmio Nobel de Literatura de 2001 e você, Antonio Olinto, sugeriu ao presidente que propusesse o nome de Rachel de Queiroz. Sua sugestão foi bem-recebida? Foi muito bem-recebida. Até pensei que haveria alguma resistência, mas não houve. É a tal coisa: raramente a Academia Sueca se apresenta diretamente a outra para pedir uma sugestão ao Prêmio Nobel. São tantos os candidatos à láurea no mundo que se dá justamente o inverso! São os interessados que se dirigem à Academia Sueca. Mas, naquele ano, o impossível ocorreu. Achei que, além do trunfo de ela ser mulher, Rachel tem um romance que é muito brasileiro e muito universal. Além disso, ela era uma narradora nata e muito diferente, que certamente deu enorme contribuição à literatura universal.

Quando Rachel completou 90 anos, a Academia Brasileira de Letras lhe prestou bela homenagem, ocasião em que, além dos grandes mestres da literatura, estiveram presentes autoridades, políticos, parentes e amigos da escritora. Como viu essas cerimônias? Rachel de Queiroz foi detentora das mais ambicionadas honrarias e homenagens já concedidas a um escritor no Brasil. E ela recebia tudo isso com a confessada simplicidade da menina cearense. Lembro-me de que, durante essa homenagem, Rachel, com a voz embargada pela emoção e quase chorando, sustentou que "gostaria de ser tudo aquilo que disseram" a seu respeito, mas se "esse tudo" chegasse a cinco por cento das afirmações, ela já seria a mulher mais feliz do mundo. Sua simplicidade contagiou, nessa data, as homenagens prestadas pela Academia Brasileira de Letras. Nunca vi coisa igual depois desse dia.

25
A veia proustiana

Por que se interessou tanto por Marcel Proust? Esse interesse surgiu quando ainda estava no seminário, e o que já me fascinava na literatura proustiana, no seu simbolismo mágico, era a temática do tempo: o real passar do tempo. Me surpreendia, também, a forma como tratava o tema da eternidade, que faz parte de nós e que nós não entendemos. Quando comecei a ler Proust, o primeiro volume de *À procura do tempo perdido*, intitulado *Du côté de chez Swann*, senti plenamente dentro de mim a importância da força do tempo sobre os seres humanos. Quando ele começa a "lembrar o passado", recua no tempo, lembrando-se de quando sua tia lhe oferecia um bolinho, tão saboroso... Depois disso, então, cada vez que ele mordia um bolinho, voltava-lhe a memória da criança que fora no passado. Marcel Proust, com essa observação tão simples, demonstrou que o passado está sempre presente em nossas vidas e que um gosto de bolo na boca pode levantar toda a história de um indivíduo – todo seu passado. No fundo, os seres humanos querem o tempo de volta, consumir o tempo associando-o ao que está ocorrendo "aqui e agora". Essa mesma preocupação me levou a ler todas as obras de Marcel Proust, ainda quando era praticamente adolescente. Antes de ler Proust, eu tinha a formação de seminarista. Era obrigado a estudar, a ler e falar latim. Isso, naturalmente, me obrigava a voltar ao passado. Todo o passado – o passado da *Bíblia*, o passado das histórias dos santos, o passado dos bancos escolares, os próprios livros... Ao ler Proust, contudo, a consciência da força do tempo e a consciência do "tempo perdido" me levou a compreender melhor as coisas.

Em resumo, Proust fez sua cabeça de seminarista bem-comportado? A minha e a de todo o mundo ocidental, porque foi uma obra revolucionária. Vinda do século XIX, *À la recherche du temps perdu* surgia como a primeira obra real e inteira do século XX. O telefone, o automóvel, o avião e outros componentes tecnológicos da primeira metade do século das guerras mundiais são parte do mundo de Proust. A sociedade que se transforma; o tipo de vida urbana, quase metropolitana, que rompe com o tipo de vida do século XIX; tudo se mistura nas imagens que Proust recupera, reconstrói e solta no seu livro, aparentemente sem ordem e sem método, mas, na verdade, subordinada a duro método com M maiúsculo, num detalhismo de construção

foto: Banrisul

Erico Verissimo montando os originais de "O arquipélago", lançado em 1961, terceira parte de *O tempo e o vento*.

que buscava o monumental. Que buscava e que chegou lá. Digo que fez minha cabeça e a dos intelectuais que o leram, porque Marcel Proust explicou e disse como somos – os seres humanos – abrindo verdadeiros clarões no entendimento das paixões humanas. Sem exageros, preparou o modo de vida das gerações que a ele sucederam.

A seu ver, que tipo de enfoque Proust utilizou na criação de seus personagens, de seu mundo? Que método foi esse que lhe assegurou essa "plataforma literária monumental"? No caso de Proust, é realmente necessário atentar para o mundo de seu "método". É nisso que reside o plano mais ampliado de sua obra. Aquele que sabe que a pura análise exterior não iluminará a realidade deve saber também que abandonar a análise não ajuda em nada quando tentamos compreender Proust. Assim, teve que unir o espírito de identificação no objeto com a distância do objeto. Ou seja, ele se identifica e ao mesmo tempo mantém distância. Conseguiu, portanto, através desse método, fazer uma revolução e retomar o caminho dos clássicos, para torná-lo mais amplo e nele descobrir novas rotas.

Pode-se dizer que o que James Joyce fez com a linguagem, Marcel Proust fez com o tempo... Há pontos de contato entre os dois... Os dois têm muito em comum, porque se serviram da mesma "psicologia da profundidade" para alterar a arquitetura tradicional do romance. Claro que Proust trabalhou também de forma admirável a linguagem, mas não tão poderosamente quanto Joyce, porque ele transforma a linguagem proustiana no escorrer do tempo. Às vezes, Proust escreve quase uma página inteira sem ponto. Por que isso? É que o tempo – imagine – não tem ponto. Convencionalmente, tem ponto final quando você para de viver, quando você deixa de existir. O tempo não para. Só nós – os seres humanos – que paramos.

Por essa lógica, o tempo é uma invenção humana. Na verdade, o que existe então é só a eternidade que, por sua vez, não pode ser com-

preendida ou explicada pelos homens. É isso? Exatamente (risos). O homem é filho do tempo... E, como filho do tempo, ele sempre está subordinado ao tempo...

No *fin-de-siècle*, ou se quiser, no começo do século XX, tudo parecia mais ou menos distribuído – valores, fama, prestígio, posições sociais, moralidade etc. Quem era esse tal de Marcel Proust que tanto fascinou o jovem Antonio Olinto? Era um homem de classe média, de família "normal", filho de pai professor e médico. A mãe, uma senhora muito zelosa, que nunca se furtou ao hábito de beijar o pequeno Proust quando este ia dormir, de acariciá-lo e mimá-lo com todos os tipos de pequenos apelidos como *mon petit loup*, "meu lobinho", "meu ursinho fofo" etc. E tudo isso ele colocou em seus livros. Pergunta: todo escritor faz isso? Claro que não. A maioria dos escritores corta detalhes, para não parecer ridículo. Muitos inventam coisas para melhorar a imagem. Não Proust! Ele tem passagens de grande ironia sobre si mesmo. Não oculta nada. E, nesse sentido, difere de Joyce, que fez algo parecido, mas tudo picotado. Em Joyce, a palavra é a linguagem; em Proust, é o tempo, sem censura. Utiliza o simbolismo mágico: ressuscitando o passado morto através de palavras mágicas. Em Joyce, a palavra não é escrava do tempo, mas, em Proust, ela pertence, inevitavelmente, ao tempo.

Quando, ainda na década de 1930, você escreveu os primeiros ensaios sobre Proust, ele já era muito conhecido no Brasil? Era, mas por pessoas muito raras. (risos) Era conhecido, por exemplo, por Erico Verissimo, que comprou toda a coleção de Proust lançada pela Editora Globo no Rio Grande do Sul. Antes de sair em português para qualquer parte do Brasil, foi publicado lá, no Rio Grande. Proust era conhecido no Brasil, mas nem tanto. Era, sobretudo, conhecido por coisas pequenas. Tampouco Joyce era conhecido. Me lembro de que não era conhecido, pois diziam na época que "não era legível". Alguns o consideravam "ilegível". Outros, que devia ser mais "compreensível", do que "legível".

Todos nós somos afetados pelos avanços tecnológicos... Acha que avanços como a invenção do telefone, do avião e de outros componentes da revolução da ciência, que naturalmente transformou o nosso meio ambiente urbano, afetou também a obra desse que você considera o maior escritor do século XX, Marcel Proust? Claro. Você encontra na obra dele as coisas acontecendo. O tempo também, correndo para a frente!

Você encontra em Proust as primeiras referências a "chamadas telefônicas". Isso não existe, por exemplo, em nenhuma obra do século XVII ou XVIII, porque não existia telefone nessas épocas. Até nas obras de Machado de Assis, são raras as referências a novas tecnologias e modernidades. Nesse sentido, tendo introduzido em suas obras literárias esses avanços tecnológicos, Proust teria recriado o homem moderno. Toda a literatura posterior está mais sujeita ao tempo do que antes. Um tempo mais estudado, mais fragmentado. Antes de Proust, o tempo era "informe". O que ele procurou fazer foi dar forma ao tempo. E note que, quando ele realizou isso, o mundo não dava qualquer atenção a Proust. Nem os editores queriam editar sua obra. O pobre homem comeu o pão que o diabo amassou para publicar seus livros!

No Brasil, quem começou a realmente interessar-se pelas "inovações tecnológicas" foi o Imperador Dom Pedro II. Machado de Assis nem pensava nisso... O que me consta é que, logo depois que o telefone foi inventado pelos americanos [1876], Dom Pedro II viajou para os Estados Unidos e falou diretamente com Graham Bell. Chegou a comprar um telefone e elogiou também o inventor, que, embora fosse muito recatado, manifestou-se honrado e orgulhoso pela visita do imperador brasileiro. Eu me lembro – nasci em 1919 – de que conheci o telefone por volta de 1924-25. Era uma coisa considerada "única" em Ubá. As pessoas faziam fila para ver o aparelho, que, movido a manivela, emitia um som muito estranho, uma espécie de grunhido: "nhenhenhenhenhenhe". Uma tia minha, toda a vez que tentava falar ao telefone, só conseguia escutar esse ruído "nhenhenhenhenhe...". Ainda com a orelha vermelha, de tanto ficar colada ao aparelho, esbravejava: "Mas que coisa horrível, isto não fala! Não fala nada!". E pensar que tudo isso ocorreu outro dia. Ontem, no século XX!

Dom Pedro II era considerado por muitos um "monarca modelo", solitário e introvertido, que se escondia atrás do cetro e das pompas. Mesmo assim, conhecia muita gente importante... Dom Pedro II era um grande diplomata, que tinha nas veias o sangue da realeza austríaca. Viajou muito. Era amigo de Gobineau, de Wagner, de Longfellow, de Pasteur. Conheceu também figuras tão importantes como Theodore Roosevelt e Victor Hugo. Era também um governante que cultivava a sobriedade, a honradez e a dignidade, qualidades dificilmente encontradas nos políticos de hoje. Depois que foi enxotado do território nacional, como se fosse um delinquente, refugiou-se num modesto hotel em Paris, onde morreu abraçado a um travesseiro recheado com terra levada do Brasil. Doente, recusou a ajuda de 5 mil contos oferecida pela República. Preferiu custear sua doença com um empréstimo pessoal.

Discorrendo sobre a batalha que Marcel Proust enfrentou para publicar seus livros, você ressaltou na sua coluna "Porta de Livraria", em *O Globo*, que ele poderia – diante das dificuldades – ter escrito outra obra intitulada *À la recherche des editeurs perdus*. Como foi isso? Ironizei. O que aconteceu foi uma coisa inacreditável. Ele escrevia e mandava para o editor. E o editor, sistematicamente, achava a obra muito grande, muito extensa, enfim, leitura aborrecida e confusa. Uma editora chegou a entregar o livro de Proust para dois leitores, para que eles "testassem a qualidade do produto". E sabe qual foi o resultado? Confirmaram o que o editor esperava: tratava-se de um livro "impublicável". Depois desse "teste", é claro que nada de Proust era publicado. Tudo era rejeitado. Numa última tentativa, a editora manda a obra de Proust para seu amigo André Gide ler e opinar. Gide leu e, por incrível que pareça, também opinou contra a obra. Pelo erro, passou a vida toda tentando se justificar. Uma vez, chegou a dizer: "Peguei um trecho errado, desculpem-me".

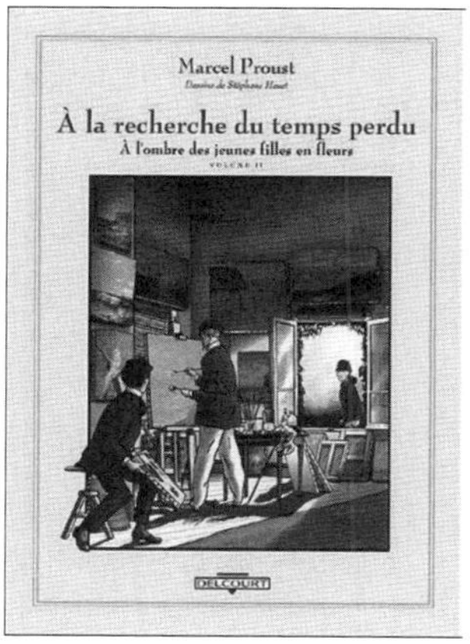

foto: Editions Delcourt/Divulgação

Pior ainda teria sido o "Relatório Madeleine", que zombava abertamente de Proust... Verdade. Nesse relatório, os autores destacam a "paranóia proustiana" ao descrever a agonia diária de um homem que leva 45 minutos para adormecer, que rola na cama, arruma o travesseiro, deita de lado, de frente, de costas, levanta-se, volta a deitar-se... E quem lê, pergunta: "Mas isso é um romance ou um exercício de loucura?". No entanto, o mais interessante de tudo é que, depois de todos esses insucessos, todas essas incompreensões, *Em busca do tempo perdido* foi uma das obras mais vendidas da civilização ocidental, um *best-seller* internacional como poucos. Depois das décadas de 1920, 1930 e 1940, transformou-se ainda num fenômeno literário universal fora do comum. A pessoa que não tivesse lido Proust naquelas épocas não era considerada uma pessoa suficientemente culta. A sorte pessoal de Marcel Proust é que ele não teve problemas graves de economia. O pai tinha algum dinheiro, a tia e a avó também. Ademais, vivia na alta sociedade e tinha alguns amigos fiéis. Proust, em certo sentido, nunca lutou pela vida; lutou pela sua obra. Fora isso, viveu uma vida absolutamente cultural,

fonte: TLS

sem preocupações de ordem econômica: ia visitar exposições, comparecia aos melhores concertos, participava de *vernissages*, enfim, era um *bon vivant*. Imagine que, apesar de suas posses, viajou uma única vez – para Veneza. E achou tudo lá muito chato. Depois de alguns dias, olhando do balcão de seu hotel para as águas paradas dos canais venezianos, voltou às pressas para Paris, com ânsia de vômito, prometendo nunca mais botar os pés fora da França.

Era também um homossexual assumido e sem qualquer complexo, apesar da época em que viveu. Que peso teve a homossexualidade na sua obra? Chegou a escrever sobre isso na sua coluna de *O Globo*? Mencionei. Marcel Proust foi criado por mulheres dedicadas: sua mãe, sua avó, sua tia… Foi sempre cercado por mulheres que o mimavam. Então, desde cedo, viveu uma vida mais "feminina" do que propriamente "masculina". Mesmo quando ele começou o colégio, suas amizades mais próximas eram mulheres… E foi a partir daí que ele começou a participar também dos saraus da "sociedade feminina", nos quais, aliás, era aceito e muito bem tratado. Ao lado das melhores amigas, frequentava ainda os *grands salons*. Ia religiosamente a todos esses lugares em que as mulheres se reuniam e demonstrava grande tristeza quando alguma de suas amigas se furtava a lhe enviar um convite. Foi nos salões parisienses que ele conheceu a vida íntima das pessoas: o amor e o desamor, as intrigas e os elogios, a inveja, o ódio e também as gentilezas, as cortesias e as manifestações de fraternidade. Na sua época, a homossexualidade, em geral, era vista como algo muito anormal. Mas, no meio em que circulava, nos mais refinados ambientes culturais, o homossexualismo era plenamente aceito. Lembre-se do grande número de escritores, poetas e intelectuais homossexuais de destaque no tempo de Proust. André Gide era homossexual, assim como Oscar Wilde e muitos outros. Claro que o homossexualismo tem seu peso na obra proustiana. Ele não via muita diferença entre o binômio homem-mulher e preferia a convivência com as mulheres. Mesmo a seus amantes, Proust não dava muita publicidade. O mais conhecido foi um aviador italiano, que também foi *chauffeur* do escritor. Morreu tragicamente num acidente aéreo, fato que muito entristeceu Marcel Proust.

Como Proust reagiu ao saber que Gide, também homossexual, não fora solidário com ele ao criticar *Em busca do tempo perdido*? Consta que ficou magoado. Mas depois acabou perdoando Gide, que também vivia atormentado pela problemática de seu homossexualismo e de seu casamento incompleto com a mulher, Madeleine. No fundo, era um homem solitário e um homossexual intranquilo.

André Gide retratado por Henry Bataille em desenho a lápis, cerca de 1901

26
O Diário de Gide

Por que Gide se casou? Casou-se para sustentar-se em alguém, como muitos, aliás, fazem hoje em dia. Para dar aparência de "normalidade" a sua vida atormentada. Madeleine servia para André Gide como sustentáculo aos avanços e recuos de sua vida diária. Era o apoio humano e trágico de que sua inteligência conturbada necessitava. No seu *Journal intime* ["Diário íntimo"], que teve tiragem reduzidíssima, apenas 13 exemplares, Gide explicou sua tragédia de amor.

A seu ver, que tipo de amor pode ser esse, enquadrado numa união tão estranha? É fenômeno comum em nossos dias? Muito comum. Existe gente que se casa só para salvar as aparências, para se apoiar em alguém ou para não ficar só. André Gide amava sua mulher, mas com um amor sem entrega, sem compromisso. Era, talvez, a única maneira que ele encontrou de amar. Madeleine seguiu seus passos desde a primeira infância. Ela tinha sido tudo para ele: menina, amiga, prima, que conversava com ele pelos caminhos longínquos e talvez esquecidos das primeiras emoções. Quando ele se casou com Madeleine, ele não pensou nas consequências: o que significaria aquela união para ela. Queria Madeleine por perto, mas sem sexo, porque não via nela a companheira total em carne e em espírito. Realizou, sim, um estranho casamento e chegou a confessar nunca ter tido relações sexuais com a esposa. E esse foi um consórcio que durou anos a fio, com situações intoleráveis para ambos. Gide não pensou na mulher que, sem qualquer queixa, sacrificava sua vida por ele. Era tão pura que não se queixava da falta de volúpia física do marido; atribuía-a a uma deficiência de si mesma. Sofreu o mais silenciosamente possível a sua tragédia, revestida de humildade e resignação. Ela custou a tomar conhecimento do homossexualismo de Gide. Quando percebeu que havia algo de errado naquele homem com quem se casara, mergulhou no protesto do silêncio e da solidão. No meu livro O Journal *de André Gide*, consagrei todo o capítulo final da obra a esse trágico dilema matrimonial, que abalou a vida do autor de *Les nourritures terrestres* [*Os frutos da terra*].

Por que se apegou tanto à obra de Gide, a ponto de escrever um livro sobre seu diário? Para mim, o diário de Gide é um dos produtos literários mais fortes do século XX. O *Journal* é a obra de um homem solitário, que se autoanalisa, que examina sua consciência. É através desses repetidos exames de consciência que podemos penetrar na personalidade de Gide, como homem e como artista. Nenhum escritor foi, no século passado, mais atacado e mais elogiado do que ele, agraciado com o Prêmio Nobel de Literatura de 1947. Gide, que preconizou tantas vezes a neutralidade do homem diante de alguns acontecimentos, não consegue deixar-nos neutros diante de sua obra. Foi um escritor constantemente preocupado com problemas de consciência. E isso, naturalmente, me interessa muito. Era o aspecto ético do mundo o que mais despertava sua atenção. O fato de ter escolhido, muitas vezes, na vida real, o mal em vez do bem, não retirou o aspecto moralista de sua obra. Em resumo, nesse seu *Journal*, descobri outro Gide que não aquele que escrevia este ou aquele livro. Alguém que não só se mostra a si próprio, mas nos indica como o homem pode fazer ou não fazer as coisas. De acordo com ele, o "homem pode pecar ou não pecar". Não é o êxito, o sucesso, que determina o valor de sua obra. Há batalhas individuais que, por mais angustiadamente sofridas que sejam, não conseguem chegar à vitória. André Gide foi derrotado por si mesmo, mas alguns momentos de sua luta, alguns lampejos de sua caminhada, fizeram dele uma das figuras literárias mais importantes do mundo. Quando comecei a ler seu diário, comecei bem devagarinho... Fiquei tão envolvido com seus escritos que acabei escrevendo 25 artigos sobre o assunto no *Globo*. Depois, examinando todos os artigos, me dei conta de que tinha escrito um livro – *O* Diário *de André Gide*, que publiquei na década de 1950. A segunda razão de meu apego a Gide é sua defesa da ideia de que não devemos nos deixar dominar pelas coisas, mas sim dominar as coisas. O que ele defende nessa filosofia é a "disponibilidade". Ou seja, o ser humano tem que estar disponível a qualquer ideia, a qualquer coisa, a qualquer pessoa, a qualquer julgamento. A teoria da disponibilidade de Gide é essencial para a compreensão de sua obra. Foram essas duas coisas, o permanente exame de consciência (que é o *Journal*) e o sentimento de disponibilidade, que me levaram aos caminhos de Gide.

Gide tinha então uma inclinação moralista, que conduzia a lógica de seu pensamento? Num certo sentido, sim. Quando, por exemplo, se fixava num autor, ou lia um livro, demonstrava predileção pelos que estudassem um problema moral, pelos que apresentassem dilemas de comportamento. Por isso, não aceitou, de início, a obra de Marcel Proust que, se possuía espessura psicológica, era inteiramente despida de espessura moral. Os personagens de Proust não se preocupavam com bem e o mal: são amorais. Os de Gide podem ser imoralistas, mas jamais amoralistas. No século XX, época em que muitos escritores não tomaram posição diante das exigências espirituais do homem, Gide ocupa um lugar todo especial: não se decidiu por um posto definido, mas conseguiu, à custa de sacrifícios, pecados, insubmissões, atingir o limiar mesmo de uma posição. Por menos edificantes que sejam alguns momentos de sua trajetória, Gide vivia em permanente debate consigo mesmo. E isso basta para situá-lo no terreno da dignidade. Ele corporifica, na sua vida e na sua obra, a luta permanente do artista pelo aperfeiçoamento de sua arte e de seu espírito.

fonte: Wikipedia

Retrato de Gide por Félix Valloton, 1898

Um diário quase sempre reflete as impressões do momento e raramente se transforma em obra literária de peso. Já escrevi que o diário "é a mais primitiva das formas literárias". Quando começa a escrever, seu autor anota as impressões do momento, descreve a paisagem que o circunda, fala dos pensamentos que o assaltam na hora. O diário, não tendo estrutura própria e não possuindo técnica específica, é ao mesmo tempo confissão, ensaio, discussão de ideias, comentário, diálogo, crônica e poesia. Nos melhores diários existe não apenas a descrição de coisas vistas, sentidas e pensadas, mas também a tentativa de aperfeiçoamento de si mesmo, por parte daquele que escreve. Para André Gide, o diário foi a suma de sua vida e de sua obra, desejo de aperfeiçoamento e, ao mesmo tempo, repositório de explicações sobre si mesmo, de retificações, de justificativas.

Além do *Journal*, Gide escreveu obras de grande impacto em sua época, como *Os frutos da terra*, *A sinfonia pastoral*, *O imoralista* e *Os moedeiros falsos*. Qual sua preferência? *O imoralista*, porque representa o próprio Gide. Ali ele procura defender uma posição "imoral" perante as coisas: ou seja, algo "fora dos costumes, fora da moral". *Mores*, em latim, quer dizer justamente "costume". Moral é, então, uma coisa presa ao costume. O imoral é aquilo que abandona o costume. *O imoralista*, de Gide, defende isso. *O imoralista* abandona qualquer julgamento para ser inteiramente livre, para ter total liberdade de pensamento. Quando ele defendeu o homossexualismo, em *Corydon*, os amigos tentaram, por todos os meios, impedir a publicação do livro ou, ao menos, sua publicação com o nome do autor. Um deles, aliás, advertiu Gide de, com sua teimosia, estar se afastando da possibilidade de ganhar o Prêmio Nobel de 1947, praticamente assegurado. Era o tipo de argumento que não poderia ter a menor repercussão em Gide. Muitos anos mais tarde, nas vésperas de ele ser laureado, um jornalista sueco lhe perguntou se não tinha se arrependido de escrever este ou aquele livro. Gide, que sabia tratar-se de *Corydon*, respondeu: "Não só não repudio meus escritos como também perderia com toda a certeza minha reverência pelo Prêmio Nobel se, para o obter, tivesse que renegar um só dentre eles".

Então, é sua sinceridade, digamos, que o faz tão diferente dos outros grandes escritores? De Proust e de Joyce, por exemplo? James Joyce é louvado pela sua ousadia de linguagem. Proust pela sua minúcia de pesquisa psicológica e sua arte de manipular o tempo. Virginia Woolf pela sua originalidade narrativa. Cada um deles merece louvores, mas a verdade é que seus livros – apesar de serem obras-primas – não nos dizem muita coisa de significativo no campo do comportamento do homem, posto à frente de um problema de consciência. Gide tem consciência de que o caminho que percorre é inteiramente seu. E aconselho os leitores a não verem, nele, um exemplo de solução geral dos problemas.

Qual a importância de Gide no Brasil? Nas décadas de 1950 e 1960, era enorme. Agora, não mais. Poucos jovens brasileiros sabem, hoje, quem foi André Gide.

Em 1952, época em que você escrevia sobre André Gide, suas obras entraram para o Index dos livros proibidos pelo Vaticano. Um absurdo! O problema é que, na época, Gide era visto pela Santa Sé como um escritor satânico, um insubmisso. "O mundo só será salvo pelos insubmissos", afirmava ele. Mas o pecado dele era ainda mais grave, pelo fato de ser homossexual, coisa rejeitada pelo Vaticano. A igreja apontava que o pecado do homossexualismo não era apenas um pecado contra a natureza, mas contra toda a filosofia universal, de 2 mil anos de cristandade. Portanto, o Vaticano foi sempre atento a isso, bastando uma denúncia para que uma obra fosse colocada no *Index* das leituras probidas. Eu mesmo, que tive rigorosa educação religiosa, jamais me dei conta de que as obras de Gide fossem contra a igreja. Reconhecia em Gide até uma certa predestinação ao apostolado. (risos)

Então, o Vaticano o condena mais pela sua homossexualidade do que pelo conteúdo de suas obras? Claro. Porque chegou a tal ponto que Gide fazia, em Paris, propaganda da homossexualidade. Aí, o Vaticano achou que "era demais". Eu penso que foi um grande erro da igreja católica no século XIX ter criado esse *Index*. Bastava dizer que o livro não era recomendável e pronto. Mas, não, criaram o *Index*, que é uma verdadeira biblioteca de raridades. Proibir um livro é um pecado em si. É censurar. É cercear a liberdade de expressão e de criação. Um livro deve ser visto como uma base de conhecimento, mesmo aqueles que abordam a problemática do sexo, em todas as suas possíveis variações. Foi um erro, que continua até hoje. A pergunta é a seguinte: qual papa terá a coragem de acabar com o *Index*? O atual? Sou pelo fim do *Index* e em defesa da literatura livre.

Não acha curioso o fato de Proust, também homossexual declarado, não ter sido condenado pelo Vaticano? Talvez porque, aos olhos do Vaticano, era mais comedido. Compare Gide com Proust, mais uma vez: ambos eram homossexuais, ambos eram grandes escritores franceses, ambos participavam quase da mesma vida literária da época... Agora, Proust era diferente, ele tinha uma preocupação com o tempo, e isso não agredia o Vaticano. Já Gide tinha preocupação com o pecado – achava o homossexualismo um pecado, mas um pecado defensável. Já Proust tinha todo o cuidado em "não se expor perante a igreja". Escapou porque se mostrava preocupado, mais do que tudo, com "o tempo". O tempo, e não o sexo, era seu personagem. Já no caso de Gide, ele entra diretamente no assunto sexo, sem rodeios e sem medo!

Além dessas qualidades, Gide foi também um homem que se dedicou à África. Foi, em certo sentido, africanista, na medida em que também teve a coragem de condenar o colonialismo. A África dele era a África muçulmana: a África do Norte. Não era a "verdadeira África negra" que conhecemos. É preciso compreender que a África muçulmana é mais muçulmana do que África. Inclusive, Gide entrou nessa África porque os muçulmanos aceitam com muita simplicidade e tolerância o homossexualismo. A verdadeira África é o contrário: é você ter dez mulheres. Um Obá, um chefe, na África negra, pode ter 20 mulheres! Eu conheci uma descendente de brasileira, em Lagos, que fazia parte de um harém. Um dia, ela chegou e me disse: "O senhor quer ir lá conhecer nosso harém?". Daí, eu disse: "Mas e o dono do harém? O que ele vai dizer?". E ela: "Não, não, vai sempre gente lá nos visitar. Não tem qualquer problema". Então, ela me levou até o palácio: tinha 20 mulheres de todos os tipos! Mulheres com filhos, mulheres grávidas, mulheres jovens, mulheres velhas. E ela, explicando tudo: "O senhor está vendo aquela que está sentada ali? É a mais jovem, tem 16 anos". E eu só olhando! Pensei: isto é o oposto do mundo do Gide, que é o mundo muçulmano do homossexualismo tolerado.

Esse mundo é também explicado por Lawrence da Arábia, em *Os sete pilares da sabedoria*. Ele viveu, conviveu e lutou ao lado dos muçulmanos. A abertura do livro é quase uma apologia ao homossexualismo. Uma obra extraordinária. O homossexualismo existe desde os primórdios da antiguidade. Na Grécia antiga, era comum. Soldados iam à guerra acompanhados de seus amantes (homens). É claro que, dentro dos parâmetros comuns, não há nada mais importante que o sexo. O sexo é ainda a procriação, a beleza do amor e também é algo que pode ser desviado. Sempre que falta uma parte, falta a mulher ou falta o homem, pode ocorrer um "desvio". Um exemplo: você entra numa batalha e lá você encontra mil homens, não tem uma só mulher; então, as consequências são previsíveis. É por isso que, em muitas guerras europeias, os soldados levavam suas mulheres. No seu exército, Napoleão tinha suas lavadeiras e cantineiras, que acompanhavam os soldados. Era uma profissão. Tudo isso, inclusive, para evitar o homossexualismo e a solidão entre os soldados. Muitas iam também disfarçadas de homem e chegavam a combater nos campos de batalha. A maioria das mulheres-soldados era constituída por jovens, sempre abaixo dos 35 anos. Em geral, acompanhavam o marido, mas podiam também acompanhar o pai ou o irmão.

E pensar que em nossos exércitos, onde a moralidade masculina e *antigay* sempre prevaleceu, isso jamais aconteceu! Nem durante a Guerra do Paraguai. Mas Mario Vargas Llosa aproveitou esse tema e realizou uma obra extraordinariamente engraçada: *Pantaleão e as visitadoras*, de 1973, em que conta a história do exército peruano que contratou um serviço de mulheres para acalmar os soldados na Amazônia. O serviço, criado pelo Estado Maior, tinha como função aplacar o fogo dos soldados – atacados pelo calor e pela falta do sexo oposto – que serviam nos destacamentos do exército na floresta. Embora o exército achasse que estava servindo um espírito nobre, acabou por incentivar ainda mais a prostituição. O tema é hilário, e o livro, muito bom!

Edição comemorativa de 50 anos de *O tempo e o vento*, que virou minissérie de TV.

27
A mulher é o tempo, o homem é o vento

Estávamos falando de Gide e de Proust e não concluímos. No Brasil, qual o escritor que mais se influenciou pela obra de Proust? Foi Erico Verissimo. Que também pensou em coisas grandes e escreveu uma "obra proustiana" de grande valor, *O tempo e o vento.* Em Verissimo, podemos constatar uma verdade que é também de Proust: "A mulher é o tempo: tranquila, pensa em tudo, faz tudo direito. O homem é o vento: intempestivo, imprevisível, passa derrubando tudo nas tempestades da vida". O que o Erico Verissimo fez foi um negócio imenso; é uma história que vai dos primórdios do Rio Grande do Sul até a ascensão de Getúlio Vargas como presidente do Brasil. E tudo isso aconteceu também num tempo, numa hora, em que o Rio Grande do Sul conquistava o poder. Então o "poder" estava, por assim dizer, "duplamente refletido": na obra dele e na conquista do governo federal por Getúlio Vargas, um gaúcho, filho daquele estado do Sul. Verissimo escrevia sua obra quando, pela primeira vez, o Rio Grande do Sul também colocava no centro do poder um filho seu. Foi Getúlio, sem sombra de dúvida, que trouxe o Sul para o poder central. E o Erico, literariamente falando, trouxe o Sul para o centro do poder literário. Ele criou, na literatura brasileira, algo novo – a literatura brasileira sulina. Mas, *O tempo e o vento* é também uma obra única na nossa literatura. É uma obra de evocações épicas, muito rica. Considero a narrativa de Erico Verissimo absolutamente cativante. Seus personagens são magníficos e há, na sua trilogia, a interação da ficção com a história e o fascínio dessa mesma história. Por vezes, penso que ele supera a própria literatura latino-americana. Supera facilmente Carlos Fuentes ou mesmo Vargas Llosa. Merecia ter ganhado o Prêmio Nobel de Literatura. Sempre mereceu uma platéia internacional, embora fosse também tão brasileiro.

fotos: Divulgação

Conviveu também com Erico Verissimo? Ele foi para mim, antes de tudo, um grande amigo. Conheci-o nos Estados Unidos, quando lá passei uma longa temporada fazendo palestras e dando aulas, como professor visitante da Columbia University, em Nova York. Ele também foi professor nos Estados Unidos. Então, nós estávamos sempre juntos – ele e a Mafalda, sua adorável mulher. Erico teve várias fases gloriosas no exterior. Primeiro, como professor de literatura e história do Brasil na Universidade da Califórnia e no Mills College, em Oakland, também na Califórnia. Foi assim: em 1937, com o Estado Novo de Getúlio Vargas, Erico foi obrigado a submeter seu trabalho à censura. Então, preferiu abandonar tudo, inclusive um programa para crianças que tinha na *Rádio Farroupilha*, e foi desafiador ao fazer um discurso vigoroso em defesa da liberdade de expressão. Em outras palavras, mandou os comparsas de Getúlio às favas. Resultado: teve que abandonar o país. De 1943 a 1945, aceitou ensinar literatura na Universidade de Berkeley. Depois, entre 1954 a 1956, atendendo a convite do governo brasileiro, em Washington, assumiu a direção do Departamento de Assuntos Culturais da União Pan-Americana, na Secretaria da Organização dos Estados Americanos (OEA), substituindo Alceu Amoroso Lima. Quando voltei para o Rio, ele também voltou e veio me visitar várias vezes. Nessas oportunidades, sempre me falava sobre suas preocupações literárias e, juntos, fazíamos também um balanço de nossas viagens e experiências. Foi graças a ele que conheci melhor o Rio Grande do Sul. Ele me convidou para visitá-lo e eu, naturalmente, aceitei com grande prazer. Foi uma importante experiência, porque aproveitei para levar a Porto Alegre a Companhia de Ballet da Inglaterra. Mas o que mais nos uniu foi nossa experiência nos Estados Unidos. Ficamos lá mais de um ano juntos. E, quando brasileiros estão no exterior – pelo menos naqueles tempos –, a tendência é unir forças e fortalecer as amizades. Como era também escritor, Erico Verisimo aproximou-se mais de mim do que de outras pessoas.

E esse despertar da literatura do sul, encabeçada por Erico Verissimo, teve grande impacto e foi muito aceito em todo o Brasil, não é verdade? Não só no Brasil. Suas obras foram aceitas e traduzidas em toda a parte. A gente visitava os Estados Unidos e via suas obras todas traduzidas para o inglês. Íamos para França, Alemanha e Espanha, a mesma coisa. Engraçado é que ele foi também muito influenciado pela literatura inglesa. Quando jovem, deixava-se impregnar pela melancolia de escritores como Bernard Shaw, Jonathan Swift e outros... Na década de 1920, quando a literatura inglesa estava muito próspera, Érico ajudou a fundar, no Rio Grande do Sul, a Editora Globo, que traduziu e publicou vários escritores ingleses. Erico Verissimo foi um dos escritores brasileiros mais populares do século XX. *Incidente em Antares*, *O senhor embaixador* e *O prisioneiro* ocuparam a lista dos livros nacionais mais vendidos no país. Em *Incidente em Antares,* ele opta por uma linha de reflexão política, dissecando magistralmente a difícil situação politicossocial brasileira. *O prisioneiro* é também um apanhado magistral da história do Brasil desde os primórdios da colonização até os chamados "tempos fantásticos", com a rebelião dos cadáveres e a greve dos coveiros. Na América Latina, sua obra *Olhai os lírios do campo* converteu-se também em produção cinematográfica argentina, dirigida por Ernesto Arancibia. Por sua vez, em 1967, *O tempo e o vento*, considerada sua obra-prima, transformou-se em tema de novela da TV Excelsior, sob a direção de Dionísio Azevedo. Em 1985, foi também minissérie, adaptada por Doc Comparato, com trilha musical de Tom Jobim e direção de Anselmo Duarte. Assim, foi um escritor que fez enorme sucesso no Rio Grande do Sul e em todo o Brasil. Digo mais, com sua obra consagrada pelo público, Erico Verissimo realizou a façanha de, ao lado de Jorge Amado, ser um dos poucos escritores brasileiros capazes, no século XX, de viver exclusivamente de seus direitos autorais. Quando morreu, inesperadamente, em 1975, deixou atrás de si um vazio. Pelos meus padrões, desapareceu ainda jovem. Morreu 20 dias antes de completar 70 anos e, infelizmente, deixou inacabada a segunda parte de seu livro de memórias, *Solo de clarineta*, que reflete suas intensas preocupações éticas e estéticas, assim como a coerência do homem progressista que foi durante toda sua vida. Carlos Drummond de Andrade sentiu o golpe e escreveu:

> Falta alguma coisa no Brasil
> depois da noite de sexta-feira
> falta aquele homem no escritório
> a tirar da máquina elétrica
> o destino dos seres,
> a explicação antiga da terra.

O que há de mais original na obra de Erico Verissimo? Verissimo foi o primeiro romancista brasileiro que resolveu contar a história do poder. É o caso do ciclo *O tempo e o vento*, dividido em três romances que contam a história do Rio Grande do Sul, desde 1680 até o fim do Estado Novo, em 1945: *O continente* (1949), *O retrato* (1951) e *O arquipélago* (1962). Portanto, é uma obra mastodôntica, que abarca desde a formação do Rio Grande do Sul até a ascensão de Getúlio Vargas ao poder. A princípio, ele planejou fazer só um volume, com cerca de 800 páginas, que seria escrito em três anos. Mas o assunto – como ele próprio me disse – "rendeu muito". A obra acabou ultrapassando 2.300 páginas, que foram escritas ao longo de 15 anos! É, verdadeiramente, *O tempo e o vento*, soprando sem parar. Considero uma obra-mestra, com fôlego proustiano. E, para retornar à questão da influência de Proust sobre nossa literatura, eu não hesitaria em dizer que, à exceção de Erico Verissimo, nenhum outro escritor brasileiro poderia ser considerado proustiano.

28
João Guimarães Rosa

Nem mesmo João Guimarães Rosa? Rosa era um inventor de palavras e um dos escritores mais originais do Brasil. Recordo que, por causa de seu poder de criatividade verbal, foi até criticado. Ao ser lançado, *Grande sertão: veredas* causou espanto. Houve até mesmo um famoso escritor que protestou junto ao editor José Olympio. Sarcástico, perguntou a Olympio: "Quando é que você, Olympio, vai traduzir *Grande sertão* para o português? Assim como está, não consigo ler. Isso não é português". Quanto a mim, fui ao extremo oposto: o livro saiu em junho de 1956 e, em julho, publiquei um artigo em minha coluna "Porta de Livraria" no *Globo*, elogiando a obra de todas as formas. Em resumo, escrevi: "O romance de Guimarães Rosa, fincado de agora em diante na nossa literatura, vem alargar os planos em que os escritos de um povo se fundam". Analisei, também, a magnífica utilização que Rosa fez do livro, ou seja, de um português básico, antigo, próximo do primeiro documento de nossa história: a carta de Pero Vaz de Caminha. Também chamei a atenção para a unidade da narrativa, para sua unicidade. Outro fato importante que não omiti, nessa análise, foi a fórmula rítmica do romance tradicional, dividida em capítulos, que deixou de existir em *Grande sertão: veredas*. E tudo isso dá lugar ao relato coeso, ininterrupto, feito com espantosa riqueza por Guimarães Rosa.

Estaria mais próximo de James Joyce, talvez. O estilo inaugurado por Rosa era a "história corrida", sem capítulos... Essa cadência límpida em que decorrem os acontecimentos lembra-me os rios que correm em Minas e traçam os limites naturais das terras que banham. Às vezes, é necessário um pouco de mineiridade para entender isso. Mas, como Joyce, Guimarães Rosa amava a palavra. Quando eu ainda estava na África, ele me escreveu pedindo, por favor, que lhe mandasse o texto da Ave Maria em iorubá, o que prontamente fiz. Depois, ele me respondeu agradecendo: "Que beleza, Olinto, a palavra 'Mimó'". É que, na oração em iorubá, existe um trecho que diz: "Santa Maria Mimó". E "Mimó" quer dizer "Santa". Então, eles usam a palavra em latim-português e a repetem também em iorubá. Rosa se encantava com essas coisas.

Vilma Guimarães Rosa, a filha do escritor, que fez um belo livro sobre ele, destaca o fascínio que seu pai tinha pelas palavras. É um livro que, inclusive, foi também comemorativo do centenário de nascimento de Guimarães Rosa. Fartamente ilustrado e com uma bela orelha, escrita por Otto Lara Resende, que, após examinar a obra dele escreveu: "Rosa de Minas. Rosa do Mundo. Pelas mãos de Vilminha, o pai-João-Beleza, assinou-se perene neste século, para todos os séculos".

foto: Projeto Manuelzão/UFMG

Guimarães Rosa em sua famosa viagem tocando boiada e anotando a linguagem do sertão, feita em maio de 1952.

Quando e como entrou em contato com Guimarães Rosa? Em 1955, no escritório do José Olympio, que era dono da maior editora do Rio de Janeiro. Um belo dia, Olympio me telefona e pede para que eu participe de um almoço que ele ia dar na editora. Ele oferecia almoço quase todos os dias para os autores que ele publicava. Foi lá que encontrei, pela primeira vez, com João Guimarães Rosa, que eu já conhecia através de *Sagarana*, um livro de contos que ele havia publicado antes. Conversamos muito. Discutimos sobre fazendas, plantações e gado. Foi um encontro alegre entre dois mineiros. José Olympio explicou, depois, que lançaria um livro de Guimarães Rosa e que eu seria um dos primeiros a receber um exemplar. O livro saiu em 1956, um ano em que muitos livros bons foram publicados no Brasil. Quando li o livro de Rosa, levei um susto. Perguntei-me: "Existe outro escritor que escreva assim em nosso país?".

Era *Grande sertão: veredas*? Sim. Esse mesmo. O estilo era inteiramente original. Um estilo ao mesmo tempo mineiro, porque o mineiro quando fala não faz pausa, diz tudo de uma vez... Tinha um ritmo próprio tão forte que não precisava obedecer a pontos. Às vezes, quando necessário, aparecem algumas vírgulas, mas os pontos são raros. Raciocinei e cheguei à conclusão que Guimarães Rosa, com aquele estilo, fazia uma homenagem ao português antigo, como o da carta de Pero Vaz de Caminha. Fui até comparar a obra com o documento de Caminha e concluí que estava certo. A narrativa de Guimarães Rosa é uma narrativa direta, que flui sem perda de tempo. Fui o primeiro a fazer e publicar uma crítica aprofundada de seu livro. Quando leu, num sábado, Guimarães Rosa me telefonou, agradeceu "pelas belas palavras" e me convidou para almoçar com ele. Ficamos mais íntimos desde aquele dia e, a partir daí, nos falamos periodicamente. José Olympio, por sua vez, agradeceu também o artigo e apontou o fato de alguns outros escritores estarem criticando *Grande sertão: veredas*. Argumentavam que os escritos de Rosa não eram português correto. Meu artigo foi reproduzido em vários outros veículos de comunicação da época. O livro, então, acabou sendo um sucesso. Às vezes, fico pensando que "de certa forma, ajudei o João Guimarães Rosa". Mas, na verdade, não fui eu… Era o livro que tinha grande força! O livro se impôs por si próprio, por sua linguagem…

Uma linguagem joyciana... Uma linguagem que ele foi buscar no sertão de Urucuia… Pegou uma linguagem que é a minha, que é do interior de Minas Gerais, e fez dela uma obra de arte. É por isso que os "conservadores" se chocaram. Quando estive na Alemanha e visitei Curt Meyer-Clason, o tradutor do livro de Guimarães Rosa lá, ele me disse: "Olinto, o mais belo conto do mundo, em qualquer idioma, é *A terceira margem do Rio*, de João Guimarães Rosa". Eu perguntei: "E você, Curt, conseguiu traduzir tudo para o alemão?". Ele, rindo, explicou: "Consegui. Mas suando!". Depois, exemplificou com detalhes, revelando o desafio que foi traduzir expressões como, "dar rapadura a jumento".

E o que é *A terceira margem do rio*? *A terceira margem do rio* é o mais aberto e famoso conto de J.G. Rosa. É um conto onde o tempo cronológico é um longo período – a vida toda do narrador. Mas há ainda o amadurecimento do homem, que dá enfoque também ao "tempo psicológico". É o ir e vir no rio da vida, num espaço transcendental e de magia. Ademais, é um conto que tem uma intertextualidade bíblica com a Arca de Noé. É, em resumo, a história de um homem que abandona tudo: propriedade, mulher, filho, cidade… Pega uma canoa e ali passa a viver por mais de 20 anos. Não sai dali, come e dorme na embarcação. O barco, então, é a terceira margem. Só quando ele finalmente morre é que ele é retirado da canoa para ser enterrado. *A terceira margem do rio* inspirou até mesmo o compositor mineiro Milton Nascimento e o baiano Caetano Veloso a escreverem uma canção, chamada justamente *A terceira margem do rio*. Lembro de uma parte que diz:

> Água da palavra, água de Rosa dura
> Proa da palavra, duro silêncio, nosso pai,
> Margem da palavra entre as escuras duas
> Margens da palavra, clareira, luz madura
> Rosa da palavra, puro silêncio, nosso pai
> Meio a meio o rio ri por entre as árvores da vida
> O rio riu, ri por sob a risca da canoa
> O rio riu, ri o que ninguém jamais olvida.

Foi essa magia da palavra que animou o tradutor alemão. Sem dúvida. Curt Meyer-Clason ficou tão encantado com as obras de Guimarães Rosa que levou adiante uma tarefa quase impossível: traduzir para o alemão o mais intraduzível de todos os livros de Guimarães Rosa, *Grande sertão: veredas*. Meyer–Clason não só conseguiu realizar essa admirável façanha, mas também saiu no final da aventura ileso e coroado de elogios, tanto na Alemanha quanto no Brasil. E J.G. Rosa manifestou-se muito feliz pelos os resultados. Agora, não resta dúvida de que traduzir Guimarães Rosa para qualquer idioma é um grande desafio. O português dele era muito pessoal e, portanto, difícil para o mais experimentado dos tradutores. Durante dois anos, quando eu trabalhava ainda no jornal *O Globo*, fiz uma enquete para descobrir quais seriam as 10 palavras mais belas da língua portuguesa. Consultei cerca de 250 escritores e pessoas ligadas à literatura brasileira, que deram sua opinião. Quando colhi a opinião de Guimarães Rosa, ele me deu a seguinte palavra, para ele a mais bonita: "murucututu". Aí, telefonei para ele e disse: "Ô Rosa, que história é essa de 'murucututu'?". E ele, tranquilo: "Não é uma beleza de palavra, Olinto?". Eu retruquei: "É, em termos". E ele, outra vez, tentando explicar: "É uma coisa fantástica. São cinco 'us', numa só palavra, Olinto, cinco 'us'". Acabei cedendo, mas ainda perguntei: "E o que é 'murucututu'?". E ele traduziu: "Ah! É uma corujinha amazônica. Uma beleza! É tão bonitinha que muitos amazonenses conservam-na dentro de casa!". Antes de encerrarmos a conversa, pediu: "Nenhum país tem uma palavra tão bonita como essa, Olinto, coloque a minha 'murucututu' em primeiro lugar na sua lista".

E essa palavra está dicionarizada. De acordo com o *Aurélio*, significa coruja-do-mato, ou corujão orelhudo, ave estrigiforme da América do Sul. Inglês de Souza usou essa palavra no seu romance *O missionário*. Escreveu: "Desde as sete horas da tarde, só se ouve na povoação o pio agoureiro do murucututu". Sim, está dicionarizada. Mas, de qualquer forma, João Guimarães Rosa tinha extraordinário senso de humor. Ri muito com essa história do murucututu, porque depois consultei Jorge Amado e ele achava que a palavra mais bonita em língua portuguesa era "safado". Mas, daí, a redação de *O Globo* aconselhou a gente a

Curt Meyer-Clason, o tradutor de Guimarães Rosa para o alemão

maneirar as coisas. Publicar "safado" em *O Globo*, como uma das mais belas palavras do nosso vocabulário, parecia provocação. Até Roberto Marinho se manifestou contra a publicação de "safado". Um dia, na redação, chegou e perguntou: "Esse Jorge Amado está ficando louco, é? Não quero sacanagem aqui, não!". Diante das pressões, não tive alternativa, telefonei para o Jorge e pedi, por favor, para ele trocar a palavra. Muito a contragosto, substituiu-a por outra: "lupanar." Pior ainda!

Para você, qual seria a palavra mais bonita? Alegria. Mas a que ganhou foi "saudade". A palavra "saudade" é imbatível. É uma palavra famosa, também pelo sentido. Alegria, para mim, não é apenas bela pelo sentido, mas, sobretudo, pelo som. Quando estava em Londres, passeando um dia por Bayswater, vi uma casa em cuja fachada estava escrito: ALEGRIA. Não pensei duas vezes, resolvi tocar a campainha. Apareceu em seguida um inglês, que disse: "Eu morei no Brasil um bom tempo e achava a palavra 'alegria' tão bonita que, quando voltei, resolvi decorar a entrada da minha casa com ela!". Foi engraçado, porque eu tinha escolhido essa palavra nos meus tempos de *O Globo* e, muitos anos depois, encontrei-a exposta na Inglaterra como nome de uma casa. Ainda sonho em publicar um livrinho sobre essa pesquisa que fiz, "As 10 palavras mais belas da língua portuguesa".

Encontramos humor na obra de Guimarães Rosa? Mesmo que às vezes pareça grave e melancólico, o humor está sempre presente na obra de Rosa. Há, na sua obra, narrativas inteiramente burlescas e satíricas. Seus textos são muito ricos para o estudo do humor, do anedótico. Como não usa, muitas vezes, uma linguagem transparente, seu humor pode ser também um pouco melancólico e contestatório. Um bom exemplo é *A volta do marido pródigo*, que é a paródia de um conhecido tema bíblico: a volta do filho pródigo. Só que, nesse relato picaresco de Rosa, o filho pródigo é o marido, um mau caráter, insolente e impertinente. Graça a sua lábia (humor), converte-se em líder de uma intriga político-eleitoral entre coronéis do sertão, que lutam pelo poder. Na vida real, bastavam cinco minutos de conversa com Guimarães Rosa para sentir imediatamente sua veia satírica. Via o mundo através de um espírito em que tudo era engraçado. O mundo poderia também ser trágico, mas, no meio dessa tragédia, aparecia o engraçado, o burlesco, a ironia e o gracioso. Em *Grande sertão: veredas*, Rosa acompanhou toda aquela comunidade de Urucuia com uma grande diversidade de intenções e de imagens.

Inteiramente distante de *Os sertões*, de Euclides da Cunha? Na nossa literatura, o Brasil tem dois "sertões": o sertão de Euclides da Cunha e o sertão de João Guimarães Rosa. São dois sertões totalmente diferentes. O de Euclides, inteiramente trágico. O de Rosa dramático, porém, vital. Alceu Amoroso Lima me disse uma vez que nós temos duas coisas inteiramente diversas e importantes no Brasil: o sertão e o litoral. O litoral é Machado de Assis. O sertão é João Guimarães Rosa e Euclides da Cunha. Na maioria das vezes, tendemos a ficar apenas no litoral, mas é imperativo também, como brasileiros, nos voltarmos para o sertão.

Rosa foi eleito para a Academia Brasileira de Letras por unanimidade. Sim. Mas revelava também ser um homem estranho diante dessas consagrações, dessas homenagens. Quando foi eleito para Academia, não quis tomar posse. Todos ficaram em cima dele, mas Guimarães Rosa não queria tomar posse. Austregésilo de Athayde, pacientemente, pediu a ele várias vezes que tomasse posse. Ele recusava. Um belo dia, justificou-se perante um grupo de escritores no qual eu me encontrava: "Se eu tomar posse, eu morro!". Levou, então, mais de dois anos para finalmente decidir-se. A pressão sobre ele foi tão grande, em 1967, que ele resolveu tomar posse. Tomou posse numa quinta-feira. Morreu no sábado.

Estranhíssimo... Sim, uma coisa muito estranha. Me recordo que o Geraldo França de Lima, que era "amigo diário" dele – foi companheiro de magistério de Rosa, em Minas – me telefonou justamente na hora em que ele morreu e disse: "Antonio Olinto, o herói morreu". Eu perguntei: "Que herói?". Eu não sabia que ele se encontrava na casa do Guimarães Rosa. "O nosso Rosa, Antonio! O nosso querido Guimarães Rosa! Foi-se!". Já no velório, França de Lima, muito comovido, me disse: "Você viu? Ele disse que ia morrer se tomasse posse na Academia. E morreu mesmo". Achei toda essa história inacreditável. Era um homem muito estranho, capaz de antecipar sua morte.

Por que Curt Meyer-Clason se entusiasmou tanto com Guimarães Rosa? Ele vivia no Brasil, durante o período da Segunda Guerra Mundial, e era um estudioso da língua portuguesa. Acusado de espionagem em favor dos nazistas, Curt, injustamente, foi preso no Brasil. Foi durante esse período na prisão que se apaixonou pela obra de Guimarães Rosa. Conheceu toda a literatura nacional no cárcere. Liberto, tomou a decisão de traduzir para o alemão todas as obras do seu autor brasileiro preferido. Meyer-Clason identificou também, nos escritos de Guimarães Rosa, o conceito-chave do filósofo dinamarquês Soren Kierkegaard, segundo o qual "é através do mergulho no absurdo que se chega ao estágio religioso e finalmente se encontra a salvação". Considerava *Grande sertão* um romance essencialmente cristão.

Grande sertão: veredas **é um romance essencialmente mineiro que se torna universal?** João Guimarães Rosa é um escritor mineiro *par excellence*. Veja: Urucuia não existe em nenhuma outra cidade importante do mundo: nem em Londres, nem em Berlim, nem em Belo Horizonte ou Rio de Janeiro. Tudo o que Rosa descreve se passa em Urucuia e ninguém, no romance, cita qualquer outra cidade, a não ser Montes Claros. É a única cidade citada, além de Urucuia, em cerca de 400 páginas. É um pedaço do Brasil inteiramente separado do resto. Inteiramente brasileiro.

29
O grande amigo Jorge Amado

E qual o menos proustiano dos escritores brasileiros? Jorge Amado, sem dúvida alguma! Sim, Jorge Amado, meu querido e saudoso amigo baiano! Ele, posso assegurar, era o avesso de Proust e de Erico Verissimo.

E em quem Jorge Amado teria buscado influência? Nele mesmo! (risos)

Jorge Amado, um homem fascinado por viagens e por outros autores, sempre sustentou que era imperativa para os escritores a leitura dos mestres. Acha mesmo possível que não tenha sido influenciado por alguém? Quando falava nos mestres, Jorge se referia a Rabelais, Cervantes, Dickens, Máximo Gorki, Gregório de Matos e até José de Alencar. Autores que ele gostava de ler. Os leu com grande interesse e prazer, mas jamais confessou ter sido influenciado por eles. Jorge Amado é um escritor que se criou por si próprio. Gostava de chamar atenção para a dimensão modesta de sua existência: menino grapiúna, cidadão da Bahia pobre, trovador popular... Acho admirável o fato de ele ter construído sua riquíssima obra na esfera geográfica e sociológica da Bahia. Claro

AO com Jorge Amado e Rex Collins; em viagem na Romênia – onde existe uma Biblioteca Antonio Olinto – e, abaixo, na Bahia, com Zélia (fotografando), Jorge e Zora no candomblé.

que tinha uma visão alargada do Brasil e do mundo, mas a Bahia sempre foi sua grande fonte de inspiração.

Como iniciou sua amizade com Jorge Amado? Foi em 1945, depois da Segunda Guerra Mundial, quando o presidente Getúlio Vargas já tinha deixado o poder e a Constituinte fora aprovada. Foi em maio, justamente quando Jorge Amado foi eleito, pelo Partido Comunista, deputado federal por São Paulo. A Zora, que morava na capital paulista e participou da campanha dele junto com outras jovens comunistas, foi uma das pessoas que me apresentaram Jorge Amado. Como ganhara a eleição, ele deixou a Bahia e veio morar no Sul. Muito interessado pelas artes, encontrei com ele pela primeira vez numa reunião de cinema. Eu também me preparava, naquela ocasião, para lançar meu primeiro livro de poesia, intitulado *Presença*. Nessa época, confesso que minha relação de amizade com ele era muito formal: de escritor mais jovem com outro mais velho. Ele nasceu em agosto de 1912 e eu, em maio de 1919. Mas, nesse tempo, nossa amizade não se tornou mais íntima, porque Jorge Amado vinha sofrendo séria perseguição. O pessoal do presidente Dutra apontava para a ilegalidade do Partido Comunista e queria cassar Jorge Amado. Naturalmente, com o cancelamento do registro do Partido Comunista, em 1948, o mandato de Jorge Amado desapareceu. Destituído de sua cadeira na Câmara e com seus livros classificados pelas autoridades como "material subversivo", ele resolveu partir sozinho para a Europa. Instalou-se inicialmente em Paris. Um mês depois, sua casa no Rio foi invadida por agentes federais, que levaram praticamente tudo o que era "comprometedor": livros, fotos, cartas, documentos... Esse episódio foi suficiente para que Zélia, com quem ele vivia já havia algum tempo – acompanhada do filho – também abandonasse o Brasil. Foi para Gênova, na Itália, onde Jorge os apanhou e levou para Paris. Foi nessa época que ele faz amizade com Pablo Picasso e Jean-Paul Sartre. Porém, ainda por motivos ditos políticos, em 1950, o governo francês resolveu expulsar Jorge Amado e sua família do país. Jorge, Zélia e João Jorge foram parar, então, em Praga, na Tchecoslováquia. Ficou naquele país até 1955, onde nasceu sua filha Paloma. Quando ele voltou, eu já estava vivendo com Zora, que era amicíssima dele e de sua mulher, Zélia Gattai. Então, passamos a frequentar sua casa ao lado do Copacabana Palace Hotel, que ficava muito perto de nosso endereço no Leme. A partir dessa época, ficamos íntimos: íamos todos os dias para a praia juntos e nos visitávamos com assídua frequência. Uma terceira pessoa, em seguida, juntou-se a nós, fortalecendo ainda mais esses vínculos de amizade: Cândido Portinari, que também morava no Leme e adorava praia, mas que se recusava sempre a cair na água.

Portinari era outro simpatizante do Partido Comunista, um militante, não é? Como Oscar Niemeyer, foi um dos mais expressivos e eloquentes membros do Partido Comunista Brasileiro. Para mim, foi um dos mais importantes artistas brasileiros de todos os tempos. Dedicou toda sua vida à causa da paz, tanto por meio de sua arte como de sua militância política. Na mesma época em que Jorge Amado foi obrigado a deixar o Brasil, em 1949, Portinari foi convidado a participar da Conferência Cultural e Científica pela Paz Mundial, em Nova York, mas o governo americano negou-lhe o visto.

Os murais *Guerra e paz*, que representaram o apogeu da obra de Portinari – instalados na ONU – não foram, também, inaugurados com sua presença por razões políticas. Foram as mesmas razões políticas do passado – a restrição do governo de Washington em conceder visto a Cândido Portinari – que os murais *Guerra e paz* nunca chegaram a ser "oficialmente" inaugurados por ele, apesar da importância da obra para o Brasil, para os Estados Unidos e para a ONU. Ele nunca viu os murais instalados e acabou morrendo pouco tempo depois.

***Guerra e paz* é considerada "a *Guernica* do hemisfério sul".** Não só isso, mas também uma proposta de paz de todo um hemisfério que exerce seu direito de expressão sobre o anseio global das nações em torno da paz e contra a insanidade dos conflitos armados. Sempre que eu e Jorge falávamos com ele sobre o valor da arte, Portinari replicava: "Não conheço nenhuma grande arte que não esteja vinculada ao povo".

Zélia e Jorge apresentam Mãe Senhora a Jean-Paul Sartre e Simone de Beauvoir nos anos 1970.

Recorda-se de seu enterro? Encontrava-me fora do país, mas acompanhei os fatos. Nunca soube de algo parecido no Brasil. Virtualmente inconcebível em outras circunstâncias, porque – apesar de militante do Partido Comunista – praticamente todas as personalidades políticas do país, da direita mais ferrenha até a esquerda mais radical, estavam presentes nos funerais de Cândido Portinari, que faleceu em 6 de fevereiro de 1962. Estavam lá o ex-presidente Juscelino Kubitscheck, Hermes Lima representando o presidente Jango Goulart, os líderes comunistas na clandestinidade, Luiz Carlos Prestes e Carlos Marighella e até o maior líder anticomunista, o governador do Estado da Guanabara, Carlos Lacerda. Não faltaram nem os representantes das Nações Unidas. Quando Portinari morreu, todos nós sentimos grandemente sua ausência. O grupo ficou desfalcado de um talento, mas a amizade íntima que tínhamos com Jorge Amado e Zélia transformou-se numa coisa ainda mais "permanente".

E o que rendeu dessa amizade tão íntima? Resultou numa infinidade de coisas. Acabamos indo com ele para a Bahia e, na Bahia, ele "fez nossa cabeça".

Como assim? Ele nos levou à Mãe Senhora, que era a mãe-de-santo do Ilê Axé Opô Afonjá... A Zora já era iniciada, era de Xangô, porque já tinha sido levada antes pelo Jorge, mas eu, não. Quando cheguei lá, a mãe-de-santo me disse de supetão: "Você vai ser Obá!". E eu repliquei: "E tem vaga?".

O que é um Obá? É um ministro de Xangô. Xangô é o rei supremo de todos os iorubás, que tinha seis ministros do lado direito e seis do lado esquerdo. É uma tradição africana que quase não encontramos em outros candomblés. Eu era o primeiro Obá do lado direito e o Jorge Amado era o primeiro da esquerda. Eu brincava sempre com ele por isso: "Tá no lugar certo, Jorge! Eles sabem que você é da esquerda", porque tinha sido do antigo PC. Mas tinha também o Carybé e o Caymmi. Jorge Amado era um companheiro magnífico. Podia brincar com ele a toda hora... Era pessoa muito alegre. Gostava de estar rodeado por gente animada e adorava festas.

foto: Blog soteropolitanos

Mãe Menininha

Por isso, adorava também as celebrações de Xangô, a festa de Oxalá. Tudo dentro dos rituais normais afro-brasileiros. Eu sou de Oxalá, Zora era de Xangô e o Jorge, de Oxóssi, o caçador.

Como foi sua confirmação e por que tantos intelectuais resolveram fazer parte dessa religião afro-brasileira? Foi Mãe Senhora que me confirmou. Ela achava que o candomblé era também um ato cultural, e não apenas uma religião fechada para seus fiéis negros. Devia estar aberta também aos artistas, escritores, poetas... E nós aceitamos de bom grado o convite de Mãe Senhora: Zora, Carybé, Caymmi, Jorge Amado e eu.

Vinicius de Moraes era também ministro, um Obá? Vinicius era o branco mais preto do Brasil na linha direta de Xângo. (risos) O poetinha gostava de Xangô... Vinicius teve uma namorada baiana e, por ela, converteu-se ao candomblé. Certa vez, após uma briga, ela o deixou sentado numa almofada, numa sala de terreiro, rodeado de velas. "Você vai ficar preso aí, para aprender a se comportar. Xangô não vai deixar você sair", disse a baiana. Quando terminou a garrafa de uísque que tinha na mão, Vinicius – já cansado de permanecer ali – tentou levantar-se, mas não conseguiu. Parece que estava grudado na almofada e foi apossado por uma sensação de medo, de que algum ruim lhe acontecesse. Percebeu, no entanto, que, se esticasse o braço, alcançaria o telefone, no canto da parede. Foi o que fez. Ligou para Jorge Amado, que atendeu: "Jorge, meu amigo, por favor, venha aqui me socorrer!", implorou Vinicius. Jorge e Zélia, acompanhados da mãe-de-santo Estela, foram ao seu socorro e o liberaram de seu castigo. Embora se confessasse agnóstico, Vinicius de Moraes aceitava recomendações do candomblé, sobretudo depois que sofreu um acidente de avião no Uruguai. Desde então, morria de medo de viajar de avião. Foi Mãe Menininha – uma das mais importantes líderes espirituais do Brasil – quem afastou o mal dele, num jogo de búzios.

E ele "pagou" de volta esse favor... De certa forma, sim. Vinicius, como o músico Baden Powell, prestou importante homenagem ao candomblé da Bahia em suas composições musicais. "Cariocou" o candomblé afro-brasileiro dentro do espírito do samba moderno. E digo mais: acho que tratou o tema com profundidade e grande riqueza rítmica, como nenhum outro poeta e compositor. Vinicius tornou o candomblé afro-brasileiro algo mais universal. Fez até uma canção-oração, *O samba da bênção*, que inclusive foi trilha sonora de um filme francês de grande sucesso – *Un homme et une femme* (*Um homem, uma mulher*), de Claude Lelouch, lançado em 1966. Nunca antes os temas negros foram musicalmente tratados no Brasil com tanta beleza como por Vinicius de Moraes. Exceção seja feita a Dorival Caymmi. Músicas como *Canto de Ossanha*, *Canto de Xangô*, promoveram de tal forma o candomblé afro-brasileiro que acabaram dando-lhe ao mesmo tempo uma dimensão muito mais universal. Não tenho dúvidas sobre isso.

A afirmação cultural do candomblé é também fortalecida pela música e pela dança? O substrato da cultura brasileira tem presença africana muito forte. O que significa dizer que tem também a música e a dança como componentes fundamentais dessa cultura. Para um africano, dançar é viver. Ele não pode deixar de dançar. Então, o africano trouxe esse instinto da dança e da música para nós. A dança é, para o africano, um ato religioso. Em vez de apenas ajoelhar-se diante de uma Nossa Senhora, o fiel africano dança diante da santa. A dança é um ato religioso.

Quem decide a entrada de personalidades intelectuais no candomblé? São as mães-de-santo, em princípio, que decidem sobre quem pode ser ou não admitido no candomblé. E tem que ser gente do bem. (risos)

Por que as mães-de-santo se tornaram tão poderosas e respeitadas? Porque as mães-de-santo foram e são as estrelas-guias da luta do povo negro pela libertação, pelo reconhecimento e pela afirmação na sociedade global, reproduzindo no Brasil um matriarcado que já foi trazido da tradição africana. Até mesmo antes da abolição essas mulheres magníficas – essas mães-de-santo negras, alforriadas – já eram produtivas e muitas vezes eram capazes de comprar ou arrendar terras na Bahia e nelas implantar seus terreiros. Portanto, foi em torno das ialorixás que se agruparam os negros – escravos ou alforriados – na procura da substância espiritual de afirmação como povo e como cultura. São vistas como protetoras da humanidade.

Como Mãe Menininha? Sim, como Mãe Menininha. Se bem que Mãe Menininha era diferente: ela era mais carinhosa. Em geral, as mães-de-santo são – ao contrário – um pouco duras, como Mãe Senhora, que chamava a atenção dos fiéis. Mãe Menininha era uma poesia de pessoa. Mas Jorge Amado frequentava as duas. Vinicius de Moraes já era inteiramente Mãe Menininha. De vez em quando, eu ia visitá-la também, mas voltava logo para o meu terreiro!

Vinicius entre esculturas africanas.

Ao lado, 1979: Carybé, Zora e Antonio Olinto enfatiotados para o *derby* de Ascot, Londres.

foto: revista Gente

30
Vinicius e o candomblé

Vinicius era filho-de-santo? Quem o converteu? Era. Vinicius recebeu influência de amigos. Com amigos da estatura espiritual de Caymmi, Carybé e Jorge Amado, Vinicius acabou se aproximando muito da Bahia e das coisas baianas e, naturalmente, do candomblé, das mães-de-santo. Ele foi uma vez a Londres não só para se apresentar em um teatro, mas também para falar sobre candomblé da Bahia e literatura em geral. Lembro-me perfeitamente desse período, porque Vinicius de Moraes ia lá para casa todas as manhãs. Conversava, falava sobre música, sobre teatro, sobre cultura africana e aproveitava para tomar seus uísques. Tínhamos grande prazer em recebê-lo. E depois, quando já se sentia calibrado, deitava no sofá e dormia o que fosse necessário. Um dia, como o sofá da sala estivesse ocupado com uma visita, Vinicius foi para a biblioteca e pegou três livros, que eu estava lendo, e os transformou em travesseiro. Repetiu o que aprendeu na Bahia com a cultura afro-brasileira. Como os negros africanos, adorava dormir no chão!

Ao contrário de outros poetas brasileiros, Vinicius incorporou na sua poesia o africanismo. Incorporou a cultura africana na sua obra! Até mesmo Carlos Drummond de Andrade, com toda sua genialidade, não se interessou por isso. Vinicius fez belos poemas aproveitando nossa relação visceral com a África.

E teve mais dificuldade de aceitar a diplomacia como carreira do que você. Se identificava mais como músico e como poeta. Não acha? Vinicius fez concurso, passou no Itamaraty com mérito e trabalhou vários anos como diplomata de carreira. Eu fui apontado politicamente pelo Tancredo Neves, não era de carreira. Mas Vinicius – de fato – se identificava mais como músico e poeta do que propriamente como diplomata, submetido às regras do Ministério.

Depois, chegou a ser cassado. Por quê? Muitos o viam mais como boêmio do que como um membro atuante das esquerdas. Vinicius, não se "entregava" à situação vigente, mas também não fazia barulho com isso! Mas, na época, quem não aderisse era visto como potencial subversivo. Naturalmente, os militares queriam um Vinicius elogiando a Revolução... Sabiam, entretanto, que isso eles não poderiam ter. (risos) Daí, cassaram o poetinha...

E Vinicius só foi mesmo "reabilitado" no governo Lula, porque continuava oficialmente esquecido... Exato. Foi o governo do presidente Lula que tirou Vinicius do esquecimento e o Itamaraty voltou a pendurar o retrato dele em suas paredes. Parte disso deve-se aos esforços do embaixador Jerônimo Moscardo, presidente da Fundação Cultural do Itamaraty. E esse fato deu-se também no tempo de Celso Amorim, um ministro do Exterior sempre atento à cultura: um devoto do cinema, do teatro e da música. Foi tudo isso, e a volta do debate cultural dentro do Itamaraty, que levou Vinicius a sua merecida "reabilitação". Melhor dito: levou as autoridades brasileiras a desfazerem a grande injustiça praticada contra um homem de bem, um indivíduo íntegro, mais de um quarto de século depois de sua morte. Mesmo porque, embora não tenha oficialmente ocupado esse posto, Vinicius foi um dos nossos melhores embaixadores, pela grande contribuição cultural que deu ao Brasil. E sem o debate cultural nada funciona! Para o Itamaraty, com os quadros mais bem preparados do país, uma situação gerada pela cassação de Vinicius, um de nossos maiores poetas e compositores, era algo insustentável.

Mas, voltando aos terreiros da Bahia, outro frequentador assíduo, amigo seu e de Vinicius, era Carybé. Me fale dessa figura que era tão querida por você nos anos 1950. O Carybé não era só um grande artista, mas também uma pessoa muitíssimo engraçada. Tinha ideia para tudo. Brincava, contava histórias e tinha um repertório espetacular de anedotas. Uma paixão de Jorge Amado. Carybé gostava tanto do candomblé e da Bahia e assimilou tantas coisas que parecia um baiano, embora fosse um autêntico argentino. Um dia, uma dessas damas negras do candomblé lhe pergunta: "Seu Carybé, diga, o senhor nasceu na Bahia?". E ele, rapidamente: "Não mereci, meu anjo, não mereci". Carybé foi enfeitiçado pela Bahia. Foi só ver a Bahia para abraçá-la por completo. De tanto observar seu amor pela cultura baiana, cheguei à conclusão que Carybé era verdadeiramente baiano. Inteiramente baiano, dos pés à cabeça.

Mesmo sendo argentino... Mesmo sendo argentino... Era tão bem-aceito que um dia, quando explicávamos aos fiéis do Afonjá por que um terreiro de candomblé devia ter um presidente e ser registrado junto às autoridades para funcionar legalmente, Mãe Senhora interrompeu bruscamente e disse: "Põe o Carybé para ser o presidente!".

Ele, então, apaixonou-se pelo estado mais africano do Brasil? Ele se apaixonou pela civilização da Bahia. A Bahia seduziu muita gente: o Carybé, o Ary Barroso, o Jorge Amado e muitos outros. Enfeitiçou-os com seu charme e suas belezas irresistíveis. A Bahia não é um estado comum. É um estado de espírito. Uma civilização! Como dizia Dorival Caymmi: "Já viu um estado com 365 igrejas? Há uma igreja para cada dia do ano na Bahia". E é verdade! Só em Salvador, temos 165 igrejas, ou seja, 1 catedral, 30 matrizes, 98 igrejas e 36 capelas. Agora, terreiros de candomblé, são mais de mil. Como diria Vinicius: "Saravá, meu pai".

Naturalmente, a pintura de Carybé foi influenciada por essa convivência. Ao transformar-se num "baiano completo", sua pintura passou a ter também o traço inconfundível da Bahia. Tinha o ar alegre dos baianos. Carybé, mesmo vestido de fraque e com cartola, numa corrida de cavalos na Inglaterra, não conseguia esconder seu trejeito baiano, sua sedução pelo Afonjá, pelo candomblé de São Gonçalo.

Quando o Afonjá apareceu no Brasil? O Afonjá, o Candomblé de São Gonçalo, foi fundando em 1910 por Eugênia Anna dos Santos, a Mãe Aninha. Ela era considerada uma verdadeira estadista e fundou o Afonjá como uma réplica do Reino Oyó, na Nigéria. Mãe Aninha sempre lutou para fortalecer o culto do candomblé no Brasil e garantir condições para seu livre exercício. Foi por intermédio do ministro Oswaldo Aranha, que era filho-de-santo, que ela conseguiu a promulgação do Decreto Presidencial 1.202, no primeiro governo de Getúlio Vargas, pondo fim à proibição aos cultos afro-brasileiros, em 1934. Após Mãe Aninha, vieram outras: Mãe Bada de Oxalá e depois Mãe Senhora. Ela era tão respeitada que Vinicius de Moraes a saudou na sua composição *Samba da bênção* como a maior ialorixá do Brasil. Vinicius venerava Mãe Senhora. Nos dias atuais, é Mãe Estela de Oxóssi que reina no mundo religioso afro-brasileiro da Bahia. Ela foi a primeira mãe-de-santo do Brasil a ter êxito marcante no trânsito com a sociedade global e com os leigos. Mãe Estela, muito culta, fez conferências, participou de congressos no Brasil e no exterior – participou de um congresso em Londres, ao meu lado, ao lado de Jorge Amado, Carybé e Pierre Verger, como oradora principal.

Muitos ministros de Obá – digo intelectuais – já morreram, como é o caso de Jorge Amado e Caymmi. Quem substituiu Caymmi, por exemplo? Com a morte de Dorival Caymmi, consta que foi Gilberto Gil quem ascendeu na hierarquia do Afonjá e do "Buda Nagô". Gil deixou o Ministério da Cultura, do governo Lula, mas não perdeu seu *status* de ministro, porque os orixás baianos lhe garantiram um assento permanente no candomblé. Mesmo antes de deixar o governo, uma das doze cadeiras do ministério de Xangô já estava reservada para Gil. Pelo que sei, trata-se também do mais alto posto civil do terreiro.

Até o presente, quantos anos de ministério já tem? Tenho 50 anos de ministério de Xangô. De Obá, mais de 35.

31 Os quatro mosqueteiros

Sempre companheiros: Zélia, Jorge, Zora, Antonio Olinto. Em Londres, os "cangaceiros" são fotografados por Zélia durante uma celebração brasileira.

fotos: Acervo ICAO

E tudo isso por influência de Jorge Amado? Totalmente. Por influência de Jorge e de Zora, minha mulher! E foi um pouco depois dessa época (1962) que Tancredo Neves me convidou para ocupar o cargo de adido cultural do Brasil em Lagos. Como Zora e eu éramos loucos, em vez de pegarmos um avião para a Nigéria, resolvemos embarcar num navio cargueiro alemão, que se encontrava em Buenos Aires e cujo destino era Londres. Como era tão apegado a nós, quando soube disso, Jorge Amado – que detestava avião – decidiu nos acompanhar um pedaço pela costa brasileira até a Bahia, onde o navio faria sua última escala no Brasil. Ele aproveitava a carona para nos fazer companhia e para ir conferir as obras que fazia em sua nova casa em Salvador.

Enquanto isso, Zélia permanecia no Rio, empacotando as coisas para a mudança... Ritual dos Amado... Nosso navio – como previamente estabelecido no itinerário – ficou atracado em Salvador quatro dias, oportunidade em que ficamos hospedados na nova casa de Jorge. Achei engraçado, porque eu e Zora dormimos nessa casa antes mesmo da própria Zélia Gattai. Depois disso foi o adeus. Não esqueço a figura de Jorge no cais do porto se despedindo. Foi comovente; quase fui às lágrimas. Parecia o fim de um desses dramas de Margaret Mitchell: o rompimento total de uma união que parecia eterna. Desaparecida a imagem do adeus, rumamos resolutos para a Europa, com uma única parada na Ilha de São Vicente, para reabastecimento. Dali até a Inglaterra foi "um pulo". Logo que chegamos em Londres, pegamos outro navio com destino a Lagos. E tudo, graças a Deus, decorreu de forma tranquila. Paramos em Dacar, no Senegal, passamos por Gâmbia, em seguida fizemos uma pausa em Bissau, na Guiné; cruzamos o arquipélago de Bijagós e, finalmente – depois uma parada na Costa do Marfim - cansadíssimos, porém felizes e curiosos, desembarcamos no destino final: Lagos, a maior cidade da Nigéria e a segunda maior da África depois do Cairo. Ficamos lá três anos: os mais felizes de nossas vidas.

E esse mergulho em Lagos e na África acabou de vez com seu convívio com Zélia e Jorge Amado? De forma alguma. Há coisas que demoram para compreendermos. A distância acabou fortalecendo ainda mais nossa amizade. Minha ida a Lagos transformou-se numa referência para uma série de viagens que faríamos no futuro. Nós quatro: Jorge, Zélia, Zora e eu. E Jorge, com aquela fidelidade baiana, me escrevia periodicamente. Ficamos na Nigéria três anos, mas voltávamos também ao Brasil com frequência. Organizamos vários congressos e seminários dos dois lados do Atlântico. E Jorge participou deles. Acabamos fazendo, juntos, muitas viagens pelo mundo. E o bom era que Jorge Amado adorava carregar malas. Uma verdadeira obsessão! As vezes, quando estou só, volto a recordar o fascínio que as viagens, as aventuras, exerciam sobre Jorge Amado. E como gostava de conhecer pessoas! Ele viajou muito – testemunhou grandes acontecimentos do século XX. Conviveu com as mais expressivas personalidades do Brasil e do mundo, como Carybé, Glauber Rocha, Graciliano Ramos, Raul Bopp, Aldemir Martins, Pierre Verger, Pablo Neruda, Picasso, Vargas Llosa, Jean-Paul Sartre. Mas sempre recusou a pompa e a grandeza! Jorge Amado era sobretudo um homem simples.

Os três anos em Lagos criaram raízes? Profundas. Foi um período de descobertas e de experiências muito gratificantes. Nesse período, o interesse pela cultura brasileira era tão grande que, em menos de três anos, realizei mais de 120 conferências na África Ocidental. Promovi também uma grande exposição de pintura sobre motivos afro-brasileiros. Pude colaborar com grande número de revistas nigerianas e africanas e enfronhar-me também nos assuntos da nova África independente. Nessa mesma época, enviava regularmente meus artigos para *O Globo*, do qual não me separei nem mesmo durante os anos de africanização.

Além disso, naturalmente, a Nigéria inspirou o melhor de sua produção literária, que é o caso da trilogia *Alma da África*, com *A casa da água* (1969), *O rei de Keto* (1980) e *Trono de vidro* (1993). Entre suas obras, qual você considera mais importante? Para falar a verdade, considero a *Alma da África* minha obra mais importante, porque liga Minas Gerais ao continente africano. Liga Ubá – onde nasci – e o Piau da minha infância a Lagos. Assim, conto a história de ex-escravos da minha região, que depois da abolição, em 1888, voltaram para Lagos, na Nigéria. Conheci até descendentes deles, enquanto realizava minhas pesquisas. Em Lafiaji, bairro dos escravos libertos do Brasil, no século XIX, ainda encontramos a casa de Cândido Rocha, que furou um poço em seu quintal e ficou rico vendendo água. E veja que coisa fantástica: até hoje a cidade está repleta de poços artesianos comerciais, onde os vendedores de água – que se tornou uma profissão comum – vão se abastecer.

Quando deixou a África? Quando meu tempo como adido cultural expirou. Tive que deixar Lagos nas vésperas da revolução militar no Brasil, em 1964. Foi então que reatamos nossa "amizade física" com Jorge Amado e Zélia. Ele vinha me visitar no Rio e eu, constantemente, ia vê-lo na Bahia. O que aconteceu nesse período foi que, enquanto minha vida ficava "em suspenso" e meu destino como adido cultural não se redesenhava, voltei para *O Globo*. Reabri minha coluna diária: "Porta de Livraria", que eu já tinha por mais de 25 anos. Eu nunca abandonei essa coluna. Quando me encontrava na África e depois na Inglaterra, ainda com a tecnologia atrasada, pois não havia fax, não havia computador nem Internet, eu usava emissários. Ia buscá-los entre passageiros das linhas aéreas com destino ao Brasil. Chegava ao cidadão, me identificava e pedia que levasse o material até o Brasil, porque lá no Rio de Janeiro, alguém de *Globo* iria pegar. E esse sistema nunca falhou! Naquela época, a própria Varig me ajudava muito.

Então, o que aconteceu em seguida? Você retornou ao Brasil? Resolvi passar algum tempo entre Lisboa e Paris antes de regressar ao Brasil.

Mas, ainda em Paris, fui surpreendido por um telefonema de Momi, a irmã de Zora, comunicando que nosso apartamento em Copacabana havia sido invadido pela polícia do Exército, à procura de armas e documentos comprometedores. Isso porque, segundo denúncias, eu – mesmo vivendo no exterior – manteria para a guerrilha armas escondidas nas paredes de minha residência. Ao chegarem no prédio, os policiais chamaram o inquilino, que alugava meu apartamento por uma temporada, e perguntaram por que um dos quartos estava fechado. "O que tem aí dentro?", indagou a polícia. E ele respondeu: "Não sei, não tenho a chave. Mas acho que são só livros". Como era de praxe, a porta foi arrombada, os armários todos vasculhados e as paredes arrebentadas. Não encontraram nada, mas deixaram um recado: "Avisa a ele para tomar cuidado que estamos atentos".

Depois da invasão e do recado que recebeu, adiou seu regresso ao Brasil? Fiquei muito preocupado, com dúvidas inevitáveis de como regressar ao Brasil naquele clima político indesejável e de desrespeito. Passados alguns dias, ao abrir o jornal, deparei com uma manchete que anunciava a visita de Carlos Lacerda a Paris, para defender a Revolução Brasileira. Como tínhamos trabalhado juntos como jornalistas, não pensei duas vezes: fui procurá-lo no hotel em que estava hospedado e relatei o ocorrido. Lacerda, que na época era ainda governador da Guanabara, muito atenciosamente disse que me ajudaria e me garantiu proteção quando chegasse ao Rio. De regresso, quando cheguei ao aeroporto, já havia, de fato, uma viatura esperando por mim e por Zora, para nos escoltar até nossa residência em Copacabana. De volta à Capital Federal, procurei reassumir meu antigo posto no Ministério da Viação e voltei à redação de *O Globo*. Em seguida, fui convidado pela Universidade Colúmbia, em Nova York, para proferir algumas palestras sobre literatura brasileira e acabei permanecendo lá por dois períodos letivos, voltando ao Brasil só em férias.

fotos: Acervo ICAO

E a aventura de Londres? Londres? Pois é. O impossível custa a acontecer. Em 1968, recebi um telefonema de Magalhães Pinto, então ministro das Relações Exteriores, querendo saber se eu estaria interessado em assumir o posto de adido cultural em Londres. Disse: "Eu, ministro?". E ele: "Você, sim, Olinto. Você fala bem inglês, é um escritor respeitado, já viveu no exterior e teve experiência semelhante e bem-sucedida, na Nigéria. Além do mais – brincou – você é mineiro. Já consultei o Itamaraty. Considere-se nomeado". Aceitei, como

mineiro, atendendo ao pedido de outro mineiro, o amigo Magalhães Pinto. Acabei lá ficando durante 25 anos! Foi meu golpe de mineiridade.

E aí, foi só embarcar para a capital britânica, após o convite de Magalhães Pinto? Pior que não. Nossa partida para a Inglaterra foi marcada pela morte de minha mãe, Áurea. Nosso embarque, marcado para a noite de 10 de novembro de 1968, seria precedido por uma grande festa de despedida dos amigos. Muitos deles, dado o imprevisto do acontecimento, só se inteiraram da situação ao chegar à porta do nosso apartamento. Lá, encontraram o aviso: "Morreu a mãe de Antonio Olinto. Festa cancelada". Só depois desse triste episódio é que partimos para Londres. Ao todo, Zora e eu permanecemos em Londres durante 25 anos – de 1969 a 1994. E, por todo esse tempo, mantivemos montado este apartamento de Copacabana, em que vivo até os dias de hoje.

Como decorreu seu trabalho em Londres? Ao longo dos cinco anos em que ocupei, em Londres, o cargo de adido cultural da Embaixada do Brasil, procurei desenvolver intensa atividade em favor da cultura brasileira. Realizei, nesse período, mais de 300 conferências em toda a Inglaterra, País de Gales e na Escócia – média de meia dúzia por mês. Organizei cerca de 100 exposições de pintura, gravura e de livros. Além de participar de inúmeros debates sobre literatura, procurei, igualmente, iniciar em Londres um movimento no sentido de conseguir que livros brasileiros fossem publicados em inglês. Consegui até uma façanha nesse sentido: a publicação, em inglês, de *Triste fim de Policarpo Quaresma*, de Lima Barreto, que saiu no Inglaterra com o título *The Patriot.*

AO em ação como adido cultural em Londres: uma cadeira e um mapa bastam para uma palestra de divulgaçào do Brasil; com o político pernambucano Marco Maciel diante da casa onde mourou Joaquim Nabuco; lançando autores brasileiros traduzidos para o inglês.

Entre seus amigos comuns, quem mais visitava você no refúgio de Londres? Muitas pessoas, inclusive refugiados políticos! Dos amigos comuns, Vinicius de Moraes era um dos que mais me visitavam em Londres. Mas também Jânio Quadros e dona Eloá, o Josué Montello, da Unesco, o Claudio Murillo Leal, que passou um bom tempo em Londres. Outros dos quais me lembro muito bem eram Herberto Salles, Dinah Silveira de Queirós e Antônio Callado. O acadêmico Marcos Vilaça gostava também de Londres e lá aparecia de vez em quando. Aliás, Vilaça lançou, em Londres, uma de suas obras-primas, que conta a história de quatro coronéis do Nordeste que aglutinam o poder da região. Um livro histórico, que levou o título em inglês de *Lords of the Backlands*. José Sarney teve também seus livros traduzidos para o inglês e o alemão. Esteve me visitando, em Londres, quando lançamos *Tales of Rain and Sunlight*.

Antônio Callado, que você depois sucedeu na cadeira 8 da Academia Brasileira de Letras, era também um aficionado de Londres? Callado, que militou na imprensa diária do Brasil durante muitos anos, mas já tinha morado em Londres e em Paris. Trabalhou na BBC de Londres durante todo o período da Segunda Guerra Mundial, até 1947. Gostava muito de Londres. Quando ia à Inglaterra, me procurava, mas não ia à Embaixada do Brasil. Foi sempre um homem de estirpe, um nobre. Alinhou-se sempre ao lado dos intelectuais que se opunham ao regime militar e foi, por isso, preso duas vezes: uma, logo após o golpe de 1964, e outra, já em 1968, depois do Ato Institucional número 5.

foto: Civilização Brasileira/Divulgação

No seu discurso de posse, você prestou homenagem a Antônio Callado, afirmando que as experiências que ele ganhou em Londres serviram para dar-lhe o equilíbrio e a tranquilidade de um *gentleman*, mas que ele jamais abandonou sua força de lutador. Sim, é verdade. Nunca conheci alguém, no meu tempo, com mais liberdade interior do que Antônio Callado. Jamais abdicou de sua tarefa de denunciar os momentos de opressão e de alienação que marcaram a história de nosso povo. Sua permanente paixão pela justiça o levou a escrever uma obra que se tornou conhecida além-fronteiras: *Quarup*.

Essa é a obra mais engajada de Callado? Como disse na minha posse, acho que *Quarup* invade a literatura brasileira com um vigor e uma violência que nela raramente havíamos tido antes. Callado lançou sua obra em 1967, numa hora de crise, num momento heroico e de luta, em que nossa gente se dividia perante o autoritarismo que nos era imposto e quando alguns opinavam, sem lutar, que essa "situação transitória" poderia se tornar permanente. O romance *Quarup* foi um dos instrumentos mais contundentes da oposição contra o autoritarismo. Em *Quarup*, o Brasil se levanta, de corpo inteiro, para julgar e enfrentar uma perigosa ameaça à liberdade. Como jornalista e escritor, Antônio Callado lutou pela liberdade e adentrou questões nunca debatidas com profundidade, como a reforma agrária, a fome, a questão indígena e a marginalização dos negros.

O fato de você receber na sua casa, em Londres, refugiados políticos ou intelectuais acusados pelos militares de serem subversivos, como Vinicius e Callado, não era arriscado? Sempre procurei agir com liberdade de consciência. Não poderia jamais me submeter a regras que pudessem alterar meu espírito de liberdade e de respeito pelas liberdades fundamentais, de expressão, de pensamento, de reunião. Também nunca fui repreendido por alguém no poder. Só me recordo de um episódio desconcertante. Antes da minha volta definitiva para o Brasil, foram várias as idas e vindas entre o Rio e Londres. Uma vez, nos anos 1970, quando me encontrava em férias no Rio, fui acordado às seis da manhã pelo toque da campainha. Ao abrir a porta, não acreditei: era o coronel Mário Andreazza, em pessoa, com uma cara superpreocupada. Imediatamente perguntei: "O que houve, ministro, algum problema? Por favor, entre". Andreazza entrou e disse: "Pode me dizer o que está fazendo aqui, Olinto?". Respondi: "Ué, estou de férias". "Vá embora imediatamente. Hoje!", disparou ele. Bastante surpreso, voltei a perguntar: "Mas, por quê? Eu estou na Inglaterra, Andreazza, como adido cultural, servindo o governo brasileiro!". O ministro não se deu por vencido, e atacou: "Dizem que você está recebendo e ajudando vários exilados brasileiros, entre eles o Jorge Amado". Continuei retrucando: "Mas como, Andreazza? Jorge Amado é meu amigo de muitos anos, praticamente mora lá em casa – e não está mais no exílio. Os outros são brasileiros que passam lá em casa esporadicamente para festas". Andreazza, no entanto, foi irredutível: "Por favor, Antonio Olinto, se você não for embora, vai me dar dois trabalhos, vai complicar minha vida: primeiro, terei que descobrir para onde te levaram preso e, depois, como tirá-lo de lá. Por favor, pegue o avião hoje mesmo e suma daqui! E não fique no apartamento. Vá para a casa de alguém até pegar o avião hoje à noite, compreendeu?". Assustado, acabei concordando: "Compreendi, ministro. Parto hoje mesmo, ministro". Peguei Zora, nossas malas, e às pressas me escondi na casa de Adonias Filho. Poucas horas depois já estava no ar, a caminho de Londres. De fato, Andreazza tinha razão, durante minha permanência na Inglaterra recebemos muitos brasileiros, entre eles vários refugiados políticos. Alguns chegaram a passar longas temporadas no nosso apartamento em Harrowby Street. *What an adventure, my friend!*

E você se arrepende de alguma coisa? Absolutamente. Diria como Edith Piaf: "*Non, je ne regrette rien*!".

Tendo sido um ex-membro do Partido Comunista, como se sentia Jorge Amado a partir de 1964? Como todos, preocupado. Jorge era abertamente contra a ditadura. Me dizia: "Olinto, sou contra todas as ditaduras, todos os tipos de censura, em qualquer lugar do mundo, na Rússia, na China, na França, mas sobretudo no Brasil, que é nossa terra". Em 1968, veio o Ato Institucional número 5, a censura e a tortura eram fatos comuns... Jorge ficou ainda mais preocupado... Recordo que chegou a lançar um manifesto contra a censura ao lado de Erico Verissimo. Quando o livro *Feliz ano novo*, de Rubem Fonseca, foi proibido pela censura, Jorge ficou furioso e deu uma entrevista falando de outros quatrocentos livros censurados. Durante o período militar, Jorge nunca disfarçou seus protestos... Mas foi nessa época, sobretudo a partir de 1968, que ele desandou a viajar. Ia o tempo todo a Paris, onde estava comprando um apartamento. Ia muito para Lisboa. Adorava Lisboa. E depois descobriu a Inglaterra. Veja só: antes, Jorge Amado havia sido preso na Inglaterra, ainda quando era membro do Partido Comunista. Tentou descer do avião em Londres e a polícia não deixou. Em 1969, quando eu já estava trabalhando em Londres, como adido cultural da Embaixada do Brasil, ele me telefonou. Disse: "Olinto, eu queria visitar a Inglaterra, mas não sei se ainda estou 'queimado' por aí. Pode verificar pela embaixada se meu nome ainda figura na lista negra da Scotland Yard?". Eu, então, falei com o embaixador, que era o Sérgio Corrêa da Costa. E o Sérgio, com seu jeito de pacificador, tranquilizou a todos: "Não. Diga ao Jorge que ele pode vir, que nada mais consta contra ele por aqui". Uma semana depois ele já estava em Londres! Adorou a Inglaterra. Descobriu até aqueles cachorrinhos *pungs* – de origem chinesa – adotados pela Corte e típicos das *ladies* inglesas. Acabou trazendo uns cinco para o Brasil. A casa dele ficou cheia desses cachorrinhos com cara amassada, que aliás são meio parecidos com o Winston Churchill (risos)... No início, em Londres, ele e Zélia ficaram lá em casa, em Harrowby Street, Landward Court, durante um bom tempo, até que decidiram alugar um apartamento próximo do meu. E sabe o que ele fez? Conseguiu alugar um no nosso próprio andar.

Não foi nesse endereço que escreveu *Tieta do agreste*? Sim, foi lá. Antes, ele tinha tentado refugiar-se em Lisboa para escrever o romance, mas logo se deu conta de que nem lá e nem em Salvador teria tranquilidade suficiente para terminar a obra. Foi ali, próximos de nós e muito satisfeito, que concluiu *Tieta do Agreste*, um de seus melhores romances. Até hoje fico imaginando como Jorge pôde escrever um romance típico da Bahia em Londres!

E um romance que, depois, se converteu num filme brasileiro de grande sucesso internacional, com a magnífica Sônia Braga, dirigido por Carlos Diegues. Chegou a ver? Claro. É um dos filmes que captaram muito bem o humor e o universo fantástico de Jorge Amado. *Tieta do Agreste* narra as aventuras vividas por uma bela mulher, que resolve voltar a sua cidade natal 25 anos depois de ser expulsa da casa dos pais. Ao regressar a Sant'Ana do Agreste ela acaba transtornando o vilarejo, expondo as contradições históricas da cultura brasileira. É Jorge Amado no melhor de seu humor literário. E ele aparece no filme, em várias sequências: em cima de uma casa, brincando com crianças e, finalmente, até se suicidando. (risos)

O romance *Tieta do Agreste* foi escolhido também como tema do carnaval de Salvador de 1997. Eu sei. Foi o bloco "Amigos de Jorge Amado", liderado por Caetano Veloso, que desfilou em sua homenagem. E Jorge e Zélia assistiram ao desfile.

Mas Londres e Paris foram apenas algumas das etapas que marcaram essa inclinação quase alucinada de Jorge Amado pelas viagens, não é? Costumo dizer que Jorge esteve em todos os lugares: na antiga União Soviética, na China, na Mongólia, em países do Oriente Médio. Conhecia bem a América Latina: Argentina, Uruguai, Chile... Desde muito jovem, tinha verdadeiro fascínio pelas viagens. Uma vez, ainda quase criança, fugiu do colégio e viajou dois meses até chegar à casa de seu avô, em Itaporanga, no Sergipe. Foi preciso que seu pai interviesse para ele voltar a Salvador e reiniciar seus estudos. Um dia, em Londres, chega e me diz: "Olinto, quero ir à Suécia. Me acompanha?". E eu: "Claro! Mas tenho primeiro que pedir uma licença na Embaixada". Alguns dias depois, estávamos outra vez com o pé na estrada. Os quatro mosqueteiros: Jorge, eu, Zélia e Zora. Primeiro fomos para a Alemanha e, da Alemanha, pegamos um trem, porque Jorge não gostava de avião. Subimos para a Dinamarca e de Copenhague para a Suécia tomamos um navio. Foi uma viagem maravilhosa. Na Suécia, aproveitei para visitar Arthur Lundkvist, da Academia Sueca, que era meu amigo. Jorge, no entanto, não quis ir. Achava que, como eventual candidato ao Nobel de Literatura, sua visita poderia parecer oportunista. Uma bobagem! De qualquer forma, encontrei-me com Lundkvist, mas não consegui extrair dele muito entusiasmo com relação à concessão de um Prêmio Nobel de Literatura ao Brasil. Quando mencionei a literatura brasileira e falei de Jorge Amado, ele me pareceu um pouco distante e afirmou – sem muita empatia – que era necessário esperar "o momento adequado" para a premiação beneficiar um escritor brasileiro. Me pareceu que não estava sintonizado em Jorge Amado. Mas tudo foi um episódio passageiro, porque em seguida fomos à Noruega e a questão do Nobel ficou para trás. No caminho, em direção a Oslo, enfrentamos uma tempestade terrível. O trem em que nos encontrávamos parou no meio do caminho e fomos obrigados a descer, no meio da madrugada, e continuar a viagem de ônibus até a capital norueguesa. Essas aventuras eram contínuas entre nós. Mal regressamos a Londres, Jorge faz outra proposta: "Quero conhecer a Irlanda. Topa ir, Olinto?". Fomos. Pegamos um ônibus e reviramos a Irlanda de cabo a rabo. E ele brigando comigo para carregar as malas! "Deixa pra mim, Olinto! Deixa pra mim!", repetia. Nunca vi um sujeito tão apegado a malas como Jorge Amado! (risos) Depois, tivemos que ir com ele para a Bulgária. Ele ganhou um prêmio na Bulgária, entre os muitos que recebeu em todo o mundo. Foi recepcionado em Sófia como um chefe de Estado. Fomos em seguida para a Itália, que percorremos de norte a sul. Sem falar na França – onde ele comprou um apartamento – e em Portugal. Ele adorava Portugal. Imagine, durante todo esse tempo em que vivemos em Londres – e foram mais de 25 anos –, viajamos continuamente ao lado de Jorge Amado. Enfim, se fosse contar o número de viagens que fizemos e das aventuras que enfrentamos, não conseguiria parar de falar.

Qual o episódio mais cômico que experimentou ao lado de Jorge Amado? Foram vários os episódios, mas um em particular nunca esqueci... Estávamos em Londres e eu o convidei para ir comigo ao País de Gales, onde iria dar uma conferência em Aberystwyth, uma das mais prestigiadas e antigas universidades britânicas, hoje com mais de 7 mil estudantes. Ele disse que iria, se eu não revelasse sua identidade durante o encontro. Optava pelo anonimato. Então, já na universidade, comecei a falar sobre literatura brasileira e destaquei a importância de escritores como Jorge Amado. Após a palestra, abriu-se espaço para as perguntas. Uma estudante mostrou-se interessada em saber como esse escritor baiano, Jorge Amado, era "fisicamente": moço, velho, baixo, alto, negro, branco ou mestiço? Ao responder, olhei diretamente para Jorge Amado – que estava sentado nas primeiras filas – e comecei descrevê-lo, detalhe por detalhe. Arrematei dizendo que, como era um "bom garfo", ele tinha ficado gordo; nos últimos tempos, exibia uma barriga protuberante. Na saída, ficou furioso comigo. Achou a piada descabida... Só quando chegamos a Londres, desandou a rir e disse: "Você não presta, Olinto".

Jorge Amado não gostava muito de museus, conseguiu convencê-lo de que museu também era cultura? De jeito nenhum. Viajamos juntos por todo o mundo, mas, na hora do museu, Jorge empacava... Dos quatro – Zora, Zélia, ele e eu – ele era o único que não gostava de museus. A gente entrava num museu e ele ficava na porta esperando. Uma vez, explicou que preferia bater papo com amigos a entrar em museus. "Sinto claustrofobia, Olinto, por favor, não insista!", disse-me uma vez frente à Tate Galery. Jorge adorava bater papo em volta de uma mesa grande de restaurante, cercado por muitas pessoas. Esse era seu fraco. Também não media esforços, nem sacrifícios, quanto ao avançar das horas... Acabei criando uma palavra para classificá-lo: "amigueiro". Não consegui outra para descrever o jeito do mais dócil e fiel de todos os meus amigos.

Voltando à viagem feita à Suécia... Jorge Amado não somente não quis se encontrar com Arthur Lundkvist, mas também não se mostrou muito interessado em visitar a Academia Nobel. Por quê? Jorge não era de guardar mágoa de ninguém. Era puro nesse sentido. Não quis visitar a Academia talvez por pudor baiano... Como disse antes, talvez não quisesse se expor. Ou, decerto, não queria dar a impressão de estar buscando "comprar votos" ou fazendo "tráfico de influência". Não sei, podia até ter suas razões. Mas esse é um direito que todos nós temos. Não somos obrigados a ir onde não desejamos. Nada grave.

Não obstante, tanto você quanto Jorge Amado figuraram na lista dos candidatos ao Prêmio Nobel algumas vezes... Na sua opinião, por que Jorge Amado – nosso grande patrimônio literário e, seguramente, um dos maiores autores do século XX, com obras traduzidas para mais de 50 idiomas – não foi agraciado com a láurea? Em primeiro lugar, penso que parte da culpa é do próprio Brasil... Para falar a verdade, o Brasil nunca se interessou "oficialmente" pelo Prêmio Nobel. Nunca procurou compreender ou fazer quaisquer gestões em torno de um Nobel para o Brasil. Já não falo nem de Jorge Amado. Portugal, nosso país irmão, colocou em prática, durante vários anos, uma política cultural no sentido de promover a literatura portuguesa na Europa e no mundo. Durante anos, convidou membros da Academia Sueca para visitar Portugal e participar de inúmeros eventos em Lisboa e no Porto. Ou seja, o governo português – como vários outros governos – mantém de forma coerente e sistemática suas relações culturais com a Suécia e com a Fundação Nobel. Muitas dessas relações não são oficiais, como faz a França... O governo da França – país que foi agraciado tantas vezes com o Nobel – mantém relação cultural permanente com a Suécia e com a Fundação Nobel. Vale lembrar que, em 2008, outro escritor francês, Jean-Marie Gustave Le Clézio, foi agraciado com a láurea. Até 2009, a França já havia faturado 16 prêmios Nobel de Literatura. O nosso querido Brasil, até aqui, nenhum... No Brasil, não temos um único movimento que promova a literatura brasileira na Europa ou em outra parte do mundo de forma sistemática, inteligente... São raríssimas as manifestações nesse sentido. O nosso Jorge Amado foi candidato um pouco pelo meu esforço. Desde que seu nome começou a ser cogitado, procurei me esforçar para que uma universidade inglesa ou uma instituição cultural portuguesa apresentasse oficialmente o nome de Jorge Amado como candidato, em conformidade com as regras da Fundação Nobel. Essa é a política. Alguém com méritos tem que recomendar. Assim, instituições inglesas, portuguesas, alemãs e francesas, várias vezes, recomendaram o nome de Jorge Amado. Nos anos 1960, a União Brasileira dos Escritores (UBE), presidida por Peregrino Júnior, apresentou também a candidatura formal de Jorge Amado ao Prêmio Nobel de Literatura – contra a vontade dele, diga-se. Da minha parte, ajudei como pude. Mas as gestões culturais devem ser múltiplas.

Então, acha que faltou o relacionamento político-cultural do Brasil no sentido de fortalecer o nome de nossos candidatos perante instituições de peso, como a própria Fundação Nobel? Creio que sim. Na realidade, nós nunca cultivamos de forma arrojada, enérgica, esse relacionamento e não creio, absolutamente, que as coisas melhoraram nos dias atuais. Ao contrário de países como França, Espanha, Alemanha, Inglaterra e Estados Unidos, o Brasil ainda é muito capenga na promoção de sua política cultural. Ironicamente, Jorge Amado, sozinho, fez mais pela divulgação de nossa cultura do que todos os departamentos de promoção cultural do nosso governo em toda a história da República. A dívida que a cultura brasileira tem para com Jorge Amado é enorme.

Quando Zélia Gattai tomou posse na Academia Brasileira de Letras, no entanto, ela não escondeu a mágoa e contou outra versão dos fatos. Disse que Jorge Amado não foi escolhido para a láurea devido à política de Arthur Lundkvist, membro do júri Nobel, que durante vários anos obstruiu sua candidatura. Pois é. Há esse lado também da história, que não podemos ignorar. Mas, desde que Jorge Amado morreu, nenhum escritor brasileiro foi honrado com a láurea. De acordo com o depoimento de Zélia, Arthur Lundkvist ficou aborrecido pelo fato de seu candidato, o músico finlandês Jean Sibelius, não ter sido escolhido em 1951 para o Prêmio Mundial da Paz.

E o que Jorge tinha a ver com isso? Naquela época, começavam a surgir os movimentos pacifistas do pós-guerra, que atuavam principalmente contra a proliferação das armas nucleares e denunciavam os perigos da guerra atômica. O Conselho Mundial da Paz criou então o chamado "Prêmio Mundial da Paz". O premiado era escolhido por um júri internacional composto por personalidades integrantes dos movimentos pacifistas, entre eles o escritor sueco Arthur Lundkvist, que depois se tornou secretário permanente da Academia Sueca e um dos membros do júri que escolhe anualmente os agraciados com o Prêmio Nobel. Em 1951, Lundkvist apresentou seu amigo, o compositor finlandês Jean Sibelius, como candidato ao Prêmio Mundial da Paz, mas os russos rejeitaram seu nome, antes mesmo de ele ser oficialmente apresentado como candidato. Como eram os soviéticos que financiavam o prêmio, nada se podia fazer. A razão da rejeição do nome de Sibelius se prende ao fato de o compositor finlandês ter composto várias canções e hinos de exaltação a seus compatriotas que lutaram contra os soviéticos na Guerra do Inverno, de 1939. Então, seu nome figurava numa lista negra dos soviéticos e não tinha qualquer chance de levar o prêmio. Lundkvist ficou furioso com isso. Agora, veja a situação: o presidente do júri do Prêmio da Paz era Pierre Cot, e o secretário-geral, Jorge Amado, que deu seu voto para a *Pomba da paz*, de Picasso, que saiu vencedor. Mesmo inocente nessa questão, Jorge foi culpado por Lundkvist pela derrota de Sibelius. De acordo com Zélia, Lundkvist nunca perdoou Jorge Amado por isso.

Arthur Lundkvist tem uma história curiosa: vítima de um infarto, ele permaneceu em estado de coma vários meses, depois do que, levantou-se e escreveu um livro considerado uma obra-prima sobre os sonhos que teve durante seu período de inconsciência. Escrevi sobre isso. Além de eu ter lido o livro, sua mulher, a poeta Maria Wine, que também era minha amiga e de Zora, nos relatou o sucedido. Incluí esse episódio no livro *A dor de cada um*. Resumindo: em 1981, quando estava com 75 anos, Lundkvist sofreu um infarto do miocárdio quase fatal. Isso aconteceu enquanto fazia uma conferência sobre o escritor inglês Anthony Burgess. No meio de uma frase, Lundkvist começou a gaguejar e caiu duro no chão, inconsciente. Passou mais de dois meses em estado de coma numa unidade de terapia intensiva. Com auxílio de uma boa equipe médica, sobreviveu. Durante esse período, muitos que o visitavam eram informados de que, naquela cama de hospital, repousava um vegetal. Alguém que não teria qualquer chance de voltar à vida normal. Mas milagres ocorrem. Sua mulher, que passou a visitá-lo todos os dias, nunca perdeu as esperanças. Lia os poemas preferidos do marido, cantava as músicas de que ele mais gostava. E contava piadas. Um dia, ao terminar uma história, um sorriso repentino despontou nos lábios dele. Depois, abriu olhos e permaneceu sorrindo. Uma cânula que havia sido inserida em sua garganta foi então removida e ele pôde finalmente falar com Maria. Disse: "Querida, desculpe o trabalho que estou lhe dando. Você está sofrendo muito só por minha causa". Viveu mais dez anos depois do coma. Sobre essa experiência, resolveu escrever um livro, o octagésimo de sua bibliografia: *Viagens através dos sonhos e da imaginação.*

Escreveu, na sua opinião, um livro sobre suas alucinações? Ele mesmo qualificou sua obra como "uma biografia visualizada num estado de inconsciência". Escreveu, no seu testemunho de escritor, o que é um estado de coma, o que sentiu quando se perdeu de si mesmo. Ressaltou a "consciência" que manteve o tempo todo e sua luta interior para recompor os momentos sem luz e sem sombras. Lundkvist nos revela, também, que "o grande enigma", que nos deixa loucos de perplexidade, é o mistério da morte. Para ele, o estado de coma é o que mais se aproxima da falta de vida. Perguntado sobre as lições que se poderiam tirar do que aconteceu com Lundkvist, um dos médicos que tratou do escritor respondeu: "Foi um milagre. Há mais coisas entre o céu e a terra do que é capaz de imaginar nossa vã filosofia". Arthur Lundkvist morreu em 1991, dez anos depois do coma, mantendo durante todo esse tempo sua influência na Academia Sueca.

32
Maldito Prêmio Nobel

Pois é, em 1988, Jorge Amado voltou a ficar muito perto do Nobel, não foi? Em 1988, quando o escritor egípcio Naguib Mahfouz foi surpreendentemente agraciado com o Prêmio Nobel, ficamos sabendo, através das instituições portuguesas que naquele ano defenderam a candidatura de Jorge Amado, que ele "perdera por pouco". Na época – não sei se isso mudou – sete acadêmicos estavam encarregados da votação final, embora o nome do agraciado aparecesse depois como fruto do "consenso". Pois bem, nesse ano, Jorge Amado, que era finalista, teve dois dos sete votos. Naguib Mahfouz teve cinco votos! Você já leu Mahfouz? Era considerado pelos próprios egípcios um "escritor delinquente". Imagine que o presidente egípcio, Hosni Moubarak, se recusou a cumprimentá-lo depois de ele ter recebido a láurea. É um bom romancista do ponto de vista egípcio. Não é, a meu ver, absolutamente, um escritor da estatura de Jorge Amado. Não tenho receio de dizer isso... Se não dissesse isso, não estaria sendo justo com meu julgamento e com a força universal do romance de Jorge Amado. Nós tínhamos todos os elementos para ganhar. Não podíamos ter perdido. E perdemos. Teria sido necessário, talvez, uma sensibilização maior dentro da própria Academia Sueca para que isso não ocorresse.

No dia em que a Academia Sueca anunciou o Prêmio Nobel de Literatura de 1988, você e alguns outros amigos estavam em Paris, ao lado de Jorge Amado, aguardando o resultado para comemorar. Como ele reagiu ao saber que Mahfouz ficou com a láurea? Era uma quinta-feira, a segunda do mês de outubro. Fomos pela manhã à Embaixada do Brasil, comemos algo rápido e depois voltamos para casa. Quando lá chegamos, recebemos a notícia de que Naguib Mahfouz tinha sido o laureado. Um escritor egípcio pouco conhecido. Sua obra tinha sido traduzida em inglês apenas por uma pequena editora italiana. Mas havia também uma pequena sinopse de uma de suas obras em sueco. Notei que Jorge ficou um pouco surpreso, mas não deu a impressão de estar magoado... Talvez, dentro de si, estivesse pensando: "Maldito Prêmio Nobel!". O mesmo acontecera em 1984, quando o checo Jaroslav Seifert levou a comenda... Enfim, depois, quando fomos jantar, terminamos o dia praticamente sem conversar... Maldito Prêmio Nobel! (risos). É natural que ficássemos decepcionados, nós, que sempre valorizamos a instituição Nobel, que sempre admiramos a Suécia pela criação do prêmio. Depois disso, você sabe o que ele fez? Trabalhou como louco para que um escritor português ganhasse o prêmio! Defendia o nome de Miguel Torga, um dos maiores escritores portugueses do século XX, que infelizmente morreu na década de 1990. Até 1995 ele foi nosso candidato. Mas, no final, deu José Saramago. O que foi bom para Portugal, para a língua portuguesa e, por tabela, para o Brasil. Só não era o candidato de Jorge.

Como disse Arnaldo Niskier de forma genial: "A Academia Sueca ficou nos devendo essa". Sim. Ficou mesmo. Porque Jorge Amado, na época, era o candidato brasileiro perfeito para o prêmio.

Em seu discurso de posse na Academia Brasileira de Letras, em 1961, Jorge Amado afirmou que não pretendeu e nem tentou jamais ser um "escritor universal", senão um autor brasileiro, cada vez mais brasileiro e cada vez mais baiano. Foram, de fato, palavras de Jorge Amado, na emoção do discurso e perante a Academia Brasileira de Letras. Mas um romancista que foi traduzido para dezenas de idiomas, com enorme sucesso no exterior, não pode ser visto apenas como um autor regional. Sua grandeza literária é também universal. Escritor emérito, ele é um monumento de nossa literatura. E é, ao mesmo tempo, um escritor nacional e universal. Tornou-se um dos expoentes máximos na história da literatura brasileira. Não tenho dúvida! Jorge Amado é autor de um capital literário imenso. Escreveu romances de ideias, crônicas de costumes, romance proletário... Escreveu, como poucos, sobre um Brasil controlado por uma minoria voltada para seus próprios interesses... Escreveu romances memoráveis denunciando tudo isso... denunciando as injustiças do poder vigente, de uma terra cruel que é, ao mesmo tempo, bela e deslumbrante.

Cheguei a ler uma entrevista de Jorge Amado na qual ele se identifica como o escritor do povo miserável e oprimido. Disse: "Cada vez, procuro mais os anti-heróis, os vagabundos, as prostitutas, os bêbados... No fundo, sou sobretudo um romancista de vagabundos, trabalhadores e putas". Era o jeito de Jorge se expressar! Escreveu romances maravilhosos, nos quais demonstra extraordinária experiência literária e humana.

***Gabriela, cravo e canela*, por exemplo, como vê o impacto dessa obra?** *Gabriela, cravo e canela* é uma beleza. É uma magnífica história de amor. Com essa obra de ficção, ele amadurece ainda mais sua linguagem e seu estilo, libertando todo o poder de sua imaginação. Reúne toda sua força de criatividade de escritor nacional e internacional. Quando releio essa obra, me recordo de Petró-

foto: Acervo ICAO

Marcio Souza, AO, Claudio Veiga e Myriam Fraga, diretora da Fundação Casa de Jorge Amado, nos 30 anos de *Gabriela Cravo e Canela* em Salvador.

polis. Jorge alugou uma suíte no hotel Quitandinha e lá começou a escrever *Gabriela*. Então, todos os sábados, nos convidava para passar o fim de semana com ele. A gente ia de ônibus e voltava no domingo. Num desses domingos, estávamos nós todos reunidos – Zora, Zélia, eu e os meninos – e Jorge, no quarto escrevendo, quando deu uma terrível tempestade. Relâmpagos por todos os lados. Jorge, então, saiu de quarto, entrou onde estávamos e, após outro relâmpago seguido de trovão, disse solene e triste no meio do clarão: "Gabriela nos deixou". Ele tinha acabado o romance. Estávamos em agosto. Seis meses depois, *Gabriela* já tinha vendido mais de 100 mil exemplares. Isso sim é *best-seller*!

Por ocasião de seu lançamento, *Gabriela* foi saudada pela crítica com grandes elogios. Até mesmo Glauber Rocha chegou a escrever que Jorge Amado era um romancista *metteur en scène*, dizendo: "Gabriela converteu-se na maior personagem feminina da literatura brasileira, nada dividindo com a chata da Capitu, de Machado de Assis". Outros ainda escreveram: "*Gabriela, cravo e canela* é o divisor de águas de Jorge Amado; ainda impregnado do tom épico da luta política, o romance introduz um símbolo (Gabriela) que representa o povo em toda sua ânsia e liberdade de vida". Palavras elogiosas, sim. A crítica aplaudiu de todos os ângulos... Quando, em 1958, Jorge Amado fez sua *rentrée* literária com essa nova publicação, o mundo também se transformava. Novas ideias já arejavam o mundo. Em Moscou, o Partido Comunista da URSS fazia as primeiras críticas contra a ditadura de Stalin... Jorge Amado, que continuava se afirmando socialista, acentuava cada vez mais o democrático em sua obra... A ideia de liberdade, de desprendimento, enfim, um distanciamento das ortodoxias...

Começa a distanciar-se do dogmático... Sim. Começa a deixar para trás o dogmático. A ideia de que a literatura deveria servir sobretudo como instrumento ideológico de apoio ao Partido, da causa política. Em *Gabriela*, antes de se articular em função da lógica de pensamento do marxismo ou do socialismo, ele dá vazão à alegria, ao amor, ao sexo e ao humor. Nada de inflexões dogmáticas duras e tristes.

Na sua opinião, o que levou Jorge Amado a filiar-se ao Partido Comunista? Não vamos esquecer que um grande número de intelectuais brasileiros era comunista na época. No caso de Jorge, o que pesou, creio, foi a situação de miséria absoluta da Bahia. Você não imagina a quantidade de pessoas que passava fome naquele estado... Que vivia despojada de tudo. Era uma vergonha! E, enquanto isso, as oligarquias tripudiavam sobre o povo... Jorge Amado vinha de família abastada, mas não conseguia fechar os olhos para aquela realidade. Filiou-se ao PC porque queria lutar por seu povo, melhorar as condições de vida da população. Como estava, não podia continuar. Foi isso que o impulsionou. A situação de miséria – não importa onde seja – é terreno próspero para que os indivíduos se rebelem, se tornem revolucionários ou abracem o socialismo. Com aquele espírito de querer fazer a felicidade de todos, Jorge Amado não ficou imune às forças que o assediaram. Seu pensamento era assim: "Todo mundo merece ser feliz, merece ter casa, comida, onde dormir, educar-se, ter um trabalho". E quem pregava isso, na época, de forma direta e inequívoca, era o Partido Comunista. Outro fato importante, que pesou na opção de Jorge Amado, foi o papel central desempenhado pelo Partido Comunista no combate ao nazismo e ao fascismo no Brasil e no mundo. Esse papel do PC atraiu a simpatia de grandes parcelas da intelectualidade brasileira. Naturalmente, depois que Nikita Kruschev denunciou, em 1956 – no XX Congresso do PC da URSS – os crimes de Stálin, muitos intelectuais brasileiros abandonaram o partido, entre eles Jorge Amado.

Durante seu período como adido cultural do Brasil em Londres, seu amigo Jorge Amado se tornou íntimo de Roberto Campos, embaixador na época. Achando isso estranho, muitos chegavam a perguntar como um "comunista" podia ser amigo íntimo de um "reacionário"... É verdade. Quando perguntavam a Jorge Amado como essa combinação dera certo, ele próprio justificava dizendo: "É que o Roberto Campos conta cada piada boa...".

E Jorge gostava de piadas? Adorava e vivia contando piadas. Brincando com as pessoas. Era um homem muito alegre.

Lembra-se das últimas vezes que esteve com ele? Recordo-me do encontro que tivemos em 1997, quando eu já tinha entrado para a Academia Brasileira de Letras. Foi um dos momentos mais tristes de minha vida, porque ele ficou muito doente e parou de escrever. Nem chegou a ir à minha posse. Quando soube que seu estado de saúde se agravara, resolvi ir com Zora até a Bahia. Fomos visitá-lo na sua casa. Na mesma casa em que dormimos tantas vezes e escutávamos felizes suas piadas e suas histórias cheias de alegria. Só que dessa vez resolvemos ficar num hotel. No dia da visita, Zélia nos recebeu com todo seu carinho especial e avisou: "Ele vem aí, mas não reparem, não tem saído muito do quarto. Vai fazer uma exceção pra vocês...". Segundos depois, entrou, acompanhado de seu cachorrinho, e sentou-se. Após um breve "olá minha gente", puxei conversa: "Jorge, aquele livro...". Então, ele imediatamente me interrompeu: "Olinto, não vamos falar de literatura... Por favor, não falemos de literatura". Fiquei atônito. Ouvir de Jorge Amado aquela frase, "não vamos falar de literatura", era o fim. Por quê? Porque a literatura era a vida dele. Era sua alma, sua alegria de viver. Uma vida literária de mais de 60 anos. A última fotografia que temos juntos foi a Beth, minha assistente, que tirou, justamente nessa hora de angústia. Depois disso, conversamos demoradamente sobre várias coisas, sobre cachorrinhos, sobre jardins e viagens, mas não falamos absolutamente nada sobre literatura. A partir daí, ele ficou cada vez mais recluso. Comemorou seus 88 anos, em 2000, na companhia de poucos amigos. Vivia deprimido por não poder ler e escrever – encontrava-se praticamente cego. Não podia saborear as comidas baianas de que mais gostava, porque se encontrava sob rigorosa dieta. Então, era o fim. Jorge resistiu como um herói até 2001, quando finalmente morreu. Os ingleses têm uma expressão que diz *larger than life*. Jorge era "maior que a vida".

33
Religião, morte e sofrimento

No começo de sua vida, você foi um homem muito religioso, um seminarista preocupado com o pecado. Qual a característica mais forte do homem religioso? O religioso e o escritor se distanciam em função do livre pensar? A obediência é o maior sinal do homem religioso. Aquele que optou pela vocação do apostolado tem que obedecer. E tem que obedecer mesmo em circunstâncias que ele não compreenda. Não é o pensamento o elemento mais importante na vida do homem religioso, mas a fé. Com a fé, você acredita. Sem a fé, não é possível acreditar em nada! É claro que o homem que vive de aprender coisas, que cultiva a palavra e os pensamentos de forma inteiramente livre, sofre a resistência da "fé cega". A fé que não explica. Quando o religioso

foto: Acervo ICAO

1982: AO e Zora com o papa João Paulo II em Roma.

sustenta que "seu ponto de fé" é a coisa mais importante, o escritor reage contra isso e, mesmo que ele próprio queira ser fiel a sua religião, ele mantém uma fidelidade meio precária e quase sempre desgastante. No fundo, o escritor, por mais religioso que seja, quer ser livre. Quer pensar livremente. E como o pensar – para o escritor – é a coisa mais importante do mundo, ele não pode, consequentemente, aceitar todo o rigor da religiosidade.

A rigidez do catolicismo ortodoxo tolhe a liberdade de pensar? De questionar o significado da vida? Toda ortodoxia, todo fundamentalismo tolhe a liberdade de pensar. Tolhe a liberdade, também, porque o conceito de Deus não é único. Por isso, há várias religiões. Por isso, há vários profetas. E esses profetas todos foram atrás de Deus com uma tese diferente. E nada disso é importante diante do "pensamento livre". Porque somente o pensamento livre leva à realidade cognoscível. Aquela realidade defendida por Popper. A liberdade de pensar é o que nos auxilia na tarefa de compreender os mecanismos da vida. Nos auxilia a compreender o fenômeno da criação: do nascimento à morte.

É necessário entender a morte? Há os que dizem que entendem a morte, mas ninguém entende a morte! No entanto, é extremamente necessário compreender o significado da morte. A morte faz parte da vida. É um sucedâneo da vida. E é a morte que leva todo mundo a abraçar a religião. Se não houvesse a morte, a religião provavelmente não existiria. Com a certeza da morte, as pessoas não querem apenas "sobreviver no além", querem também que suas almas sejam "salvas". Pensando dessa forma, então, as pessoas obedecem a certas regras para que suas almas continuem vivas e sejam encaminhadas, depois da morte, para um lugar bom – o céu –, e não para um lugar ruim – o inferno! Sem isso tudo, sem o medo da morte ou sem esse pouco entendimento da morte, a religião não sobreviveria.

As religiões são todas de proibições? A maioria, sim. Mas nem todas. Se formos, por exemplo, ao continente africano, vamos encontrar religiões voltadas para a natureza. Voltadas para o "Deus Natureza". São religiões, mas que não estão fundamentadas na proibição ou no sofrimento. Em algumas, há certas interdições de natureza alimentar. Às vezes, os fiéis são obrigados a comer um pouco da comida preferida de Xangô ou deixar de comer outras. Em determinadas ocasiões, recomenda-se comer alimentos de que Oxalá gostava. Ou cultivar a dança como forma de oferenda! A própria dança é um símbolo religioso africano. Você dança para os Orixás. Você dança pela alegria de viver. Eu conheço casos de pessoas que vieram da Europa e, no Brasil, entraram para o candomblé, por achar que a religião não deveria ser sufocante e triste, deveria ter dança – símbolo da alegria da vida! Imagine você que católicos italianos vieram para o Brasil e viraram pais-de-santo. A religião é também um tentativa de entender o mundo. Entender o homem, para além do animal darwiniano! Mas compreender o homem ou nossa existência pode ser alcançado através da cultura, buscando aquilo que o homem revela nos seus livros, nas suas obras de arte, no teatro, no cinema, na dança ou na música. E todo esse exercício revela o homem tentando superar a si mesmo! Ir além do que somos: mortais.

Você, como ex-seminarista, se enquadrou nos princípios da igreja ou se considera um *outsider*? Durante meu período no seminário, estava totalmente enquadrado. No seminário, eu queria ser santo! E não fazia por menos. Lembro-me de que, ainda muito jovem, me inspirei na história de alguns santos que se autoflagelavam e procurei imitá-los. Colocava pedras na minha cama para me martirizar e não dormir com prazer. Queria, assim, pagar meus pecados. Deitava em pedras pontiagudas, porque queria que meu corpo sofresse. Eu queria ser santo! Um dia, o reitor descobriu as pedras. Me chamou e disse: "Rapaz, não faça mais isso! Você quer ser santo? Não é bem assim que será canonizado! Você pode ser santo através da bondade, da caridade e do amor ao próximo. Não é com esse monte de pedras debaixo das cobertas que você chegará à santidade, meu jovem". Tentei explicar que considerava o sofrimento uma espécie de purificação da alma, mas não adiantou nada. O reitor rejeitou todos os meus argumentos e ordenou: "E tire todas essas pedras daqui, imediatamente!". Parei de me flagelar. Ou melhor, até voltei a recorrer ao autoflagelamento, uma vez mais, quando minha tia ficou muito doente. Voltei a deitar-me sobre pedras, pagando promessa e pedindo um milagre. Era um sofrimento que fazia, em nome de Deus, aos poderes mais altos do universo, a fim de que ela sobrevivesse. Mas não adiantou. Ela morreu.

A maioria das religiões prega o sofrimento como forma de salvação. O Cristo crucificado – a paixão de Cristo – não lhe parece um tributo ao sofrimento e à tristeza? O sofrimento, a morte e o pecado – assim como a crença num ente salvador – constituem a base da maioria das religiões. Fora do continente africano, dificilmente encontraremos algo que seja o contrário disso:

fotos: José Aparecido Miguel

Antonio Olinto representado como Santo Antonio e Santo Antonio pintado por Antonio Olinto.

a religião como enaltecedora da alegria de viver, do "Deus sorridente". É claro que, até mesmo nas religiões africanas, há histórias de sofrimento, com as de Oxalá. Mas as religiões, sejam elas africanas, orientais ou ocidentais, estão sempre em busca de "alguma coisa". Um dos grandes temas da literatura universal – religiosa ou não – é a busca. A vida é toda assim. A eterna busca! Proust foi atrás do tempo, em busca do tempo perdido. Uma coisa fantástica em literatura! Outros viajam, saem de si mesmos em busca de alguma coisa. E veja: sair de si mesmo e buscar algo fora de si constitui a base do próprio progresso. A religião também busca, sem parar, e inspira um grande número de seres humanos, como inspirou os próprios santos. São Francisco de Assis, por exemplo, foi um grande santo. Ele foi atrás da natureza, das flores, das plantas, dos animais. A exemplo dos africanos, tudo o que se encontra na natureza é sagrado para São Francisco de Assis. É superatual, porque foi um dos primeiros religiosos ecológicos! Como os africanos, São Francisco via Deus na natureza.

Quais são os três temas mais importantes do futuro, na visão de Antonio Olinto? A educação, a solidariedade e o respeito à natureza. Sem isso, a humanidade regredirá.

34
A longa viagem de volta

Depois de Londres, qual foi seu destino? O que ocorreu depois de seu tempo como adido cultural e suas reincidências amistosas com os refugiados políticos? Terminado esse período, fui mais uma vez salvo pelo gongo. Fui convidado para dar aulas de literatura brasileira e proferir palestras sobre história e cultura do Brasil na Universidade de Essex. Durante os quatro anos que lá lecionei, pegava o trem às oito da manhã e retornava a Londres no final da tarde. Era um passeio de trem bucólico, a paisagem

Antonio Olinto com um dos últimos números do jornal *The Brazilian Gazette* e o editor com Zora numa promoção da publicação em Londres.

era magnífica, às vezes lembrava-me de Ubá e de minha mãe, Áurea. Em 1979, ocorreu outro fato importante: meu grande amigo, Roberto Campos, foi nomeado embaixador brasileiro em Londres. Logo depois que assumiu o posto, convidou-me para assessorá-lo como adido universitário. Fiquei a cargo de coordenar as atividades dos vários professores brasileiros que, naquela época, eram convidados para dar palestras em universidades inglesas e em outras instituições europeias.

E a *Brazilian Gazette*? *The Brazilian Gazette* foi um jornal que eu inventei e contou, no início, com a cooperação ativa de Jorge Amado. Era uma publicação mensal, que durou 15 anos! Quando deixei de ser adido cultural, passei a viver exclusivamente desse jornal. E era uma luta danada, porque eu tinha que buscar anúncios para manter a publicação. Fiz até um acordo com a Varig: ela me oferecia as passagens e eu dava o anúncio. Assim, estava sempre no Brasil, porque tinha passagem gratuita da Varig. E, com a troca de anúncio, cheguei a ter também passagens da British Airways. Com isso, Zora e eu vivíamos até muito bem. Claro que o sucesso da publicação foi resultante de meu esforço pessoal. Cheguei a procurar o Sarney, que já era presidente, e pedir que me ajudasse com anúncios, por exemplo, do Banco do Brasil. E o Sarney, com a maior elegância, metia a caneta no papel e as coisas saíam. Mas a *Brazilian Gazette* era um publicação boa sob o ponto de vista diplomático, porque era um jornal que favorecia a cultura e as relações de troca, o comércio, entre o Brasil e a Grã-Bretanha. Várias personalidades escreviam regularmente no jornal sobre cultura e economia. O Brasil – e tudo aquilo que pudesse ligá-lo com o exterior, em especial à Inglaterra – era assunto do jornal. Não eram divulgados apenas fatos acontecidos no país, mas também todos aqueles que pudessem ter repercussão internacional. Uma época contava com publicidade do Banco do Brasil, do Banco do Estado de São Paulo, da Petrobrás, da Varig. Era o que garantia a sobrevivência do jornal e o meu ganha-pão junto com Zora. Só deixei de editar esse jornal quando voltei definitivamente para o Brasil. Na década de 1990, Zora ficou doente e nós não podíamos mais ficar fazendo aventuras fora do país. Então, voltamos definitivamente para o Rio de Janeiro. Acometida de

foto: Acervo ICAO

Alegremente, AO é recebido na ABL na noite de 12 de setembro de 1997.

osteoporose, Zora precisou permanecer internada para tratamento no Hospital Sara Kubitschek, em Brasília, por mais de cinco meses. Foi por isso que a *Brazilian Gazette* deixou de existir.

Em 1997, depois de sua volta definitiva ao Brasil, você foi eleito para a ABL. A entrada na ilustre Academia Brasileira de Letras mudou sua vida? Mudou. E mudou na hora certa. A vida humana mostra que somos um coisa quando crianças, uma coisa quando adultos e outra, ainda, quando velhos. Comecei a lecionar aos 14 anos, aos 20 já era jornalista e antes dos 30, escritor. Entrei na Academia quando já tinha criado a minha obra e foi ali que pude me dedicar inteiramente ao universo da literatura e da cultura nacional, cem por cento do tempo, sem interrupções. A Academia converteu-se na minha catedral de trabalho. Mudou minha vida no sentido positivo da palavra.

Na verdade, apenas uma minúscula porcentagem de brasileiros consegue entrar para a Academia Brasileira de Letras. Como sentiu essa glória, o fato de ter-se tornado "imortal"? Me senti altamente gratificado. Creio que a maioria dos escritores sonha um dia com essa possibilidade. Desde muito jovem, ao passar em frente da Casa de Machado de Assis, pensava: "Quem sabe um dia, Olinto,você será também um imortal?". Como jornalista, escritor, crítico de arte e adido cultural brasileiro, sempre me "identifiquei" com a Academia e com os acadêmicos. Sempre visitei a Academia; fiz lá muitos amigos antes de ser eleito. Às vezes, ao visitar a Academia, Austregésilo de Athayde me perguntava: "Como é, Antonio Olinto, um dia você vai ser candidato, não é?". Eu, com a humildade da Doris Day no filme *O homem que sabia demais*, repetia: "*Que sera, sera. Whatever will be, will be*!". E imagine o que aconteceu? Fui eleito para a cadeira número 8, a mesma que foi ocupada por Austregésilo de Athayde! A verdade é que, ao voltar definitivamente para o Brasil, fiquei mais perto da Academia e já tinha, também, um capital de 60 livros publicados! Depois que eu ganhei, pelo conjunto de minha obra, o Prêmio Machado de Assis, em 1994, fiquei ainda mais próximo da "imortalidade". Em 1997, com a morte de Antônio Callado, me candidatei e fui eleito com a boa margem: 27 votos.

No seu discurso de posse na Academia, você se referiu à proximidade entre a África e o Brasil. Meu mais ilustre colega, o acadêmico Alberto da

Costa e Silva, inventou uma expressão muito original: o Rio Atlântico. Não há um mar, há um rio entre o Brasil e a África. Mas, apesar disso, não há maior proximidade. Durante muitas décadas, o Brasil, talvez priorizando uma política externa mais voltada para o Norte, acabou se distanciando da África – uma África que nos deu o sangue, a construção do Brasil e também sua cultura.

O ditado popular reza: o mundo dá muitas voltas. Em 1999, seu amigo Roberto Campos foi eleito para a Academia Brasileira de Letras e você foi encarregado de homenageá-lo com o discurso de recepção. Como ele chegou à cadeira 21? Em primeiro lugar, Roberto Campos não queria ser candidato. Tinha sido candidato duas vezes, tinha perdido e não queria passar pela "vergonha" de perder mais uma vez. Dizia: "Não sou 'academiável'!". Aí, a Rachel de Queiroz, que era também grande amiga dele, deu-lhe um puxão de orelhas, disse: "Você é 'academiável', sim senhor! Você é escritor e vai se candidatar". Roberto, diante desse ultimato de Rachel, aceitou, concorreu e entrou. Mas a campanha contra ele foi violentíssima! Escreveram artigos contra ele em vários jornais, debateram na televisão, debateram a questão no rádio, o diabo... Um pouco antes das eleições, podia-se ler em vários jornais cariocas declarações de intelectuais que denunciavam Roberto como um homem da ditadura, braço direito dos militares, reacionário... No dia da eleição, houve uma manifestação gigantesca na porta da Academia. E, além disso, havíamos lutado para que ele pudesse obter o número suficiente de votos! Conseguiu exatamente 20 votos, porque a metade dos acadêmicos era contra sua candidatura. Se elegeu com 20 votos! Então, no dia da posse, tinha gente na frente da ABL fantasiada com o fardão da Academia, contra a posse dele! Foi um sufoco! Foi uma coisa impressionante. E eu lá para saudá-lo com o discurso de recepção! Aquele homem era mesmo um agitador! (risos)

E como saiu o discurso? Bem. Apesar de eu estar muito nervoso, o discurso saiu bom. Era minha obrigação fazer um bom discurso para uma pessoa que eu havia conhecido a vida inteira. E ele fez também um ótimo discurso de resposta. Roberto Campos tinha uma legião de adversários que queriam "enforcá-lo", mas mesmo os mais radicais nunca deixaram de reconhecer sua inteligência. No meu discurso, falei sobre sua vida, sua obra, seus ensaios e, evidentemente, sobre os anos de nosso convívio, sobre a pobreza, as alegrias, as tristezas e as dificuldades que enfrentamos. Seu discurso de posse, por sua vez, foi simplesmente magnífico! Como realista que era, defendeu a luta pela consciência do Brasil como nação. Infelizmente, Roberto Campos ficou apenas dois anos na Academia. Morreu em 2001, vítima de um infarto agudo do miocárdio. Ele era diabético e, nos últimos meses, passou 30 dias numa clínica em consequência de uma pneumonia. Não se recuperou. Uma pena! Poderia ter feito muito pela Academia. Chegou a ser segundo secretário. E frequentava sempre a ABL, nunca faltava a uma reunião.

Tratava também de questões financeiras, não é? Sim. Uma vez, disse uma frase que causou suspense entre os acadêmicos. O assunto era: que destino dar ao dinheiro da Academia? Discutia-se se o dinheiro deveria ficar num banco particular ou num banco do governo. Uns defendiam que o dinheiro ficaria mais seguro com o governo e outros que daria mais lucro num banco privado. Aí, perguntaram a opinião dele. Ele começou com a seguinte frase: "Eu não morro de paixão pelas minhas ideias; mesmo que elas possam solucionar alguns problemas, não morro de paixão por elas. Mas nunca deixo de dá-las. Penso que a Academia deve colocar o seu dinheiro num banco seguro, que pague mais! Se não for o banco do Brasil ou a Caixa Econômica, que seja outro – mas que pague mais".

E o que a Academia decidiu? Ora, seguiu a linha de pensamento de Roberto Campos!

Tinha muitas frases célebres. Como ícone da direita, costumava dizer: "Sou um homem controverso, não sou homem de unanimidades". Tinha muitas. Uma das melhoras é assim: "Há três maneiras de um homem conhecer a ruína: a mais rápida é pelo jogo, a mais agradável é com as mulheres, a mais segura é seguindo o conselho de economistas".

O que pesou para a entrada de Roberto Campos na Academia? Seus ensaios sobre economia ou sua autobiografia *A lanterna na popa*? Roberto Campos tem excelentes ensaios. Mas *A lanterna na popa* foi essencial, porque é uma autobiografia muito bem escrita – cobre toda a sua vida! Parece uma obra inspirada num ensaísta inglês. Muito bem escrita! É uma obra quase clássica. É também uma obra sobre o Brasil.

35
O futuro

Numa entrevista a Rodrigo de Almeida, do *Jornal do Brasil*, você disse que estão presentes na ABL dois Brasis: um que pensa e outro que sonha. A memória do passado e a memória do futuro. Não são os dois conceitos indissociáveis? Acho que podem até ser associáveis, mas raramente estão associados. O sonho caminha até certo ponto, mas só o pensamento analisa. O sonho não é analítico. Precisamos dos dois. Fora e dentro da Academia.

Qual a importância da ABL como instituição nos dias atuais? Tem uma importância histórica, por ser inclusive guardiã da nossa cultura e da língua portuguesa. Veja bem; a criação da Academia Francesa surgiu num momento em que a cultura francesa realmente mostrava ao resto do mundo muitas inovações. Essa criação transformou a França, virtualmente, num país que "liberava" sua cultura para o resto do mundo. A nossa Academia Brasileira de Letras, que surgiu inspirada na Académie Française, tinha o mesmo propósito, de querer mostrar o Brasil sob o ponto de vista de sua grandeza cultural. Então, sua criação estava vinculada a questões fundamentais como: "O que é o Brasil, culturalmente? O que pensa o Brasil do mundo? O que pensa de si mesmo? O que pensa sobre o destino do homem brasileiro?". E assim por diante. Então, a Academia – com anatomia baseada nessas preocupações – está também permanentemente mergulhada nelas. E está envolvida ainda nas questões relativas à evolução do conhecimento, ao pensamento nacional, à palavra e à língua do país. Nesse sentido, representa a nação num plano bem alto. Hoje, reformada e modernizada, a Academia Brasileira de Letras é um grande polo de atração. Milhares de pessoas visitam a Academia todos os anos. As portas da ABL estão abertas a toda a sociedade civil, como nunca estiveram antes.

Levar a Academia ao povo é uma ideia consensual ou apenas de um grupo de acadêmicos? Há um grande consenso na casa sobre os destinos da ABL. Isso é bom. Costumo dizer que não é a Academia que muda, mas o próprio mundo que evolui.

Existe uma relação entre a história, a realidade de um povo e a ficção desse mesmo povo? Claro. Escrevi até um artigo sobre isso no jornal *Tribuna da Imprensa*. O escritor, o romancista, o ficcionista é autor da reafirmação de um tempo vivido. Os melhores romancistas brasileiros arrancam enredos do tempo real em que vivem para retratar o país e sua gente. É claro. Como compreender a Inglaterra do século XVIII sem a leitura de *Tom Jones*? Como entender a Rússia do século XIX sem a obra de Dostoiévski? Ou a França de Louis-Philippe sem *A comédia humana*, de Balzac? Ou a Terceira República sem Proust? Não podemos entender a realidade sem a correspondente ficção.

Alguns acadêmicos, como Lêdo Ivo, afirmam que a ABL se transformou num polo cultural que inclusive excede a literatura, vai além dela. Arnaldo Niskier ressalta que, sendo a Academia mais moderna, se esforça agora para exibir um novo perfil. Qual sua reflexão a esse respeito? É claro que, quando a Academia começou, tratava-se de uma instituição pouco conhecida, criada por um grupo de escritores, que eram os melhores daquele momento da história. Ela lutou muito para sobreviver. No começo, não tinha nem sede. Só foi ter uma sede na década de 1920. De modo que custou para se manter e mostrar o que significava. Hoje, com toda a força e representatividade que ganhou, a ABL espelha também o pensamento do país, a vontade de conhecimento do país. Mostramos hoje o que acontece no país, no Brasil avançado, com pensamento próprio, com uma língua falada por mais de 200 milhões de brasileiros. Hoje, sob o ponto de vista estatutário, a Academia tem o compromisso de defender a língua portuguesa e a cultura nacional. Agora, a Academia não pode ser só "*champagne* e caviar", como diz meu colega e ex-presidente Marcos Vilaça. "Tem que defender a língua portuguesa, mas não esquecer também o cinema, o futebol, o samba...".

E por falar em samba, já está se tornando tradição acadêmicos desfilarem em escolas de samba, não é verdade? Alguns acadêmicos desfilaram pela Mangueira – inclusive eu –, porque a escola escolheu como enredo a língua portuguesa. Responsáveis pela Mangueira pediram até algumas consultas à Academia. Demos alguns palpites, indicamos algumas histórias da língua, enfim, prestamos, da nossa maneira, uma assessoria. Quando nos convidaram para desfilar num carro alegórico, prontamente aceitamos!

Marcos Vilaça disse que o acadêmico mais animado do carro alegórico da Mangueira era você, que se revelou o maior "pé de samba" da Academia Brasileira de Letras. Vilaça é um amigo generoso. O engraçado é que eu – privadamente – sempre achei que era ele o "pé de samba" da Academia, um carnavalesco nato. (risos) Tão animado ele é que aceitou também desfilar pela Mocidade Independente de Padre Miguel, que em 2009 prestou uma bela e merecida homenagem a dois monumentos da literatura brasileira:

Machado de Assis e Guimarães Rosa. E ele tem razão: uma das coisas mais fortes do Rio de Janeiro são as escolas de samba!

Para tornar-se mais popular, é preciso que a Academia deixe de ser exclusivamente "de Letras"? A Academia moderna tem que refletir tudo o que é expoente na área do conhecimento. No começo, Machado de Assis tinha suas dúvidas, mas logo depois raciocinou e chegou à conclusão de que a Academia necessitava ter seus expoentes. A Academia é de letras, mas necessita de expoentes. A própria França segue esse modelo. Elegeu para seus quadros um cineasta, que não é escritor! Continuaremos a ser "de letras", mas necessitamos de expoentes junto de nós.

Nos últimos anos, as eleições trouxeram para a ABL acadêmicos de perfis muito variados: Nelson Pereira dos Santos, cineasta; José Mindlin, bibliófilo; Ivo Pitangui, célebre cirurgião plástico... São, de fato, perfis bastante diferentes... Porém, todos merecedores de estar junto de nós. São pessoas altamente capacitadas e que representam o melhor do nosso Brasil. A Academia torna-se mais rica com a presença desses talentos...

Enquanto isso, sucede também que alguns escritores famosos não querem ser ou não são eleitos para a Academia. De fato. Carlos Drummond de Andrade não quis entrar. Gilberto Freyre tampouco. Antonio Cândido, idem. A mesma coisa serve para Erico Verissimo e Sérgio Buarque de Holanda. Há os que querem e os que não querem. O mais importante é que o acadêmico e o não acadêmico sejam respeitados e festejados com igual intensidade. E a Academia tem feito isso. Continuamos comemorando Drummond, Sérgio Buarque e outros com grande respeito e admiração.

Você sempre foi um intelectual preocupado com a cultura brasileira: com sua evolução, com a criação de condições que permitam seu pleno desenvolvimento a fim de que expresse os verdadeiros anseios e sentimentos do nosso povo. De que depende essa cultura? Cultura é conhecimento. É necessário que a cultura seja apreendida e aprendida. A cultura é um fenômeno social, que representa o nível alcançado por uma sociedade em determinada etapa da história. É tudo o que devemos conhecer: educação, ciência, tecnologia, literatura, arte e, naturalmente, as instituições que lhes correspondem. É também o nível de desenvolvimento alcançado por uma sociedade. É herança e é acervo ao mesmo tempo. Está em sintonia com o que Marcel Proust dizia: só a cultura de um povo, incluindo a educação, a arte e a literatura, podem ensinar "de fato" os indivíduos. A cultura depende do desenvolvimento e da sobrevivência desses sustentáculos. Para mim, a literatura, as letras, as artes devem estar cada vez mais associadas aos esforços de desenvolvimento de uma nação. Creio que, entre os índices mais importantes do nível cultura de um povo, deve figurar uma difusão cada vez mais dinâmica da educação, da literatura e das artes.

Dentro da conjunção entre o universal e o particular, como preservar o traço brasileiro, que é nosso? O mais importante é o ensino, tendo o livro como base! Portanto, a educação e o livro mantêm a cultura viva. Sem isso, não existimos. Um país como o Brasil não está predestinado apenas a ser uma nação com grandes potenciais de riqueza e imenso território; tem como tarefa aumentar cada vez mais o número de pessoas dotadas de dimensão intelectual compatível com as exigências e as complexidades da sociedade moderna. Precisamos evitar a todo preço a desnacionalização e o esmagamento de nossa cultura. E estar atentos para o fato de que uma sociedade com péssimas condições de distribuição de renda, com milhões de pessoas vivendo em condições extremamente precárias, acaba criando dois tipos de cultura: o da classe dominante e a dos pobres. O acesso à educação e à cultura deve estar ao alcance de todos! Não podemos manter, em pleno terceiro milênio, 20 milhões de pessoas analfabetas. É inadmissível que milhões de pessoas ainda olhem para a bandeira nacional e não entendam que está escrito nela "Ordem e Progresso". Não conseguem interpretar sua própria bandeira! Precisamos sair do fosso da educação precária – sem professores, sem escolas adequadas, sem livros e sem didática avançada. Já nos adiantamos bastante, como país emergente, na frente de muitos, mas isso não basta se não ampliarmos os níveis de educação e a capacidade de cultura do país. A palavra, o livro e a escrita – diziam os gregos – são os instrumentos mais valiosos do homem.

Em 1978, Jorge Luis Borges escreveu: "De todos os instrumentos utilizados pelo homem, o mais espetacular é o livro. Os demais são extensão de seu corpo. O livro é a extensão da memória e da imaginação". Estou inteiramente de acordo com Borges. Ele foi o grande homem dos livros, em todos os aspectos. Ajudou a criar, na Argentina, onde nasceu, uma das maiores e mais importantes bibliotecas do país. Ele disse, ademais: "Sem o livro, um povo não existe".

A transmissão da cultura se processa através de meios sistemáticos e de meios não sistemáticos. Como vê o papel do Estado e da em-

presa privada? Os brasileiros confiam demais no Estado. É claro que temos que confiar... É obrigação do estado velar pela cultura do povo e da nação. Não basta, no entanto, confiar na atuação do estado. É necessário brigar com ele, exigir dele que realmente promova, em termos concretos, a cultura nacional em favor de sua população. A defesa da cultura nacional não exclui a receptividade ao que outras culturas produzem de bom. No fundo, tudo é universal, pertence aos homens. Creio que a empresa privada pode também participar muito nessa promoção cultural e jamais deve furtar-se dessa tarefa nobre! Sou um crítico permanente na defesa da cultura nacional!

Quando falamos de cultura, há momentos em que devemos perguntar quem são os brasileiros. A que húmus pertencemos? Somos todos uma mistura. E como mistura, somos fortes. Somos uma nação multirracial, uma mistura cultural. Nossa tarefa é unir-nos como nação, fazer das diferenças o nosso mais importante traço de união. Quando dei uma palestra na Universidade de Berkeley, na Califórnia, me perguntaram como definir o Brasil. Eu respondi: "O Brasil é um país afro-latino. É um país onde o latino e o africano formam uma unidade". Este é um traço muito forte de nossa cultura, que convive com dois mundos. Mas é preciso que tenhamos consciência disso.

Qual a principal missão de quem escreve? A principal missão de quem escreve é dizer a verdade. Há muitos anos me fizeram a mesma pergunta. Respondi: "É ter a coragem de dizer que o rei está nu".

O escritor tem condições de mudar a realidade de uma sociedade? Só o escritor e o pensador (político ou não) podem ajudar na formação de uma sociedade. O escritor como pensador e o pensador como escritor podem fazer essa combinação em prol de seu país. Até o poeta com sua poesia é importante para as transformações sociais. A poesia é essencial, inclusive como dominadora da palavra. A palavra no mais alto nível.

Onde a liberdade interior se torna mais necessária? Quando você abre o coração para tudo na vida com paixão. Com entusiasmo. Quando você se torna disponível para outros. Quando você ama o próximo e quando se integra no regional, no nacional e no universal com naturalidade e sem complexos. É tudo isso que nos engrandece, nos mantém de pé. Não nos faz morrer prematuramente. Nos imortaliza.

Antonio Olinto em Copacabana na Quarta-feira de Cinzas de 2009, posando para a lente do jornalista José Aparecido Miguel.

Tudo cura o tempo, tudo faz esquecer, tudo gasta,
tudo digere, tudo acaba. Sabemos, no entanto, que
a memória vence o tempo, só na memória palpita
uma possível imortalidade.

Antonio Olinto
(juntando Vieira e Proust)

foto: Acervo ICAO

AO em charge de Carybé

Parte II Disseram

Sobre ele

Os 90 anos de um descobridor de mundos

Antonio Olinto e Zora Seljan, a exemplo de Jorge Amado e Zélia Gattai, formam um casal que entrou para a história da literatura brasileira como paradigma de parcerias intelectuais bem-sucedidas. Tanto Olinto quanto Zora, assim como Jorge e Zélia, criaram e mantiveram seus nichos ficcionais específicos, edificando, cada um deles, seu mundo particular de enredos, tramas e personagens, conservando, assim, sua individualidade literária. Olinto nos mostrou um Brasil de além-Atlântico, vivo ainda na costa ocidental africana. Zora revelou o lado dramático dos mitos africanos. Jorge trouxe à tona a África submersa, mas viva e atuante, na sociedade baiana. Zélia retomou do passado a saga dos imigrantes italianos em São Paulo.

A casa da água (1969), O *rei de Keto* (1980) e *Trono de vidro* (1987) ressuscitam, para nós, um Brasil quase esquecido, levado para a África nos baús dos ex-escravos, em sua viagem de retorno à terra de seus ancestrais.

(...)

Há um historiador nato em Antonio Olinto, que se apresenta na forma de um excelente narrador. Esse notável ficcionista, que reescreve a vida, ainda nos deu outros romances, como *Tempo de palhaço* (1989), *Sangue na floresta* (1993), *Alcácer-Kibir* (1996) – e neste último está também presente sua veia de reinventor da História –, além dos contos de *O menino e o trem* (2000) e de obras como *Confúcio e o caminho do meio* (2001), que nos oferecem o seu lado marcante de pesquisador.

Os 90 anos de Antonio Olinto valem por um acervo de muitas décadas de contribuição para o que há de mais significativo e original na literatura brasileira.

Reynaldo Valinho Alvarez
poeta

O que voa mais alto

Mineiro ubaense, brasileiro de todos os sotaques, africano por ofício diplomático-cultural e do coração, afeito aos Bálcãs e ao *fog* londrino, homem de muitas línguas e fruto especial da lusofonia, Antonio Olinto é orgulho nacional. Para mim (filho de Caldas Novas, Goiás, cria do subúrbio de Marechal Hermes, no Rio de Janeiro, goianiense radicado e apaixonado pela capital de Goiás desde 1963), Antonio Olinto é cidadão de Goiás pelo que representa em nossos corações literários.

Luiz de Aquino
da Academia Goiana de Letras

Um menino completa 90 anos

O tempo passa e permanece. Antonio Olinto não seguiu o ofício de maquinista de trem, mas maquinou a ética e a estética, o bom e o belo nas mais diferentes paisagens deste planeta surpreendente. Surpreendeu com sua prosa correta, sua paixão pela música e pela cultura africana.
Surpreende com uma constelação de glórias divididas generosamente com quem tem o privilégio da convivência repetida ou com quem o encontra furtivamente na vida e se apaixona pelo olhar curioso do menino renovado.

Gabriel Chalita
escritor

Primeiro, veio a admiração pelo escritor quando eu ainda era jovem. Depois, a alegria de ver, em Londres de 1977, o quanto o escritor era respeitado na Inglaterra. Pouco a pouco, os laços foram se estreitando, e o admirado escritor passou a ser meu amigo. Mais tarde, meu confrade na Academia Brasileira de Letras. Essa é a trajetória de Antonio Olinto no meu coração, um homem que sempre soube se renovar, alimentar seu espírito e desbravar novas terras. Sua perseverança em mostrar o melhor das artes por onde quer que tenha pisado, o andarilho que leva o mundo em suas costas, faz com que estes 90 anos de caminhada ensinem a todos que os sonhos são as verdadeiras raízes da vida.

Paulo Coelho
da Academia Brasileira de Letras

Antonio Olinto, 90 anos de glórias

Antonio Olinto é paradigma para nós, ubeanos. É síntese da construção da unidade da União Brasileira de Escritores. (...) O consagrado ícone da União Brasileira de Escritores merece ser reverenciado não apenas pelos associados, mas por toda a nação brasileira e, por extensão, pela Comunidade dos Povos de Língua Portuguesa (...)

Salve, Antonio Olinto das Gerais, do iorubá, da fraternidade entre os homens e da integração cultural afro-brasileira. Ave, Antonio Olinto, ao antever a aurora de uma conquista maior – a aurora da união dos intelectuais.

Edir Meirelles
da União Brasileira de Escritores (RJ)
da Academia Carioca de Letras

Por acreditar no Deus que inspirou o livro mais lido da humanidade, a *Bíblia*, a ele novamente recorro e lembro-me do salmista: "Quem subirá ao monte do Senhor, ou quem estará no seu lugar santo? / Aquele que é limpo de mãos e puro de coração, que não entrega a sua alma à vaidade, nem jura enganosamente. / Este receberá a bênção do Senhor" (Salmo 24, 3-5). Antonio Olinto incorporou este ensinamento, mantendo em si a pureza dos propósitos da criança, a maturidade do adulto e a sabedoria que só uma longa vida pode oferecer.

José Luis Lira
da Academia Brasileira de Hagiologia
e da Academia Fortalezense de Letras

O professor Antonio Olinto representa – por inteiro – aquilo que nosso país mais precisa sempre, e especialmente num momento de crise: TALENTO. Talento por seu conhecimento. Talento para negociar. Talento por sua sensibilidade. Talento para transformar ideias em fatos. Muitos anos mais precisamos – e cada vez mais – de seu inigualável talento.

Cesar Maia
político

Emociono-me ao escrever sobre um ícone da literatura brasileira e da língua portuguesa. Amigo recente, meu fotografado, o romancista, poeta, ensaísta, crítico literário, analista político, jornalista, pintor e acadêmico, o grande brasileiro Antonio Olyntho Marques da Rocha. Um espetáculo de cultura. Imagine conhecer uma pessoa única como ele – um criador de bibliotecas. Amante da música e da cultura africanas, seu amor maior foi a jornalista Zora Seljan. Tudo o que eu escrever será mínimo para retratar Antonio Olinto, com quem caminhei em Copacabana, em fevereiro de 2009, em plena Quarta-feira de Cinzas no Rio de Janeiro. Um beijo no coração do Olinto, símbolo de vida. Eterno.

José Aparecido Miguel
jornalista

Nagasaki e a alegria de viver

Quarenta anos de casamento, 10 anos antes eu dissera no jantar de aniversário: Obrigada, Antonio Olinto, por ter me feito rir durante 30 anos. Faço questão de repetir hoje o agradecimento, mas quem acreditaria que pudéssemos ainda ser felizes neste mundo quando nosso casamento começou marcado pela maior tragédia que jamais feriu a humanidade?

Antes de escrever *Nagasaki*, Antonio Olinto já publicara *Presença*, *Resumo*, *Jornalismo e literatura* e *O diário de André Gide*. O livro ganhou forma durante nosso namoro. A dedicatória, discreta e elegante, foi feita pela vida afora de muitas outras, porém, redigidas da mesma maneira: "Este livro é de Zora".

Naqueles nossos começos, ainda de luta pela bomba atômica, creio que *Nagasaki* surgiu como o primeiro protesto poético no Brasil.

O livro foi lançado na galeria do japonês Nagasawa, onde Levi Menezes exibia os desenhos feitos especialmente para ilustrá-los. (...)

Cinquenta anos da bomba atômica e 40 anos do nosso casamento, quem diria que pudéssemos ainda rir depois de Hiroshima e Nagasaki? Obrigada, Antonio, por me ter feito rir durante 40 anos.

Zora Seljan
A tarde, 10/08/1995

Minha mulher costuma tratar Antonio Olinto por MENINO. Chama-o em sua presença ou na ausência. MENINO. MENINO sempre, para Maria do Carmo.

Se Nabuco tem razão ao dizer que só o espírito de infância é capaz de criar, Olinto é, de fato, um MENINO.

Conheci pessoalmente Antonio Olinto por obra e graça de Zélia e Jorge Amado, já faz um tempão. Antonio Olinto tem duas vertentes do seu trabalho que muito me agradam e foram constantemente destacadas pelo casal Amado:

A obra literária, de crítico e prosador; a obra da construção de amizades.

Há um verso de Machado de Assis, no poema "Bons Amigos", dizendo que ter amigos é a melhor cumplicidade. (...)

Olinto está repleto de cumplicidades.

Lá vem ele. Passinho miúdo, livro na mão, sorriso de um canto ao outro da boca e em todo o coração. A imagem ficará. É Olinto.

Marcos Vinicios Vilaça
da Academia Brasileira de Letras

Antonio Olinto – romancista, contista, poeta, ensaísta, conferencista – maneja magistralmente todos os movimentos da escrita, mantendo incólume a infância, manancial da verdadeira criação. Teimo sempre em tê-lo chamado – na branca primavera de seus 90 anos – de um dos poucos "meninos da Casa de Machado de Assis", menino eterno. E não é pouco o que criou. Entre seus livros, a obra-prima de qualquer literatura que é *A casa da água*. E sua vida – fiel aos amigos, fiel aos seus sonhos, fiel à literatura, fiel à lembrança de Zora, fiel à África, fiel à Academia, fiel à terra que o gerou, brasileiro e imortal, fiel à imortalidade que só a palavra sabe.

Carlos Nejar
da Academia Brasileira de Letras
da Academia Brasileira de Filosofia

Noventa vezes Olinto

Esse jovem escritor de 90 anos é uma adorável criatura humana. Tenho o privilégio de sentar ao seu lado, na Academia Brasileira de Letras, desde 1997, quando ele entrou gloriosamente para a Casa de Machado de Assis. Solidário, amigo, competente, dinâmico, com uma incrível biografia profissional (vários cargos diplomáticos exercidos no exterior), edita como se fosse um jovem o *Jornal de Letras* há 11 anos, valorizando a segunda fase desse importante periódico. Produz textos próprios, adapta colaborações alheias e, com a disciplina férrea de ex-seminarista, não atrasa um dia sequer na entrega dos originais, pois é atividade que considera sagrada.

Olinto sobreviveu à perda da sua adorada Zora Seljan, feliz casamento de mais de 50 anos.

Embora religioso (ou talvez por isso mesmo), não pede a Deus que abrevie a sua travessia, a fim de ir ao encontro da bem-amada. Ocupa-se com a ABL, com o JL, com o Departamento Municipal de Bibliotecas Públicas – e ainda arranja tempo, de vez em quando, para matar as saudades de Ubá (MG), onde nasceu. Já estou pensando numa grande festa para comemorar os seus 100 anos.

Arnaldo Niskier
da Academia Brasileira de Letras

Sobre a obra
Biografia
Ary Barroso, gênio da raça

É esplêndida a contribuição de Antonio Olinto, neste magnífico livro que exalta a excelsa figura do grande artista ubaense, que canta o Brasil com amor e sentimento nacional. Nome fulgurante nos quadros da Academia Brasileira de Letras, com criação literária notável, abrangendo centenas de títulos em diferentes modalidades do saber humano – da poesia ao romance, do ensaio à crítica literária e análise política –, Antonio Olinto é mineiro, nascido em Ubá, tal qual o fascinante personagem por ele magistralmente retratado nestas páginas...

José Alencar
industrial, vice-presidente da República
Prefácio a *Ary Barroso, a história de uma paixão*

Poesia

São cinco livros de Olinto e cada um vale cinco: *Presença*, *Resumo*, *Nagasaki*, *O homem do madrigal* (o homem, ele; o madrigal, para Zora), este é de Zora, como de Zora é também o derradeiro, que é *O dia da ira*, poesia quase cinema. Nas águas vou de Milliet e repito: Olinto alcança grande pureza de expressão; calmo é o seu ritmo, e o verso brota de fonte límpida. Poesia límpida. E acrescento: isenta em tudo de toda vulgaridade; só dele: de Antonio Olinto. Lede-a: vereis que não minto.

Manuel Bandeira
poeta e crítico literário

O poeta Antonio Olinto alcança uma grande pureza de expressão. Em ritmo calmo, o seu verso brota de fonte límpida. Pouco lhe importam os modismos, nem se lhe dá ser ou não ser hermético. Sua poesia é de uma espontaneidade invejável, de um acentuado sabor clássico e de uma nobreza que jamais se desmente. É preciso dar-lhe o lugar que merece entre os que vêm se firmando na nova geração.

Sérgio Milliet
escritor e crítico literário

O que confere a Antonio Olinto o caráter de extrema originalidade não é a dramatização poética do acontecimento, à maneira, por exemplo, do que Mario de Andrade fez com a lenda da Serra do Rola Moça. É a poesia que ele 'injeta' no acontecimento, a radiatividade poética com que contamina, no seu executar-se. É uma solução extremamente pessoal, contida num tipo de verso – o que nem sempre corresponde na sua contextura à aparência gráfica.

Antônio Rangel Bandeira
escritor e jornalista

Romance

La maison d'eau, de Antonio Olinto, na França

Este é, sob todos os aspectos, um grande livro. O calor humano que irradia, a poderosa dinâmica do relato, a amplitude mesma da matéria romanesca (70 anos de história contemporânea) impõem sem discussão a obra de A. Olinto. *La maison d'eau* nos surge como obra de absoluta novidade, porque é um verdadeiro romance da raça negra. Em suas páginas, o que vemos não é mais o negro que incessantemente se relaciona com o 'modelo' branco, mas, sim, o negro que, numa grandiosa simplicidade, é ele mesmo. Eis um romance que é uma epopeia, que nos lembra a catalogação de heróis feita por Homero. E é um grande romance por causa da confluência, magistralmente estruturada, da história e de um destino humano. (...)

La maison d'eau é um cântico de amor e de respeito pela raça negra: suas tradições, sua hierarquia de valores são evocadas com uma ternura e uma nobreza bem brasileiras. (...)

Um grande livro.

Gabriel Perouse
Revue de Livres Nouveaux
Paris, outubro de 1974

Ao lado da estátua de Ary Barroso, o amigo de infância em Ubá e biografado de AO.

foto: José Aparecido Miguel

Parte III   Um passeio literário

Livros

Sobre *A casa da água*

Primeiro romance, a obra-prima

Primeiro romance de uma série de dez, *A casa da água* é uma odisseia que dura 70 anos – de 1898 a 1969. A trama, que tem mais de cem personagens e se desenrola em dois continentes, foi considerada "uma celebração da vida, tão complexa e tão bela quanto o Grand Canyon" pelo jornal *San Francisco Chronicle*.

A crítica americana confessou-se comovida pela maneira como esse romance celebra a família, a cultura e o espírito. "Olinto é um mestre nesta história, e o efeito de seu estilo é hipnótico", destacou o *The New York Times*. Em Paris, o crítico francês Gabriel Perouse classificou o romance de "grande obra", sob todos os aspectos: "Eis uma epopeia que nos lembra a catalogação de heróis feita por Homero".

Em Nice, em maio de 1971, o escritor Graham Greene, escreveu: "Achei fascinante o romance *A casa da água*, principalmente porque já vivi naquela parte da África e não sabia dessa migração de ex-escravos brasileiros para terras africanas".

Peter Grosvenor, do *Daily Express*, de Londres, destacou, em março de 1971: "*A casa da água* é a saga de dois continentes colocada num estilo narrativo de rara força".

Jorge Amado foi mais longe: "*A casa da água* é o grande romance brasileiro da África, dessa ligação tão profunda e fundamental, desse sangue cruzado e misturado, dessa intercomunicação de culturas que fazem do Brasil um país africano, porque do lado de lá do Atlântico vieram os temperos de nossa cor e de nossa sensibilidade. *A casa da água* é livro inteiramente maduro de poeta consagrado, ensaísta e crítico de antigo ofício, brasileiro de grande vivência africana".

A casa da água conta a história de Mariana, uma menina de 8 anos que sai do Brasil – mais precisamente do Piau, no interior de Minas Gerais, passando pelo Rio de Janeiro e por Salvador, na Bahia – com a mãe e a avó, descendentes de escravos, que migram de volta às suas raízes na África. A personagem nasceu por inspiração de Romana da Conceição, que o escritor conheceu na Nigéria, e a cuja versão ficcional emprestou as lembranças de sua infância poética cheia de rios, árvores, animais e nuvens.

A casa da água é uma louvação à mulher. Segundo o jornal *The Washington Post*, a grande força do romance olintiano recai sobre "a criação de uma mulher fascinante e, com ela, de todo um estilo de vida, trazidos para uma vibrante realidade". Mariana é positiva, não teme desafios e não se deixa vencer. Olinto a ela atribui a responsabilidade de atrair o leitor, provocando uma identidade capaz de sugerir atitudes, influenciar decisões. Usa a personagem como exemplo de gente que gera admiração, capaz de promover o aperfeiçoamento de si mesmo e o enriquecimento da própria vida.

A casa da água deu a Olinto projeção internacional. O romance foi traduzido para o inglês, o francês e o espanhol logo após a publicação de sua primeira edição brasileira e obteve consagração imediata no exterior. Hoje, o romance está traduzido em cerca de 20 idiomas.

Fonte: ***São eu, estas coisas***
de Cláudia de Moraes Sarmento Condé, pag. 98

A casa da água vem projetar a ficção brasileira na África, mostrando os escravos que, depois da abolição, regressaram a sua terra de origem. Romance que abarca dois continentes e pega 70 anos da vida de uma comunidade, seu tom épico dá à grande tragédia da escravatura uma dimensão que lembra a *Odisseia*, com o destino comandando a vida dos homens e dos povos. Antonio Olinto renova, com este livro, as estruturas de uma arte – a do romance –, que bem precisada estava de renovação entre nós. A epopeia do negro brasileiro que volta para o chão de seus antepassados ganha, aqui, um monumento permanente.

A casa da água,
apresentação da primeira edição brasileira
Rio de Janeiro: Bloch Editores, 1969

Sobre *O rei de Keto*

O rei de Keto foi o segundo livro de Antonio Olinto, da trilogia ambientada na África. Foi escrito dez anos depois de *A casa da água*, em 1980. A ação se desenrola exclusivamente nos mercados de Benin, tendo como principal personagem uma amiga da velha Mariana, Abionan, mulher de negócios que se divide entre quatro aldeias diferentes, seguindo a tradição dos quatro dias da semana iorubá. Ao relatar a vivência da mulheres do mercado – suas andanças, conversas, pensamentos e lembranças – o romance lhes dirige uma louvação, num cenário de oração feita de dança, de som de tambores determinando os passos de união do sagrado com o humano, de uma filosofia de comportamento aliada à ética da natureza.

Fonte: ***São eu, estas coisas***
Cláudia de Moraes Sarmento Condé, pág. 99

Sobre *Trono de vidro*

Trono de vidro, de 1987, vem integrar e completar a trilogia africana de Antonio Olinto. A obra, dedicada a Grande Otelo, "o ator por excelência", é uma homenagem ao Centenário da Abolição da Escravatura no Brasil, trazendo novamente inúmeros personagens e, entre eles, retratos inesquecíveis dos romances anteriores, como Abionan e suas mercadorias, Mariana e sua neta, também Mariana.
Ao final do romance, Mariana chega aos 100 anos. Ao confidenciar à editora francesa Marie Pierre sua intenção de "matar" a personagem num próximo romance – o que seria compreensível, dada sua idade avançada –, Olinto ouve dela uma indagação, seguida de um pedido indignado, que ele não consegue negar: "*Tu va tuer Mariana? Ne tuez pas Mariana!*" (Você vai matar Mariana? Não mate Mariana!). O autor decide, então, não "fazer" a sua morte, dando por encerrada a sua série africana.
Este romance, político da primeira à última página – assim se apresenta, na orelha, a trama cheia de conflitos na luta pelo poder –, fecha o épico relato do retorno de ex-escravos brasileiros a suas terras de origem.

Fonte: *São eu, estas coisas*
Cláudia de Moraes Sarmento Condé, pág. 100-101

Sobre outras obras

Copacabana é o terceiro romance de Antonio Olinto. Publicado em 1975, o texto retrata um Rio de Janeiro que tenta superar o drama de perder o comando da cultura nacional após a mudança da capital federal para Brasília. Para essa obra, Antonio Olinto confessa ter-se inspirado na Copa do Mundo de 1954. O romance é o relato de três dia do mês de junho de 1970: o dia anterior e o dia seguinte a um sábado em que, tradicionalmente, Diógenes oferece uma feijoada para reunir amigos, autoridades, políticos, artistas, jogadores de futebol, pessoas conhecidas e outras nem tanto. Em meio a anedotas, os temas discutidos são os mais variados: ditadura e medo, teatro e esporte, política e cultura, misticismo e carnaval.

Os móveis da bailarina foi escrito e publicado em Londres, por encomenda da Editora Jaca Book, de Milão. Durante sua permanência em Londres, Olinto conhecera a feira de Portobello Road, cujo espaço são duas ruas imensas, ocupadas com móveis de todo o mundo e percorridas também por gente de todas as partes. Ao visitar um quarto todo montado, o escritor pensou que talvez ali existissem móveis que realmente haviam estado juntos em algum lugar, em uma mesma época, e agora eram novamente reunidos pelo acaso naquela feira.

Era a ideia para um novo romance. Os móveis – todos trazendo um machado entalhado, como um sinal de nascença – partiram da casa de Áurea, no Piau, após a morte dela, sendo distribuídos entre os membros da família. Dispersados mundo afora, eles se juntam, anos depois, numa feira de móveis em Londres. Ali, Denise, uma jovem bailarina, por eles se encanta e não descansa enquanto não reúne novamente a coleção completa, tendo como pista apenas o entalhe feito pelo seu criador.

Tempo de palhaço é o sexto romance publicado por Olinto. O livro narra a história de um brasileiro que deixa seu país com o objetivo de estudar na França, no final da década de 1960. O rapaz, de 19 anos, natural do Piau, conhece uma Paris dominada pela revolta dos estudantes. Em meio às manifestações que se alastram pelas ruas da cidade, acaba por abandonar os princípios rígidos da família e as recomendações da mãe zelosa: a bebida, as drogas, em noitadas cujos efeitos se estendem por vários dias, levam-no a perder a noção do tempo e dos motivos que o haviam conduzido para longe de sua terra.

Em visita a Londres a convite de um amigo, conhece um grupo de palhaços que se apresenta em uma igreja protestante. A cerimônia promove nele um tal encantamento que ele decide seguir a carreira de palhaço.

Fonte: *São eu, estas coisas*
Cláudia de Moraes Sarmento Condé

Jornalismo cultural

Árvores e deuses

Jornal do Brasil, RJ, 11/01/2009

Sabe-se hoje que o Euclides da Cunha da Amazônia pode ombrear-se com o Euclides da Cunha de Os sertões.

O pioneirismo de Tavares Bastos, cujo livro *O vale do Amazonas* foi publicado no ano mesmo do nascimento de Euclides da Cunha – 1866 –, iria produzir seus melhores frutos com o assomar da República brasileira e através do entusiasmo idealista, inclusive no significado filosófico do adjetivo, dos republicanos. A escolha de Euclides para chefiar a missão no Alto Purus revela a sabedoria administrativa do Barão do Rio Branco, e o livro que Euclides se preparava para escrever, *O paraíso perdido*, deixaria de existir por causa de uma bala assassina. Mas o que escreveu ficaria, não só em *À margem da História*, mas também em *Contrastes e confrontos* e em *Peru versus Bolívia*, como livros básicos de nossa brasilidade.

Se, em *Os sertões*, o nordestino era antes de tudo um forte, em *À margem da História*, o "seringueiro é, obrigatoriamente, profissionalmente, um solitário. Se, em Canudos, havia multidões, homens, mulheres e crianças por toda parte, na Amazônia dos seringais, as pessoas como que sumiam no meio das árvores, ficando isoladas em pequenos grupos, ferindo caules e esperando que o leite da borracha se acumulasse.

Por escolha própria, deixara Euclides de visitar a Europa ou de aceitar postos no exterior para ir ao encontro da Amazônia, para vingá-la, para resgatá-la. Foi com uma sensação de cientista messiânico, de profeta, que ele se dirigiu a uma região caluniada, e disto é sinal o trecho de carta que enviou então ao Rio de Janeiro e que Leandro Tocantins reproduz em seu livro *Euclides e o paraíso perdido*: "Nada te direi da terra e da gente. Depois, aí, e num livro, *Um paraíso perdido*, onde procurarei vingar a Hiléia maravilhosa de todas as brutalidades que a maculam desde o Século XVIII".

O tempo só piorou nas ameaças à Amazônia, tornando normais as "brutalidades" mencionadas por Euclides, já que atingem agora as suas árvores, que são derrubadas ao longo de quilômetros de sua superfície.

De minha experiência na África, aprendi que a árvore é sagrada. Certa vez, no reino de Keto, visitando meu amigo Ewé, notei que uma árvore estendera um de seus galhos na direção de uma parede alta de sua casa e comentei: "Ewé, você vai ter de cortar aquela árvore, senão ela derruba sua casa".

Meu amigo me olhou espantado e perguntou: "Derrubar a árvore? Eu não posso derrubar aquela árvore". Eu quis saber por quê. Resposta: "Um Deus mora naquela árvore". Depois de um ligeiro espanto, indaguei: "Em toda árvore mora um Deus?". Diante da resposta positiva, perguntei: "E se vocês tiverem um terreno com várias árvores e precisarem do lugar para, digamos, construir uma estrada?". Resposta: "Neste caso, fazemos uma festa para as árvores, dançamos diante delas e pedimos que os deuses mudem para outras árvores próximas, porque é possível uma árvores ter mais de um Deus".

Pensando no Amazonas, tentei avaliar quantos deuses têm sido expulsos da região pelos destruidores de árvores.

Este ano é o centenário de morte de Euclides da Cunha: academias e universidades se unirão para festejar sua memória, tal como fizeram, no ano passado, com Machado de Assis. São dois dos maiores brasileiros de qualquer tempo.

Usemos nossos esforços numa defesa permanente da Amazônia.

Que os deuses regressem às suas árvores.

Conferência
O julgamento de Capitu em Nova York

Trecho da palestra "Religiosidade em Machado de Assis", Academia Brasileira de Letras, 2/12/2008

Minha conferência poderia terminar aqui se os Estados Unidos não tivessem provocado uma dúvida séria na história tal como está em *Dom Casmurro*. Em primeiro lugar, o professor norte-americano William Grossman, que depois de seu contrato como professor na Universidade de São Paulo, ali se entusiasmou com os livros de Machado de Assis, de quem traduziu para o inglês vários contos. De volta aos Estados Unidos, criou na Universidade de Nova York uma "Cátedra Machado de Assis", destinada ao estudo da obra do escritor brasileiro. Achava-me como professor visitante na Universidade Colúmbia e certo dia recebi telefonema de Grossman convidando-me para um ato que haveria na universidade dele. Quis saber o que era. Resposta: "Vamos fazer um julgamento de Capitu. Traiu ou não traiu?".

Todos os alunos haviam lido a recente tradução de *Dom Casmurro* e haveria um corpo de jurados, dois defensores ou defensoras e dois promotores ou promotoras. Respondi: "Você acha que vou perder um espetáculo desse?".

Em lá chegando, assisti a um espetáculo diferente. Tanto os promotores como os defensores trabalharam muito bem e, no final, Capitu foi absolvida por 8 a 4. O argumento maior da defesa foi que o autor, isto é, Machado de Assis, não condena Capitu no livro. O personagem, que é Bentinho, é quem toma a história das mãos do autor e condena a mulher.

Esse julgamento viria a repercutir na Califórnia, onde a professora Helen Caldwell publicou o livro *The Brazilian Othelo of Machado de Assis*, lançado pela California University Press. Para Helen Caldwell, Machado de Assis não dá a menor chance de Capitu no julgá-la adúltera. Para ela, Bentinho é o Iago de si mesmo, a começar por seu próprio nome que é Santiago, isto é, Santo Iago. Diz Helen Caldwell: "O amor de Othelo fora atacado de fora pela inveja, o ódio e o engano de Iago... No *Dom Casmurro*, a luta se processou dentro de um só homem".

Informação que recebi depois do julgamento realizado em Nova York por William Grossman: outras universidades dos Estados Unidos que têm departamentos especiais de estudos brasileiros promoveram também julgamentos parecidos.

Assim, dois escritores de tempos e idiomas diferentes – um escrevendo uma tragédia com base no ciúme para ser lavada em palco, diante de uma plateia que vê e escuta, mas que pode também ser lida num livro e num país de história com mais de mil anos no passado – e o outro escrevendo um romance que também mostra o ciúme, num país mais jovem, numa literatura também mais jovem, em outro idioma e tendo por autor um mestiço que dominava cada palavra de sua narrativa. Com isto, ganhamos um entendimento da vida que os grandes escritores surpreendem e nos entregam para o conhecimento de nós mesmos.

Análise política

O novo presidente

Gazeta Mercantil, SP, 19/01/2009

Um negro na Presidência dos Estados Unidos: aconteceu afinal!

Há décadas que isto vinha sendo esperado. Em 1965 (portanto, há 44 anos, quando Obama tinha 4 anos de idade), participei, em Nova York, de um seminário promovido pela National Education Television, que durou 90 minutos, com um público presente de duzentas pessoas.

Éramos seis debatedores: o jornalista Ossie Davies, escritor inglês; Basil Davidson, escritor também inglês; John Hope Franklin, historiador norte-americano; S. O. Debo, embaixador da Nigéria nos Estados Unidos, John A. Davis, presidente da Sociedade Americana de Estudos Africanos, e o autor destas linhas, na qualidade de escritor brasileiro que residira na África e sobre ela escrevera.

O que dissemos no debate foi posteriormente publicado num volume chamado *History of the Negro People*, do qual recebi um exemplar, que me levou agora de volta ao entusiasmo que todos os participantes tiveram na época.

O debate, minucioso, foi seguido de uma conversa, já fora do programa de televisão.

Assunto: quando seria possível a ascensão de um presidente negro nos Estados Unidos?

Chegamos a duas conclusões: no século XX, não parecia certo que isso acontecesse e, quando a ocasião fosse propícia, o candidato seria democrata, e não republicano.

Hoje, estamos vendo Barack Hussein Obama tomar posse como presidente do país, sendo o primeiro afro-americano eleito para o cargo. A mãe de Obama era branca, o pai, Barack Obama Senior, negro, nascera no Quênia. Estudava ele, quando o filho nasceu, na Universidade do Havaí. Antes dos 34 anos, Obama filho perdeu pai e mãe, enquanto frequentava a Universidade Colúmbia, em Nova York, onde se formou em Ciências Políticas.

Mas é natural que estejamos todos esperando que problemas raciais que ocorreram nos Estados Unidos deixem completamente de existir, o que não pode acontecer.

O presidente Obama assume o poder numa hora de crise econômica.

Todos os que se lembram de 1929 sabem que, no Brasil, a crise atingiu toda a estrutura do país e pode-se até dizer que Getúlio Vargas só chegou ao poder por causa dela.

Embora a crise de hoje pareça não ter a dimensão da antiga, não deixa o momento de assustar, principalmente a classe média de muitos países.

A presença de Obama poderá mostrar, logo no começo, se ele está à altura dos problemas atuais.

Que fará ele na direção de um país poderoso como os Estados Unidos da América? A notícia de que pretende fechar a prisão de Guantânamo, em Cuba, nos primeiros dias de seu governo, agradou aos liberais dos Estados Unidos, embora o que há de burocracia num ato desses possa levar tempo. O anúncio de tal decisão, porém, constituiu um bom augúrio.

Mas o problema econômico poderá exigir outro tipo de atitude, e isso se verá logo no começo de seu governo. Disse William Faulkner certa vez: "O passado nunca está morto". Acrescenta que o passado sempre está presente. Nunca é passado. Está sempre aí.

Até onde o passado, que jogou muita gente na miséria nos anos 20, pode estar voltando agora e terá a enfrentá-lo um presidente negro que se preparou para a liderança que hoje ostenta, depois de uma vitória política, sob muitos aspectos, inesperada?

Afinal, surgiu, dirigindo o país mais rico do planeta, um negro que parece ter a suficiente coragem de tomar decisões difíceis.

Correspondência inédita
A semana em que Getúlio se matou

Rio, 27 de agosto de 1954.

Querida Glorinha:

Está chovendo. Dia triste, com os edifícios de Copacabana cobertos por aquele tom cinzento que caracteriza as chuvas do Rio. Lembrei-me, de repente, de que a última vez que vira chover fora em Caratinga, nos primeiros dias de junho. Parece-me que foi há séculos. Tanta coisa aconteceu depois que a fase feliz que vivi naquela casa da rua João Pinheiro, 46, me dá a impressão de ter ocorrido em outra existência.

Os acontecimentos mudam de rumo, muitas vezes sem a menor interferência de nossa vontade.

Ainda há uma semana, eu estava em Belo Horizonte, com o Juquinha, por cujo intermédio mandei uma carta para você. No dia 19, seguimos de automóvel – o Benedicto, o Ovídio de Abreu e eu – para Pará de Minas, onde passamos o dia 20. A 21, sábado, voltamos a Belo Horizonte, para o almoço a ser oferecido ao Marechal Dutra. Tomamos o avião à tarde e, antes do jantar, estávamos em Copacabana, na expectativa de graves acontecimentos.

O domingo, 22, foi cheio de boatos. Logo pela manhã, alguém nos avisou que o telefone daqui estava sob censura. Chegavam notícias de que os tanques da Vila Militar tinham saído para a rua, de que Getúlio seria deposto. Acompanhei o Benedicto à noite às casas do Tancredo, do Carlos Luz, do Georgino

Avelino. Ficamos, depois, até as três da madrugada do dia 23, aguardando o resultado de várias reuniões que os militares realizavam no Rio.

Segunda-feira teve um transcurso tranquilo. Tudo parecia superado, mas o discurso que Café Filho fez no Senado, explicando sua participação nas conversações de sábado e domingo, deu nova força aos opositores de Getúlio. E a noite começou sob maus auspícios. O Chateaubriand veio para o apartamento do Benedicto e aqui ficamos, telefonando e recebendo telefonemas. Logo após a decisão do Getúlio, de pedir uma licença de noventa dias, passando o governo ao Café Filho nesse período, o apartamento do Benedicto ficou cheio de gente, comentando o fato, dando opiniões. Fomos dormir depois das cinco da manhã. Acordei às oito e meia, com a comunicação do Tancredo, pelo telefone, de que o Getúlio se havia suicidado.

Não acreditei. Muito cansado, ainda com um pouco de sono nos olhos, custei a me convencer de que uma comunicação daquelas, feita pelo Tancredo, devia ser verdade.

Aprontamo-nos num minuto e saímos. Às nove e pouco, estávamos no Catete. Nas ruas ao lado, gente sem conta. Levamos muito tempo para atingir o largo, que fica na entrada do Palácio. Lá dentro, nas escadarias, nos salões laterais, figuras conhecidas. Quase todos choravam. A Alzira usava óculos escuros e recebia, um tanto ausente, os abraços de condolências. Estivemos junto à sala em que o corpo do Getúlio estava sendo embalsamado. A atmosfera sufocava. Voltamos. Aqui, D. Odette chorava. Nas ruas da cidade, tinham começado os distúrbios. Logo no começo da tarde, fomos à Câmara dos Deputados, que estava guardada por forças do Exército.

Em toda a parte, ninguém podia acreditar que aquilo tivesse acontecido.

À noite, fomos ao apartamento do Nereu Ramos, que tinha sido convidado para ministro da Justiça do novo governo e recusara. Estivemos, depois, com o Capanema. O espanto geral ainda não se desfizera. Como poderiam as coisas ter chegado àquele ponto? No dia 24, fomos cedo para o Catete e fizemos parte do acompanhamento do corpo até o aeroporto. As ruas estavam repletas. No Santos Dumont, antes de o avião levantar voo, centenas de milhares de pessoas começaram a sacudir lenços, em sinal de adeus. Enquanto nos retirávamos, começaram novos distúrbios, com um tiroteio que resultaria na morte de uma pessoa e em ferimentos para muitos.

Ontem, 26, houve uma reunião de grande importância política no apartamento do Juscelino, entre pessedistas de todos os estados. O novo governo surgia com aspectos muito udenistas e algumas decisões tinham que ser tomadas. Depois do encontro, apareceu lá o Tancredo Neves, que acabara de chegar de São Borja. Mostrou a todos a caneta com a qual Getúlio assinara a última de suas mensagens. O Amaral Peixoto também já regressava e queria que o Benedicto fosse ao apartamento dele. Estivemos lá por volta da meia-noite. Muito abatida, D. Alzira estava com um grupo pequeno de amigos. Entramos na biblioteca – o Benedicto, o Olyntho Fonseca e eu –, e o Amaral Peixoto, no meio de uma conversa política, falou do que fora a última noite do presidente, com a falta de firmeza do Zenóbio, a pressão de muitos militares e a indecisão de muitos amigos.

Você sabe que eu não era getulista. Escrevi artigos contra ele. Mas nunca fiquei tão emocionado como quando, indo ao Catete logo depois do suicídio, vi aquele corpo sendo preparado para a visitação pública. Depois de ter perdido a cartada, dera ele o maior de todos os golpes políticos, suicidando-se, mas sua morte não pode ser considerada só sob esse aspecto de desesperada tentativa de fugir a uma situação. Há aí, também, o efeito da pressão moral, espiritual, que o homem vinha sofrendo havia vários dias. Imagine você os estados de espírito por que ele vinha passando, vendo-se traído, abandonado, humilhado.

Pela primeira vez em nossa história, os fatos atingem um clímax de verdadeira tragédia. Isto é um sintoma de que estamos maduros para a vida política. E essa maturidade – é impossível negá-lo – foi-nos dada por esse homem que se suicidou. Foi ele quem nos dirigiu nesse período de amadurecimento. Até seus erros contribuíram para que nos tornássemos uma nação mais consciente de si mesma. E, mesmo na morte, ele nos fez um bem, porque tornou impossível, pelo menos no momento, a implantação de uma ditadura militar entre nós. O que a UDN vinha pregando, no final, era exatamente isso: a ditadura militar. Esta é a segunda vez que a UDN conquista uma parcela de poder através de um golpe. A primeira foi em 45. Mas foi uma vitória de Pirro, porque com as eleições tão perto, então como agora, as urnas só poderão ser-lhe adversas, como o foram há nove anos.

Estou cansado, mas a tarefa ainda não está concluída. Nos primeiros dias de setembro, seguiremos para Belo Horizonte e continuaremos o trabalho eleitoral. Como vão todos aí? Dê um abraço na Sylvia. Diga a Dom Alvarado que vou descobrir uma brecha de fim de semana para dar um pulo em Caratinga. Abraços no Juquinha e na Stael. Escreva.

A bênção.

Olintinho

Ensaio
Preconceito racial no Brasil

Trecho de *Brasileiros na África*, 1964, GDR: São Paulo, segunda edição, 1980

Quando falo em preconceito racial, afirmo que tal coisa não existe no Brasil. É preciso que explique o sentido exato dessa minha afirmação. O brasileiro não conhece preconceito racial nem admite segregação. Será isto verdade? De modo geral, sim. Tendo, porém, herdado muito do espírito paternalista do português – o que é uma vantagem no trato comum com pessoas de qualquer raça –, não deixou de conservar também um pouco do sentimento do pai e do superior em relação aos que considera menos bem colocados na escala social – o que é uma desvantagem na hora de admitir que todos sejam real e efetivamente iguais. Isto acontece, principalmente, na classe média brasileira, saída da antiga sociedade rural.

Se não temos preconceito de raça *per se*, revelamos uma consciência social que nem sempre inclui a aceitação total do homem de cor. A verdade é que o negro brasileiro partiu do nada. Em 13 de maio de 1888, houve a abolição. Ótimo. E que mais? Nada mais. Campanha em favor da libertação dos escravos, tivemo-la das melhores e das mais bonitas na América, mas não ocorreu ao dirigente e intelectual brasileiro da segunda metade do século XIX que havia necessidade de, uma vez conseguida essa libertação, integrar os antigos escravos, o mais rapidamente possível, no corpo da nacionalidade.

Isto não se deu. Entregue a si mesmo, sem acesso à educação (pelo menos, sem acesso capaz de absorver percentagem mínima dos milhões de meninos de cor necessitados de escola em todo o país), foi o negro se marginalizando, no ponto de só como exceção conseguir ascender a posto de destaque em nossa sociedade do século XX. Isto é um erro, que exclui das atividades maiores do Brasil mais de 30 milhões de pessoas. Ao lado de muitas reformas que a década de 60 vem aqui preconizando, há que reformar também nosso modo de enfrentar o problema do brasileiro de cor. A Lei Afonso Arinos é boa, mas não basta. Precisamos eliminar as causas que tornaram necessária essa lei.

Biografia
Ary Barroso, o companheiro de Ubá

Abertura do livro *Ary Barroso,*
a história de uma paixão, 2003

Este livro é a história de uma paixão. A paixão do brasileiro Ary Barroso pelo Brasil. Não escrevi, portanto, uma biografia. A biografia de Ary – completa, minuciosa, muitíssimo bem investigada – já existe. É *No tempo de Ary Barroso*, de Sérgio Cabral. Quanto a mim, desejei fazer um livro-exaltação. Quis mostrar o nosso maior compositor popular em seu domínio do piano, que chamo de dragão, e sua caminhada heroica de melodia em melodia. Criador de um verdadeiro estilo, o "clássico popular", na música brasileira, em notas que saíram do piano e se encontravam com as notas que sua permanente inspiração lhe dava, ele reinventou, como herói, um país que passou a ser dele. E nosso.

Desde que, aos 8 anos de idade, colocou as mãos sobre as teclas do piano, passou a pertencer, mesmo que não o soubesse, a um esquema de vida de que fluiria sua música. Por ter arrancado de si mesmo tantas e tão belas melodias, é como se houvesse, em seu próprio corpo e no ritmo de sua vida, um movimento incontido e violento de notas musicais. Elas se acumulavam num fluxo permanente que irrompia dele como se fosse uma força da natureza. Acompanhando momentos de seu avanço – no rádio, na televisão, no futebol e, acima de tudo, nos sambas que nos deixou e que são da mais pura brasilidade –, encontrei uma expressão que o define por inteiro: "inimigo da monotonia".

Ary Barroso era exatamente isto: um inimigo da monotonia. Por isto, inovou tanto e tão bem em todos os setores em que atuou. Sua presença abalou profundamente nossa música popular, da qual se aproximou com o espírito clássico de quem sabe que, no âmago de uma composição musical, pode estar a fuga à transitoriedade para atingir um plano que nos eleve acima de nós mesmos. Ary Barroso compôs para "ficar". Criou sambas e marchas com a certeza de que nelas se achava a essência de um país chamado Brasil. Nisto, e em tudo o que fez, inseriu toda a sua paixão de viver. Este livro é, assim, a história de uma paixão.

Crítica literária
Um Faulkner diferente

Academia Brasileira de Letras, 11/11/2003

Alguns dos grandes escritores romancistas do século XX deixaram depoimentos sobre a arte da ficção. Dentre eles, destaco dois: E. M. Forster e Joyce Cary. O primeiro com o livro *Aspects of the Novel*, o segundo com *Art and Reality*. Parecia que um terceiro romancista importante do século, William Faulkner, não nos legaria trabalhos sobre a estética da ficção que ele tão densa e profundamente inovara.

Mas não era verdade. Nos períodos que foram de fevereiro a junho de 1957 e de fevereiro a junho de 1958, aceitou Faulkner ser *writer in residence* na Universidade de Virgínia, isto é, residir na universidade e estar à disposição de professores e alunos para responder a perguntas, em particular ou em grupo.

Manteve então Faulkner trinta e sete conferências em grupos, o que significava o seguinte: ele não pronunciava conferências propriamente ditas, não se valia de texto escrito, apenas ouvia perguntas e a elas respondia. Todas as perguntas e respostas foram gravadas e taquigrafadas, segundo a tecnologia de um tempo ainda não informatizado.

Quarenta mil pés de *tapes* ficaram depositados na Biblioteca Aldeman da Universidade de Virgínia e, um ano depois, saiu um livro, *Faulkner in the University*, organizado por Frederyck L. Gwynn e Joseph L. Blottner, com o essencial das palavras de Faulkner no decorrer das sessões.

Chamam a atenção os organizadores do volume que as opiniões dadas então por Faulkner podem ter dependido de circunstâncias ocasionais, como do nível da audiência, da sequência das perguntas, de quantas vezes haviam estas sido feitas antes ao autor, da temperatura no dia e, até mesmo, da digestão do escritor – isto é, de tudo o que representasse o estado de espírito do romancista num dado momento e num dado lugar ou, como explicou o próprio Faulkner, em texto introdutório para o volume:

> Essas perguntas foram respondidas, sem ensaio ou preparação, por um homem suficientemente envelhecido em seu artesanato do coração humano para ter aprendido que não há respostas definitivas para coisa alguma – contudo, tão jovem de espírito para acreditar que a verdade pode ainda ser encontrada, desde que alguém a procure sem cessar, experimente e repita os resultados encontrados e volte a tentar de novo.

O que este livro, *Faulkner in the University*, nos mostra é um Faulkner diferente, no sentido de que as perguntas de então o obrigaram a dizer o que talvez não quisesse exprimir voluntariamente. Suas respostas se fixaram no estudo, às vezes quase minucioso, na ficção como obra de arte, mas também, e principalmente, como retrato da condição humana.

Para ele, Stendhal e Proust estariam no ápice de um entendimento do homem posto em livro. Não se esquecia, porém, de que estava falando para jovens. Queria-os como partícipes de uma compreensão da importância da ficção como obra de arte. Daí, o haver, no livro, um capítulo chamado "Uma palavra aos jovens escritores". Insistiu então na verdade como busca permanente, na verdade da presença do homem na Terra, na verdade de sua resistência a tudo o que diminui e empobrece a dignidade maior de ser gente.

Trechos de quase todas as sessões e aulas, de que Faulkner participou, aparecem no volume e, neles, fala o escritor de um sem-número de aspectos de sua ficção e da ficção em geral. O ambiente no Sul dos Estados Unidos, o reaproveitamento de histórias anteriores em livros novos, que técnica de tempo usou neste ou naquele romance, que lugar ocupa o escritor norte-americano na sociedade de seu país, que parte da tecnologia contemporânea poderá influenciar o escritor, que futuro via para as artes em geral, pode o escritor ser político militante? Agirá o romancista como um engenheiro na feitura de seu mundo fictício? Que outros romancistas de seu tempo selecionaria como decisivos?

É importante que seja esse testamento faulkneriano conhecido. Perecível como seja, inquieto no caminhar, no pensar, no escolher, no decidir, o homem resiste e persiste, certo de que só se mantendo de pé conseguirá chegar a uma conclusão sobre a permanente instabilidade na qual vive. Daí minha opinião de que esse testamento de Faulkner seja conhecido. Quem quer que estude a cultura de hoje e os caminhos do homem em nosso tempo, não pode deixar de conhecer o que pensou, sentiu e disse William Faulkner no decorrer das aulas e conversas acontecidas na Universidade de Virgínia em 1957 e 1958.

Schmidt, o brasileiro

Jornal de Poesia, RJ, 6/06/2005

Toda biografia é, de certo modo, romanceada. A autobiografia também. Quem escreve e descreve o que foi a vida de outrem insere sempre no seu trabalho sua própria experiência de vida e/ou sua interpretação dos acontecimentos narrados.

O mesmo acontece, e até em maior grau, com a autobiografia, em que o autor, como dono de sua própria vida, pode sentir-se à vontade para interpretar as ações de que haja participado. É, assim, natural que Letícia May e Euda Alvim classifiquem o livro de ambas, *Quem contará as pequenas histórias?*, como "biografia romanceada de Augusto Frederico Schmidt".

Diga-se, antes de tudo, que se trata de um livro necessário. Não só como poeta – embora principalmente como poeta –, mas também como empresário e homem público, precisávamos de um levantamento de sua vida, de sua obra e de sua participação na política do país. O brasileiro Augusto Frederico Schmidt começou a aparecer como editor, como integrante de um movimento que revelava nomes até então desconhecidos.

Antes, nos anos 20, participaria do ambiente revolucionário em que se pregavam mudanças, inclusive a que agitava os católicos (Jackson de Figueiredo, Alceu Amoroso Lima), quando Schmidt participou do grupo de Alceu. Após a morte de Jackson, passou a dirigir a Livraria Católica.

Em 1930, Schmidt começaria a fazer história. Fundou a Schmidt Editora e lançou a nova literatura brasileira. Sem exagero. Publicou o primeiro livro de Jorge Amado, *O país do carnaval*, publicou *A mulher que fugiu de Gomorra*, de José Geraldo Vieira, e *João Miguel*, de Rachel de Queiroz. Schmidt lançou, de sua pequena editora, mais os seguintes livros: *Caetés*, de Graciliano Ramos; *Casa-grande e senzala*, de Gilberto Freyre; *Oscarina*, de Marques Rebelo; *Maquiavel e o Brasil*, de Otávio de Faria; *Maleita*, de Lúcio Cardoso; *Caminho para a distância*, de Vinicius de Moraes.

Como se vê, poucas pessoas participaram tão ativamente da nova literatura brasileira da época. Contudo, era Schmidt atacado pela "pequenez" de seus lançamentos – houve os que disseram e escreveram que ele estava lançando "gente sem o menor valor". Diante da lista de livros por ele editados e aqui citados, sabemos hoje que o então mais ou menos desconhecido Schmidt (estava com 30 e poucos anos) empurrava o Brasil para a frente com suas edições.

Há que falar de Augusto Frederico Schmidt como poeta. Que o foi, e dos melhores de seu tempo. Seu *Poema de Natal* é citado como típico entre seus versos: "Caminharei em busca do presépio,/ a noite inteira, Senhor./ Não haverá, porém, nenhuma estrela/ Para guiar meus passos.// (...)Mas estarei tão atrasado,/ O tempo terá caminhado tão na minha frente / que me será difícil encontrar teu recanto humilde (...).// "Muitos rirão de mim sabendo que te procuro".

E eis um poema de amor de Schmidt: "Meu amor, a noite cai aos poucos/ Sobre mim, aos poucos sobre mim / E é como terra/ Sobre corpo de morto". O ensaísta belga Karel Jonkheere diz que os poetas flamengos desconfiam do grito, da falta de medida. Jamais se exaltam. O brasileiro Augusto Frederico Schmidt, ao contrário, aos gritos e na maior falta de medida, como que desnuda o nervo de sua canção e de seu ritmo.

Daí a força de sua poesia e o tom doloroso de seus poemas de amor. Seus versos se alongam, estabanados, turbadamente límpidos, no instável domínio do grito que não se contém. É, a sua, uma poesia inconsutilmente ligada ao pensamento brasileiro. Poesia, por isto, permanente, enquanto houver memória da cultura dos que vivem em nossa terra.

O livro fala também dos outros e múltiplos Schmidts: o empresário, o homem de ação, o político, o criador dos supermercados brasileiros (também nisto ele abriu caminho). No governo Juscelino, Schmidt criou a Operação Pan-Americana (OPA), que tentava ampliar a influência brasileira no continente. Participou de inúmeras iniciativas, mas não deixava de ser o poeta. Numa reunião de negócios em 1953, quando o assunto ficou insuportavelmente sem a menor saída, levantou-se e gritou: "Para tudo! Isso é muito enervante! Vamos ler uma poesia".

Uma das páginas mais fortes do livro de Letícia Mey e Euda Alvim é a que descreve a visita feita por Schmidt ao presidente Getúlio Vargas, em 23 de agosto de 1954, véspera do suicídio. O texto é de Schmidt: "A 23 de agosto de 1954, compareci eu ao Palácio do Catete a fim de entregar ao presidente Vargas o relatório da Missão Klein & Saks sobre o problema da alimentação no Brasil. Conversamos também sobre a situação, todos contra Getúlio, o que poderia acontecer?

Palavras de Getúlio: 'Sei que a situação é grave, mas mesmo assim estou tranquilo. Eu sei o que devo fazer e para onde vou, e é por isto que lhe digo que estou tranquilo. Vou numa só direção e para a frente. Quando, enfim, decidimos e sabemos para onde vamos e o que devemos fazer, isso nos tranquiliza'".

Schmidt deixou registrado, em diário: "Reservara-me o destino vê-lo, observá-lo, sentir o seu drama no momento em que sua estrela extraordinária se estava apagando...". A tese do Brasil grande, que Schmidt lançou e defendeu a vida inteira, fixou-a ele numa *Declaração Pan-Americana* que é, na realidade, um poema em 64 linhas (na verdade, 64 versos). Schmidt morreu em 1965. Sua poesia continua.

Quem contará as pequenas histórias?, de Letícia Mey e Euda Alvim, é um livro que traz a este milênio uma figura de brasileiro que lutou para que o País fosse melhor e maior. Vale a pena ser lido pelo muito que revela daquele tempo, em cenas que podem ser tidas também como deste nosso tempo.

Lançamento da Editora Globo, preparação de Eugênio Vinci de Moraes, revisão de Ricardo Jensen de Oliveira, Valquiria Della Pozza, Ana Maria Barbosa e Ronaldo Polito. Capa do Estúdio Darshan, foto de capa: Praia de Ipanema (Peter Timmermans/Getty Images), foto da contracapa: Augusto Frederico Schmidt (Editora Três).

Austregésilo de Athayde

Tribuna da Imprensa, RJ, 20/5/2008

O chão de Austregésilo de Athayde foi o jornalismo. Belarmino Maria Austregésilo de Athayde realizou-se na literatura feita para jornal. Tendo sido a figura mais importante da Academia Brasileira de Letras ao longo de mais de três décadas, nesse período mudou a Casa de Machado de Assis, dando-lhe nova e mais sólida estrutura.

O que é hoje a Academia, sua presença arquitetônica no Centro do Rio de Janeiro, a extraordinária ampliação de seu espaço e o consequente poderio material de seu patrimônio – tudo isso se deve à capacidade de direção e de administração de Austregésilo de Athayde, de tal modo que a ABL é hoje um dos melhores centros de conferências e cursos do país, juntamente com uma atuação permanente em favor da cultura brasileira.

Nosso gênero literário por excelência, a crônica de jornal, de Machado de Assis até hoje, deu um toque especial à nossa literatura. Nela se destacou Austregésilo, que escreveu incessantemente, para o *Jornal do Commercio*, artigos e crônicas de assuntos vários. Todos os que fazemos ou fizemos jornalismo – no meu caso, assinei uma coluna diária, "Porta de Livraria", durante vinte e cinco anos – conhecemos a tensão que nos invade sempre quando temos de escrever artigo ou editorial em cima da hora.

Desde a I Guerra Mundial, a palavra de Austregésilo de Athayde analisou lucidamente o Brasil, com a palavra e a ação. Jornalista e escritor foi ele, imutavelmente, por mais de setenta anos, o jornalista brasileiro por excelência. Relendo o que escreveu e repensando o que fez, talvez seja melhor chamá-lo de o brasileiro por excelência.

Mencionei a palavra e a ação. É que nele as duas se juntavam. Não só a ação política, mas a de responsável por jornais e pela condução da mais importante instituição cultural de nossa gente, a Casa de Machado. Exilado por suas ideias, manteve Austregésilo de Athayde uma presença jornalística permanente, de tal maneira que o espaço do *Jornal do Commercio* que publicava seus artigos, guarda hoje ainda (e sai em livros) a visão aberta que tinha do nosso tempo e de nossos problemas.

O destino ou Deus (era ex-seminarista e Deus deve ter destacado um anjo especial para acompanhá-lo), um outro, ou os dois, levaram-no com certeza à Comissão dos Direitos Humanos da ONU, onde deixou a assinatura brasileira mais importante do nosso tempo.

Estilo, tinha-o Austregésilo de Athayde direto e sem enfeites. Como um Stendhal do jornalismo. Não caía, contudo, no abandono total de adjetivos nem adotava a indiferença fria de quem tudo vê de cima. Pois nele preponderava o entusiasmo, no escrever e no pensar. Era entusiasmado no mostrar o que fazemos e por que o fazemos. Num de seus últimos artigos [publicados] em vida, sobre o livro *Carta aos futuros analfabetos*, do francês Paul Guth, repetia o que foi o tema de toda a sua vida: "Só a educação pode salvar uma comunidade".

Guardamos dele a lição que nos deixou, de uma incessante luta em favor do avanço brasileiro, na direção de uma sociedade justa e próspera. Torno a dizer aqui a palavra que a ele sempre associei: entusiasmo. "Entusiasmo" vem do grego "*theo*" (Deus). Ter entusiasmo é "ter Deus em si". Pois Austregésilo de Athayde foi um brasileiro com entusiasmo no entendimento grego da palavra.

A obra reúne 117 crônicas escritas ao longo de 60 anos, divididos entre o jornalismo e a presidência da Academia Brasileira de Letras, que Austregésilo de Athayde dirigiu por 35 anos desde 1959. Segundo Murilo Melo Filho, "Graças em grande parte a Athayde, a Academia Brasileira de Letras – hoje uma academia dinâmica e sólida, ao mesmo tempo tradicional e moderna, transformada numa instituição de respeito – foi e será sempre uma inexpugnável cidadela intelectual".

Athayde é considerado o grande consolidador da Casa de Machado de Assis. Entre suas realizações, está a construção do prédio de 29 andares do Centro Cultural do Brasil, anexo à ABL. Inaugurado em 20 de julho de 1979, cujo nome não poderia ser mais sugestivo: Palácio Austregésilo de Athayde.

Aspecto importante de *Melhores crônicas* é que, ao lê-las, tomamos conhecimento da própria história do Brasil nesse período.

Melhores Crônicas - Austregésilo de Athayde sai sob a égide da Academia Brasileira de Letras e da Editora Global. O livro tem seleção e prefácio do acadêmico Murilo Melo Filho e organização da escritora Edla Van Steen. Direção editorial de Jefferson L. Alves, gerência de Flavio Samuel e capa de Victon Burton.

Memória

Léopold Senghor, o poeta do socialismo africano

Tribuna da Imprensa, RJ, 2/01/2002

A morte de Léopold Senghor foi um dos maiores desfalques sofridos pela humanidade em 2001. Perdemos, com seu desaparecimento, o poeta e o estadista, mas também o pensador que lutou para tornar compreendidos os fundamentos ontológicos do pensamento africano.

Professor, parlamentar (representou o Senegal no Congresso francês), criador de um país, intérprete de um povo, defensor de um socialismo africano – isto é, um socialismo que respeitasse a realidade e a "situação da África" na linha do que ele chamou de "humanismo negro-africano" – tinha Senghor consciência de que o primeiro desafio a que os africanos precisavam responder, em nosso tempo, era o do idioma.

Para muitos dos escritores da África de hoje, a língua europeia em que escrevem é um segundo idioma, um idioma aprendido, uma língua que não foi a da infância. Claro que um segundo instrumento linguístico não impediu que Joseph Conrad fosse grande escritor de língua inglesa no passado.

A partir dos movimentos de independência de colônias africanas (anos 50 e 60), escritores que haviam começado a falar em uólofe (Senghor), iorubá (Wole Soyinka) e ibô (Chinua Achebe) passaram a escrever poemas, peças de teatro, romances e ensaios no idioma do colonizador: Senghor em francês, Soyinka e Achebe em inglês.

Todo o movimento que constituiu a base da negritude e assumiu expressão francesa foi seguido por um surto de literatura de língua inglesa, ainda em plena ascensão. Já escrevi alhures que não vejo possibilidade de, em futuro próximo, tornar-se uma língua africana veículo importante de expressão internacional e literária.

As exceções poderiam ser o *swahili* e o malgaxe. Em Madagascar, principalmente, tem sido grande, nesse particular, o avanço. Conseguiram os habitantes dessa ilha formar uma língua em que entraram o sânscrito, o português, o francês e idiomas africanos.

Métrica da negritude

Antes mesmo de a poesia de Léopold Senghor haver mostrado ao mundo uma nova face da África, já o poeta malgaxe Jean-Joseph Rabéarivelo, que se suicidou em 1937, revelava sinais da mudança que se processava naquele continente. "O rato roendo a lua" de um de seus poemas de *Traduits de la nuit* representava um tom novo na poética africana, tom de influência europeia, mas com uma direiteza de expressão que fazia parte do complexo ontológico da filosofia negra, mais tarde estudada pelo padre Placide Tempels.

Na linha de Blake e Rimbaud, embora sem filiação direta à poesia do inglês ou à do francês, tinha Rabéarivelo o dom da visão poética. Sua presença em Madagascar, no período de entre-guerras, poderia ser tida como profética: nele, um homem da terra atingia, em francês, um poder de expressão que até então parecera reservado à literatura nascida na Europa.

Não havia, em Rabéarivelo, marcas fortemente africanas, que apareciam em Senghor, apesar do, por outro lado, profundo significado europeu da poesia senghoriana. Seu verso largo vem de ritmo africano ao mesmo tempo que se aproxima da poética de Saint-John Perse. No caso deste, a poesia, mesmo sendo francesa, buscava inspiração em ventos de fora, nos do deserto de Gobi, nos da Patagônia.

Em Senghor, a africanidade de seu pensamento, a negritude de sua métrica – ligada ao tantã do tambor comum do continente – tudo o levava – tudo obrigava aquele dominador do idioma francês e do pensamento cartesiano – a não se soltar das fundas implicações de sua terra.

Visitando o Brasil

Quando visitou o Brasil oficialmente em 1964, na qualidade de presidente da República do Senegal, promovi um encontro em minha casa, a pedido do próprio Senghor, que desejava conhecer pessoalmente poetas brasileiros. Lá estiveram Carlos Drummond de Andrade, Manuel Bandeira, Vinicius de Moraes, Augusto Frederico Schmidt, Homero Homem, Nilo Aparecida Pinto, entre muitos outros.

Cecília Meireles estava internada então no Hospital dos Funcionários Públicos, não pôde comparecer, mas pediu-me que ligasse para ele e colocasse o poeta visitante ao telefone, o que fiz. Conversaram durante 15 minutos. Na mesma época, poemas de Senghor saíram em vários jornais do Rio.

De minha parte, traduzi os versos de *Oração às máscaras* que tem este início: "Máscaras! Ó Máscaras! / Máscaras negras, máscaras vermelhas, e vós máscaras pretas e brancas, / máscaras retangulares onde o espírito respira, / eu vos saúdo em silêncio! Saúda, em seguida, o ancestral, a memória, o ar da eternidade e personaliza o espaço: aqui onde respiro o vento de meus pais".

Herança do homem de sensações

Na base do pensamento – poético – de Senghor, estava sua filosofia de vida. E sua convicção de que o método de conhecimento africano (sua epistemologia) é tão respeitável como qualquer outro e mesmo bem mais avançado no plano da filosofia de agora do que muitos. A forma, por exemplo, que o "socialismo científico" foi superado pelos métodos contemporâneos do conhecimento, o fenomenológico e o existencialista, que proclamam a coexistência da razão e da intuição no ato de conhecer.

Ora, diz Senghor, este é e tem sido precisamente o tipo de conhecimento negro-africano. Diante do "objeto" a ser conhecido, diante do "outro" (seja esse "outro" Deus, animal, homem, árvore ou pedra, fato natural ou fato social), não se coloca o africano na atitude clássica do europeu, que é a do alheamento.

Para o negro africano – um "puro campo de sensações" –, o "objeto" não se desgarra de quem o conhece. O sujeito toca o objeto, apalpa-o, sente-o, simpatiza com ele, conhece-o, é ele. Acrescenta Senghor que o negro-africano não usaria o "logo" da filosofia europeia (penso; logo existo), mas, homem de sensações (de toques, danças, cantos), poderia dizer: "Eu sinto, eu danço o Outro; eu sou". Como herança aos poetas do século XXI, deixa-nos Senghor o "abandono ao objeto" ao invés do "apego ao sujeito", não a razão-olho da Europa, mas a razão-toque, a razão-amplexo do pensamento africano, que está mais próximo do logos grego do que da *ratio* latina.

Um tema: o Prêmio Nobel
O caso Jorge de Lima

Página de Antonio Olinto no *site* da
Academia Brasileira de Letras, 26/06/2007

Não há a menor dúvida de que existe, na literatura brasileira, um "caso" Jorge de Lima. Tendo sido, na opinião de muitos críticos e poetas do Brasil e de outras partes do mundo (incluindo o autor destas linhas), aquele que mais longe foi em nossa terra na feitura do verso e no uso da poesia como expressão de um povo e de uma nação, é de espantar seja ele posto de lado – permanentemente de lado – pela presente comunidade literária do país. Em vida, teria sido normal, por ser católico praticante e ortodoxo, colocá-lo sob suspeita.

Foi o que aconteceu com Jackson de Figueiredo, com Alceu Amoroso Lima, mais ainda com Gustavo Corção e até com Murilo Mendes, que era um católico discreto. Só depois, no decorrer do regime militar que tivemos, católicos e esquerdistas fizeram mais ou menos as pazes. Mas, então, Jorge de Lima já estava morto havia 15 anos.

Como pode nosso maior poeta ser colocado, por gerações posteriores, em nível tão baixo? Como pode ser tão esquecido? Como pôde ter sido candidato à Academia Brasileira de Letras cinco vezes e não ter sido eleito? Perguntei certa vez a Clementino Fraga por que motivo a Academia Brasileira de Letras recusara Jorge de Lima.

Resposta: "Ele era um ingênuo. Imagine que, uma vez, sendo candidato, mandou-me um telegrama de quarenta palavras para dar-me os parabéns a uma neta minha, de 10 anos, cujo aniversário um jornal noticiara. De outra vez, candidato, Jorge de Lima pediu ao grande escritor francês Bernanos, exilado no Brasil, para mandar cartas a acadêmicos brasileiros pedindo votos para ele. Bernanos escreveu ao amigo: 'Você está acima disto, não precisa da Academia, mas vou fazer o que me pede'".

Arthur Lundkvist, da Academia Nobel sueca, em conversa sobre poesia, contou-me que, terminada a II Guerra Mundial, foi convidado por uma companhia marítima para ir à Índia, em navio que devia deter-se um dia no Rio de Janeiro. Admirador de Jorge de Lima, cujos poemas lera em inglês, espanhol e mesmo no pouco português que sabia, assim que o navio ancorou na Praça Mauá, saiu com o endereço de Jorge.

Soube que bastava entrar naquela avenida – a Rio Branco – e lá no fim estava a Cinelândia, onde o médico Jorge de Lima trabalhava. Arthur e Jorge conversaram o dia todo, almoçaram juntos e, no fim da tarde, Arthur voltou ao navio e seguiu para a Índia. Mais tarde, na Suécia, conheci Arthur, tornei-me seu amigo e dele ouvi o seguinte: "De volta a Estocolmo, conversei com vários acadêmicos e chegamos à conclusão de que poderíamos dar o Prêmio Nobel a Jorge de Lima no fim dos anos 50". Mas Jorge morreu em 1952.

Poema de um povo, continua a *Invenção de Orfeu* a nos representar como autêntica *Invenção da verdade*, numa estirpe greco-romano-luso-afro-indígeno-brasileira, com a presença de versos de Virgílio na bela tradução de Odorico Mendes, e uma *arma virumque cano*, com um barão assinalado com Inês de Castro, Dante e Beatriz, até que "um cavalo todo feito em lava" golpeia o poema de alto a baixo.

Como no romance de Ponson du Terrail, do homem "que montou no cavalo e saiu galopando em todas as direções", também os versos de Jorge de Lima galopam em todas as direções. A Inês de Camões, juntamente com a figura de Virgílio, é a mesma e, contudo, diferente. Brasileira também, causa e efeito, mãe e filha.

Invenção de Orfeu é o poema da maturidade brasileira. Nossas dependências de uma tradição, de uma igreja, de cânticos recebidos da África, de um estilo, de um modo de falar e de criar palavras, de um sistema de vida, de uma certa maneira de sentir o dia a dia, nossos desejos, nossas paisagens, nossas vogais. Tudo é matéria para Jorge de Lima extrair – de um passado que, além de nosso, tem profundos lanhos de outros tempos – a mensagem de um povo que é um estranho aglomerado de gente num espaço em ebulição.

A mais recente edição de *Invenção de Orfeu* é da Editora Record. Orelhas de Claufe Rodrigues. Ilustração de capa de Wassily Kandinsky (1922).

O Prêmio Nobel

Tribuna da Imprensa, RJ, 2008

Todos os anos, no começo de outubro, o mundo literário se agita com a proclamação do nome do vencedor do Prêmio Nobel de Literatura, que costuma sair na segunda quinta-feira desse mês, como também aconteceu este ano. O premiado foi o francês Jean-Marie Gustave Le Clézio, que, em 1973, Jorge Amado e eu encontramos numa reunião literária em Paris, onde a editora Stock lançava meu romance *A casa da água* (*La maison d'eau*). Soube então que ele passara parte da infância na Nigéria, onde o pai trabalhara e onde viveu três anos, tendo ele então nos falado da parte importante da África na sua literatura. Na época, era candidato ao Nobel o nosso Jorge Amado, que teve sua candidatura mantida entre os anos 70 e 80.

Sou testemunha de haver um brasileiro estado perto do Prêmio Nobel. Foi um grande poeta, hoje num ostracismo sem explicação. Falo de Jorge de Lima. Ao longo de minhas viagens à Escandinávia, quando morava em Londres (lá passei 15 anos de minha vida com Zora), fiz um bom número de conferências em Estocolmo e, no decorrer delas, fiquei amigo de Arthur Lundkvist, membro da Academia Sueca. Zora e eu costumávamos almoçar com Arthur e Maria toda vez que estávamos na Suécia.

Foi assim que fiquei sabendo com detalhes do que aqui vou contar (já o contei antes, mas é oportuno lembrar). Arthur sabia línguas latinas. Lia normalmente em francês, italiano e espanhol. Por causa desta última, começou a ler também português, principalmente poesia. Leu poemas de Jorge de Lima e se encantou com eles. Sabia de cor alguns dos poemas negros de Jorge de Lima.

Contou-me que, logo depois da Segunda Guerra Mundial, como admirava a Índia e sonhava em visitá-la, recebeu o convite de uma companhia de navegação comercial da Suécia para ir à Índia. Aceitou e ficou alegre de saber que o navio parava no Rio de Janeiro, onde passaria um dia inteiro. Pediu à Embaixada do Brasil em Estocolmo o endereço de Jorge de Lima no Rio e obteve o do consultório médico mantido pelo poeta na Cinelândia. Ao descer na Praça Mauá, foi informado que, seguindo aquela avenida (a Rio Branco) até o fim, chegaria à Cinelândia.

Alcançou o consultório às 10 da manhã e passou o dia conversando com o poeta. Almoçaram juntos e visitaram o Passeio Público. À noite, Arthur voltou ao navio e seguiu para a Índia. De regresso à Suécia, disse a seus colegas acadêmicos de seu encontro com um poeta que se qualificava para o Nobel. Houve um entendimento que a data do prêmio poderia ser 1958. A morte de Jorge de Lima em 1952 eliminou o plano.

No caso de Jorge Amado, sabe-se que ele foi um dos finalistas no ano em que outro escritor, do Egito, Nagib Mahfouz, saiu vitorioso, pela diferença de dois votos. Jorge Amado patrocinou, durante vários anos, a candidatura do escritor português Ferreira de Castro, autor de um romance amazônida, *A selva*. Outro que Jorge Amado patrocinou foi Miguel Torga, que o merecia (Torga seria o primeiro escritor a obter o Prêmio Camões).

Com a América Latina já com vários prêmios Nobel (só o Chile teve dois), o Brasil poderia ter sido lembrado antes. Acho que até Machado de Assis poderia ter sido premiado. O Prêmio Nobel teve início no ano de 1900 (fui convidado para assistir a seu cinquentenário em 1950) e Machado de Assis, que morreu em 1908, deu ao Nobel oito anos para ser descoberto. E talvez não tenha havido quem mais o merecesse.

Voltando ao premiado de agora, diga-se que a obra de Jean-Marie Gustave Le Clézio tem uma força rara e está muito à vontade ostentando o maior prêmio literário de todos os tempos. E o Brasil não deixa de participar de seu trabalho pela sua admiração por Euclides da Cunha, a quem presta reverência, por informar que se inspirou em *Os sertões*, no seu livro *A quarentena*, editado no Brasil em 1997 pela Companhia das Letras.

O último artigo

Meu amigo Alencar

Jornal do Brasil, RJ, 28/02/2009

O tempo, dizia Antonio Vieira, "tudo cura, tudo faz esquecer, tudo gasta, tudo digere, tudo acaba".

Sabemos, no entanto, que a memória vence o tempo. Como nos ensinou Proust, a memória é o antitempo, o remédio para as fissuras do tempo, e só na memória palpita uma possível imortalidade. Parafraseando Michelet, podemos dizer que memória é ressurreição. E acrescento que país sem memória está morto e não sabe.

Pois, há 40 anos, o ministro Magalhães Pinto, então titular do Ministério de Relações Exteriores (Itamaraty) me convidou para ser adido cultural do Brasil em Londres. Eu acabara de escrever meu romance africano *A casa da água*, que a Bloch Editores queria lançar no ano seguinte, 1970. Combinei que, nas minhas primeiras férias, viria para o lançamento. Antes de eu viajar, porém, telefonou-me Ozanan Coelho, então deputado federal e mais tarde governador de Minas, que fora meu colega no Colégio Brasileiro de Dona Sinhá, em Ubá, para me dizer que um empresário local desejava oferecer-me um jantar de despedida na minha terra natal.

Disse-me quem era. José Alencar, dono de uma fábrica de camisas e dos mais ativos membros da indústria ubaense.

Deu-me detalhes. Alencar fora o 12º filho de uma família de 15, de que apenas os três primeiros fizeram cursos completos, formando-se em direito. Os outros haviam feito o primário e o secundário. Completou que Alencar fazia questão de me oferecer esse jantar de despedida e que levasse comigo quem eu quisesse do Rio de Janeiro. Resolvi que, além de mim e de Zora, iria meu padrinho de casamento, o escritor José Condé. De Belo Horizonte foi Vivalde Moreira, presidente da Academia Mineira de Letras, e de Ubá compareceram escritores e professores da terra, que mais tarde fundariam a Academia Ubaense de Letras. O jantar foi um sucesso, com notícias em jornais de Ubá e de Belo Horizonte, e Alencar me presenteou com perto de 10 camisas de sua fábrica.

Creio que cinco anos depois, recebi em Londres a visita de Alencar. Perguntei: "Como vai a fábrica de camisas?" Resposta: "Fábrica de camisas? Agora eu tenho várias fábricas de tecidos, em Belo Horizonte, em São Paulo e no Nordeste. Vim a Londres porque desejo comprar máquinas na Escócia. Como não domino o inglês, gostaria que você me indicasse alguém da Embaixada para, como intérprete, me ajudar na Escócia". Foi assim que a funcionária Regina o acompanhou. Na volta, perguntei: "Tudo bem?" Resposta: "A máquina que imaginei não existe, mas eles dizem que podem seguir a minha ideia e fazê-la. Paguei a metade do custo, e dentro de alguns meses a máquina estará no Brasil".

Anos depois vim ao Brasil em férias e fui visitá-lo em Belo Horizonte, onde Alencar já tinha um prédio de 12 andares e resolvera ser candidato ao Senado. Foi eleito, e quando Lula precisou de um vice mineiro, foi a Belo Horizonte convidá-lo.

No centenário do nascimento de Ary Barroso, em 2003, fui escolhido para presidente da comissão dos festejos da comemoração à data e resolvi escrever um livro, Ary Barroso, história de uma paixão. Fui a José Alencar e pedi que aceitasse escrever o prefácio de meu livro, o que ele fez, e muito bem.

Agora, na sua luta contra uma doença mortal, estamos todos acompanhando seu modo de agir, com sua presença permanente nos problemas do país, dando-nos um raro exemplo de vida e de força moral. Muito obrigado, meu querido Alencar.

Membro da Academia Brasileira de Letras, vice-presidente do Pen Club Internacional e doutor *Honoris Causa*, da Fagoc (MG) e da Universidade Vasile Goldis, de Arad, na Romênia.

Parte IV Na Academia Brasileira de Letras

Antonio Olinto
Discurso de posse

(12/09/1997)

Chego a vós, senhores acadêmicos e meus confrades, em tempos de mudança. Chego a vós no início do segundo centenário da Academia Brasileira de Letras, sou mesmo o primeiro a ter sido eleito e a tomar posse depois das comemorações dos cem anos desta Instituição. Aqui chego no momento em que o Brasil adota o exercício da memória como instrumento da identidade nacional. Existimos porque temos memória, porque a usamos contra o esquecimento. Dizia Antônio Vieira:

Tudo cura o tempo, tudo faz esquecer, tudo gasta, tudo digere, tudo acaba. Sabemos, no entanto, que a memória vence o tempo. A memória é o antitempo, o remédio para as fissuras do tempo, e só na memória palpita uma possível imortalidade.

Chego à Academia a três anos do fim do século e do milênio, quando o velho instrumento de Guttenberg penetra em novas dimensões de feitura, sem perder sua instrumentabilidade impressora, sua formatação de superfície lisa sobre a qual se inserem as letras, os símbolos, os números, os desenhos, os traços geométricos. A palavra é a semente de tudo, e ela se imprime na tela, no papel, no couro, na areia de Iperoig. A luz que sobre ela incide é a da vela, a do dia nascendo, a do dia morrendo, a do holofote, a da máquina receptora de imagens. Ganhamos velocidade na reprodução dos textos, o que não deixa de ajudar na sua criação. A memória passou a explodir em rápidas iluminações que em si não superam as de Rimbaud, mas que as levam com mais rapidez a olhos longínquos. A vitória sobre o tempo – transitória como tudo o que dura – influi em nossa avaliação de pessoas e acontecimentos, de ontem e de hoje, talvez até de anteontem e de amanhã.

Mas não há tempo sem espaço. Espaço é tempo medido em linhas tangíveis e concretas, espaço é tempo transformado em corpo. Cuidai que não justaponho os dois conceitos e as duas palavras por simples malabarismo: é que o espaço a que me refiro é o espaço brasileiro, o país em si, na sua largueza física, na sua diversidade, na sua unidade, no seu chão, nas suas águas, na sua fauna, nas suas flores, nos seus frutos e na massa compacta e firme de sua gente. É o espaço brasileiro jungido a um tempo brasileiro, e nessa união existimos, com nossa presença e nossa memória. Nessa união juntam-se verdades do tempo e verdades do espaço.

A memória brasileira palpita principalmente nos cem anos desta Academia. É a memória nua e crua tanto quanto a memória glorificada. A memória do sonho tanto quanto a memória da sombra. Em seus arquivos e na obra de seus membros, erguem-se os dois Brasis, o Brasil que sonha e o Brasil que pensa. Há muito descobrimos que precisamos de ambos. Sem o primeiro, não conseguimos pensar grande no planejamento da terra em que nossos descendentes viverão. Sem o segundo, não saberemos como chegar lá. Estamos, assim, na grande casa em que o ser brasileiro ganha memória do passado e memória do futuro, tanto do futuro provisório como do que esteja contido em cada ato que hoje façamos, nas decisões do momento, no que pensamos, no que escrevemos, no que fazemos.

Temos conosco um Brasil criado por Machado de Assis, que nos previu e entendeu, mais do que isto, nos plasmou e nos fez. Num belo trabalho de pesquisa e criação, nosso companheiro Josué Montello pinçou a memória de Machado, num levantamento analítico a que deu o nome de *Memórias póstumas de Machado de Assis*. Qualquer que seja o ângulo em que pensemos Machado, lá estão suas memórias de um Brasil do século XIX, não mais o do tempo do Rei, como informava Manuel Antônio de Almeida, mas o do Imperador e do País independente. Poesia ou prosa, ficção ou registro histórico, análises críticas ou crônicas do dia a dia, em todos os gêneros literários em que exerceu denso conhecimento do ser humano e uma compaixão cética pelas suas fraquezas, Machado de Assis mostra, pelas mãos de Josué Montello, a memória de um país que atingia a idade madura.

Chego à Academia Brasileira de Letras com as memórias de Machado de Assis e de todos os que por ela passaram e nela estão. Essa memória coletiva nos empurra para a frente. Percorrerei uma parte da memória desta Casa ao falar de cada um dos brasileiros que pertenceram à minha Cadeira, a de número 8. Vereis que uma faixa de nosso pensamento nela se concentra, do poeta Cláudio Manuel da Costa nos tempos da Inconfidência, passando pelo poeta Alberto de Oliveira que, nascido no século XIX, viveria até o limiar do Estado Novo de Getúlio Vargas em 1937, pelo pensador social Oliveira Viana, cujo passamento se deu em 1951, pelo jornalista e cronista Austregésilo de Athayde, que dirigiu e mudou esta Casa durante quase 34 anos de sua presidência, e finalmente Antonio Callado, romancista, teatrólogo, jornalista e analista político, de saudosa memória, morto em janeiro último. São mais de duzentos anos de nossa história intelectual e política, vistos através de uma cadeira desta Casa. Mas não é somente ela que nos oferece um panorama, um retrato deste país de língua portuguesa e de múltiplas misturas étnicas e pensamentais. Todas as outras 39 cadeiras têm características parecidas, com os patronos escolhidos desde o mais antigo, Gregório de Matos, nascido em 1623, até o que cessara de existir menos de dois anos antes de fundada a Academia Brasileira de Letras, Raul Pompeia, morto em 1895.

Como se sabe, cada fundador desta Academia escolheu, entre escritores brasileiros mortos, um nome para patrocinar sua cadeira. Era, assim, natural que houvesse uma acentuada afinidade entre o acadêmico e seu patrono. A indicação de Cláudio Manuel da Costa por Alberto de Oliveira surgiu como resultado dessa afinidade, tal era a admiração do segundo pelo primeiro. Ambos poetas, ligados por um culto à forma, diferente em cada caso, mas semelhante no que representava como reação a modismos anteriores: num, o classicismo europeu, principalmente o gongorismo espanhol – e noutro, o romantismo.

Depois que o movimento arcádico apareceu em 1690, fundado por um grupo de 14 poetas, nos salões que a Rainha Christina da Suécia mantinha em Roma, o arcadismo logo se expandiu pelos países latinos, vindo a chegar a Portugal no século seguinte.

Numa evocação à parte, registre-se que o nosso Antônio Vieira, quando em Roma, esteve e falou no Palácio de Christina que, depois de haver sido rainha em sua terra, assumira o papel de mecenas na Cidade Eterna.

No momento em que as arcádias se tornaram realidade em Portugal, lá estava Cláudio Manuel da Costa que, nascido perto de Mariana, Minas Gerais, estudava em Coimbra. A Arcádia fora uma região da Grécia cujos habitantes, em geral pastores, eram hábeis no canto e na flauta. Cláudio Manuel da Costa mergulhou na poética da moda, passou a ver pastores e deuses gregos nas margens do Mondego. Sentia-se infeliz por não poder transplantar para Minas Gerais as imagens daquele "paraíso de inocência e felicidade", tal como fora a Arcádia grega classificada e como os árcades de Portugal viam sua terra. De volta ao Brasil, quisera ser padre, mas não conseguira inscrever-se no seminário de Mariana, aquietando-se em Vila Rica, onde continuou fazendo o que mais sabia e queria fazer: poemas. Melancólicos e líricos, são dele alguns dos melhores sonetos da língua portuguesa. Dirigia-se à natureza, como no seu belo soneto que tem estes quatro versos:

> Para cantar de amor tenros cuidados,
> Tomo entre vós, ó montes, o instrumento,
> Ouvi pois o meu fúnebre lamento;
> Se é que de compaixão sois animados.

Ou no soneto de amor que diz:

> Nize? Nize? Onde estás? Aonde espera
> Achar-te uma alma que por ti suspira;
> Se quanto a vista se dilata, e gira,
> Tanto mais de encontrar-te desespera.

Embora obediente aos cânones arcádicos, procurou o poeta, no poema Vila Rica, abandonar o espaço pastoril da Europa e mostrar realidades brasileiras como as descrições que faz de um engenho de açúcar e da cata do ouro:

> Da mole produção da cana loira
> Verdeja algum terreno, outro se doira;

E, logo depois, fala na "ardente fornalha" e nos "brancos torrões", que sofrem "estímulos do fogo". Em outros versos, descreve os serviços que o trabalhador nas minas faz nas serras e morros para a extração do ouro e canta a forma:

> Com que o sábio mineiro entre o cascalho
> Busca o loiro metal.

Partícipe do movimento da Conjuração de Vila Rica, preso, suicidou-se ou foi morto. Qualquer haja sido o modo de seu fim, pode o poeta ser considerado um mártir da nossa Independência, juntamente com Tiradentes.

Alberto de Oliveira viveria em outro tempo. Nasceu quando o Brasil autônomo completava 35 anos. Acentuavam-se as mudanças, mas Alberto de Oliveira atravessou-as todas com um firme propósito: a determinação de ser poeta. Pode-se dizer que ele só teve uma ideologia: a da forma perfeita, a do verso de mármore, independente e puro. Foi, nesse particular, mais parnasiano do que os outros dois líderes da escola, Olavo Bilac e Raimundo Correia. Escolhia a palavra pelo seu peso no verso e por todos os escaninhos sonoros de seu ritmo, quase que numa valorização exclusiva do som puro sobre os significados. Ao entrevistar, em 1950, o poeta Paul Éuard, em Paris, dele ouvi esta definição:

> Poesia é a linguagem que canta.

Isto dito por quem era, após a suposta morte do parnasianismo, revela a permanência, em secretos compartimentos da memória, de técnicas antigas que um escritor pega, às vezes séculos mais tarde, para renovar a expressão literária de seu tempo. Não se duvida haja Alberto de Oliveira atingido um ápice da poética brasileira. Seu soneto *Vaso grego*, em estilo diferente, pode ser posto ao lado da famosa ode à urna grega de Keats, cujo verso "*A thing of beauty is a joy for ever*" virou filosofia de vida. Eis o primeiro quarteto de *Vaso grego*:

> Essa, de áureos relevos, trabalhada
> De divas mãos, brilhantes copa, um dia,
> Já de aos deuses servir como cansada,
> Vinda do Olimpo, a um novo deus servia.

Pertencente a uma família de 17 irmãos e irmãs, em que todos faziam poesia, poucos poetas nossos tiveram participação tão viva na literatura de um tempo como Alberto de Oliveira, cujas palavras raras, confirmando sua adesão às normas parnasianas, levavam, e ainda levam, muitos leitores ao dicionário. Usava termos assim: úsnea (líquen, penugem), lisins (veios da pedra), esconsa (inclinada, oblíqua) ou punícea (vermelho, cor de romã).

Como neste verso em que aparecem duas dessas palavras:

> O gotear dos lisins de esconsa pedra.

É como se tentasse mostrar que o som de uma palavra insinua um pouco do que significa, numa onomatopoética além do signo imediato. E um poeta de outra vertente, Mario de Andrade, em sua *Carta aberta a Alberto de Oliveira*, pôde dizer:

> Quando releio "Por amor de uma lágrima", certas páginas do Livro de Ema, aquela sublime "Voz das árvores", a admirável "Sala de baile", bem sei que tenho um poeta junto de mim.

A *Voz das árvores*, que Mario de Andrade chama de "sublime", é este poema de amor a Margarida.

> Acordo à noite assustado.
> Ouço lá fora um lamento...
> Quem geme tão tarde? O vento?

Não. É um canto prolongado
- Hino imenso a envolver toda a montanha:
São, em música estranha,
Jamais ouvida,
As árvores, ao luar que nasce e as beija
Em surdina cantando,
Como um bando
De vozes numa igreja:
Margarida! Margarida!

José Francisco de Oliveira Viana, nascido no ocaso do Império, e um de seus livros mais representativos tem precisamente esse título, sucedeu a Alberto de Oliveira na Cadeira número 8, numa espécie de homenagem ao seu antecessor. Ambos fluminenses de Saquarema, ao longo dos anos de 1920 e 1930, amigos de Oliveira Viana insistiram em que ele se candidatasse à Academia. Entre eles, o que mais veementemente argumentava em favor dessa candidatura era Alberto de Oliveira. Morto este, decidiu José Francisco inscrever-se na vaga. Sociólogo e pensador político dos mais lúcidos deste país, tinha Oliveira Viana uma postura sacerdotal, visível em tudo o que fazia – no seu estilo de vida, no seu trabalho de escritor, em suas pesquisas, no modo como sentiu e entendeu o Brasil. O autor de *Instituições políticas brasileiras*, cuja formação intelectual se deu em plena República, viu a terra dele, e nossa, como um todo, percebendo, em cada fase do desenvolvimento brasileiro, uma afirmação nativista e um esforço de expansão que levava os colonizadores a esquecer o confinamento ibérico para pensar o novo território em termos de uma expansão maior. Conseguiram, assim, ir além do limite de Tordesilhas e estabelecer as bases de um país de dimensões continentais, de língua portuguesa, cercado de unidades políticas menores, de língua espanhola – todos, porém, de germe ibérico, romano-visigótico-árabe. Constatou Oliveira Viana que nossa elite se preocupava mais com o estudo minucioso da realidade europeia do que com a análise de acontecimentos brasileiros. Cito-o:

> Ainda somos um dos povos que menos estudam a si mesmos: quase tudo ignoramos em relação à nossa terra, à nossa raça, às nossas tradições, à nossa vida, enfim, como agregado humano independente.

Entre o primeiro pós-guerra de nosso tempo, quando Oliveira Viana escreveu essas palavras, e hoje, muita coisa mudou. Pensamos bem mais brasileiramente do que então, mas, do ponto de vista histórico, ainda não nos demos conta de que a memória vence o tempo. Somos todos testemunhas, em nossos dias, de que uma boa parte da comunidade cultural brasileira desconhece a história do nosso Império e, quanto ao século XIX, sabe mais de Disraeli e Gladstone na Inglarerra e das transformações políticas francesas pós-1870 do que sobre os gabinetes Saraiva, Ouro Preto, Zacharias, Sinimbu, no Segundo Império brasileiro. Há também nisso um velho patrulhamento da República e dos republicanos brasileiros contra o Império e tudo o que a ele dissesse respeito.

Quem de fato conhece hoje entre nós a história de nosso parlamentarismo e de que modo influiu ele nas instituições políticas de que dispomos neste final de milênio?

A análise que Oliveira Viana fez dos partidos políticos de seu tempo não precisa de acréscimos: continuamos no mesmo ponto em que estávamos quando da queda do Gabinete Zacharias em 1868 – isto é, os partidos políticos não eram, como ainda não o são, intérpretes de uma diretriz de governo definida.

A obra-prima de Oliveira Viana é principalmente *Populações meridionais do Brasil*, largo panorama de um povo em formação. Alfredo de Taunay classificou-o como "livro de sociologia aplicada à história". Era mesmo na história que Oliveira Viana se apoiava para suas pesquisas, sabedor de que a história é tempo inamovível, mesmo quando morto. Ninguém se mostrou mais nacionalista nesses estudos do que ele. Basta que se atente para o modo como apresentava a evolução de nosso pensamento político e os acontecimentos por ela provocados. Para ele, não existiam séculos XVI, XVII, XVIII e XIX. Havia apenas um tempo, o tempo brasileiro, concentrado no País, com exclusão de tudo o mais. Assim falava em século I para definir o que ocorreu no Brasil entre 1501 e 1600. Os seiscentos seriam o século II. Tinha a opinião de que nosso século mais forte e mais significativo fora o século III, o do ouro, do diamante, do Aleijadinho, o da conjuração mineira, o dos poetas Santa Rita Durão, Basílio da Gama, Cláudio Manuel da Costa, Antônio Gonzaga, Alvarenga Peixoto, o de Tiradentes. De outro modo não pensou o professor C.R. Boxer, do King's College, da Universidade de Londres, que no excelente livro *The Golden Age of Brazil*, publicado 40 anos depois do mais conhecido trabalho de Oliveira Viana, chamava esse mesmo período de "Idade do Ouro", no duplo sentido de ter sido o da grande produção do metal, mas também o da importância daquela conjuntura histórica da colônia. O ouro brasileiro enriqueceu setores decisivos da Europa de então e ajudou a financiar a revolução industrial da Inglaterra. O nosso século IV, de dom João VI, da Independência, dos imperadores e da República, marcaria o começo do exercício de uma autonomia difícil, e foi no seu livro *O ocaso do Império* que Oliveira Viana analisou esse período, tendo como lema o que diz no prefácio dessa obra:

> ... há os que historiam fatos e os que historiam ideias. Neste livro, eu procuro de preferência historiar ideias.

Seu objetivo era definir, de maneira precisa, o papel exercido na queda da monarquia pela ideia federativa, pela ideia republicana...

Agora que terminamos o nosso século V e nos aproximamos de novo milênio, que será o século VI brasileiro, essa classificação pode ensinar-nos a adotar uma concentração em nossos problemas, em nossas opções, nossas necessidades absolutas, em nosso povo – por muito que precisemos de referências técnicas, financeiras e/ou ideológicas de fora.

Vale a pena mencionar, no caso de Oliveira Viana, uma característica, talvez mania, sestro, no escrever. Jamais usava a letra "A" para iniciar frase ou parágrafo. Sua boa prosa tinha de achar subterfúgios na colocação dos vocábulos a fim de evitar um "A" inicial. Às vezes, mudava de termo ao começar frase ou título, como *O ocaso do Império* em vez de "A queda do Império". De vez em quando, depara-se com um "A" no início e, vai-se ver, é uma transcrição de texto de outro autor.

Com a morte de Oliveira Viana, eleito para sucedê-lo, transformou-se Belarmino Maria Austregésilo de Athayde na figura mais importante da Academia Brasileira de Letras ao longo de mais de três décadas. Escolhido para presidente desta Casa em 1959, manteve-se no cargo até seu passamento, em 13 de setembro de 1993. Nesse período, mudou a Casa de Machado de Assis, dando-lhe nova estrutura.

O que é hoje a Academia, sua presença arquitetônica no centro do Rio de Janeiro, a extraordinária ampliação do seu espaço e o consequente poderio material do seu patrimônio - tudo isto devemos à capacidade de direção e de administração de Austregésilo de Athayde.

Seu chão foi o jornalismo. Realizou-se na literatura feita para jornal. Por volta de 1951, diante do preconceito – então mais forte que hoje – de que jornalismo era uma forma inferior de escrita, escrevi uma série de artigos que foram, logo depois, colocados num livro chamado *Jornalismo e literatura*. Defendi a tese de que jornalismo é literatura, passível de tanta qualidade como qualquer outro gênero literário. O que o distingue de outras formas de escritura é que jornalismo é literatura sob pressão – pressão do tempo e pressão do espaço. Há um tempo definido, intransferível quase sempre, dentro do qual a obra tem de ser entregue, e a matéria deve ocupar um espaço limitado. Essas duas pressões determinam em geral a feitura da obra que, mais do que outras, precisa ser enxuta e concreta. Contudo, a poesia integra também o elenco de possibilidades jornalísticas, e nisto se destaca o gênero brasileiro por excelência – a crônica de jornal, que, de Machado de Assis até hoje, deu um toque especial à nossa literatura. Situou-se nesse terreno a atividade permanente de Austregésilo de Athayde, que escreveu incessantemente no *Jornal do Commercio* artigos e crônicas, de assuntos vários, no espaço hoje ocupado por Carlos Heitor Cony. Todos os que fazemos ou fizemos jornalismo profissional – no meu caso, assinei uma coluna diária, "Porta de Livraria", durante 25 anos – conhecemos a tensão capaz de nos dominar sempre que temos de escrever artigo ou editorial em cima da hora.

Desde a I Guerra Mundial, a palavra de Austregésilo de Athayde analisava lucidamente o Brasil. A palavra e a ação. Jornalista e escritor, foi ele, imutavelmente, por mais de 70 anos, o jornalista brasileiro por excelência. Relendo o que escreveu e repensando o que fez, talvez seja melhor chamá-lo de o brasileiro por excelência.

Mencionei a palavra e a ação. É que nele as duas se juntavam. Não só a ação política, mas a de responsável por jornais e pela condução da mais prestigiosa instituição cultural da nossa gente, a Casa de Machado. Exilado por suas ideias, manteve Austregésilo de Athayde uma presença jornalística permanente, de tal modo que o espaço do *Jornal do Commercio*, em que assinava seus artigos, guarda a visão aberta e clara que tinha de nosso tempo e de nossos problemas.

O destino ou Deus (era ex-seminarista e Deus deve ter destacado um anjo da guarda lúcido para o acompanhar), um ou outro, repito, ou os dois, levaram-no à Comissão dos Direitos Humanos da ONU, onde deixou a assinatura brasileira mais importante do nosso tempo.

Sua atividade como repórter colocou-o em contato com homens e acontecimentos em várias partes do mundo. Entrevistou Einstein nos Estados Unidos e quis saber se, depois de haver chegado à teoria da relatividade, ainda acreditava em Deus. Resposta de Albert Einstein:

> – Claro. Deus é o absoluto.

Estilo, tinha-o direto e sem enfeites. Como um Stendhal do jornalismo. Não caía, contudo, no abandono total do adjetivo nem adotava a indiferença fria de quem tudo vê de cima. Pois nele preponderava o entusiasmo, no escrever e no pensar. Era entusiasmado no mostrar o que fazemos e por que o fazemos. Num de seus últimos artigos, sobre o livro *Carta aos futuros analfabetos*, do francês Paul Guth, repetia o que foi o tema de toda a sua vida: só a educação pode salvar uma comunidade.

Guardamos dele a lição que nos deixou, de uma incessante luta em favor do avanço brasileiro, na direção de uma sociedade justa e próspera. Torno a dizer aqui a palavra que a ele sempre vi associada: entusiasmo, que vem do grego *Theo*, "Deus". Ter entusiasmo é "ter Deus em si". Pois Austregésilo de Athayde foi um brasileiro com entusiasmo no entendimento grego da palavra.

Antonio Callado, quarto ocupante da Cadeira número 8, firmou-se, ao longo de mais de cinco décadas, como ponto de referência inconsútil com a própria cultura brasileira. Do jornal passou ao romance e ao teatro, em cada atividade impondo uma severa militância de quem não se exime de suas responsabilidades para com o próximo e para com seu país. Homem de nosso tempo, sentia-se inteiramente identificado com ele. Quando nasceu, em 1917, o mundo estava em guerra. Era um novo tipo de luta, com novidades mortíferas. A morte não mais surgia apenas do Sul ou do Norte, do Oeste ou do Leste. Agora, vinha também do céu. Pela primeira vez, aviões soltavam bombas sobre civis, e estranhos carros de combate, semelhantes a animais antediluvianos revestidos de metal, esmagavam gente, casas, camas, pratos de comida, vasos, brinquedos de crianças.

Toda uma geração, nascida em fins do século XIX, morria nos campos de batalha. Escritores, jovens e não tanto, eram interrompidos em sua prosa ou em sua poesia para empunhar instrumentos de destruição. Na França, Charles Péguy, na Inglaterra, Rupert Brooks – foram alguns dos que não mais pegariam na palavra para exprimir o muitas vezes inexprimível.

Naquele janeiro de 1917, ano conturbado e confuso, que prenunciava tempos difíceis, nascia no Brasil (em Niterói, Estado do Rio), o futuro escritor Antonio Callado, cujo destino seria o de analisar e entender, com um misto de vigor e compaixão, as fraquezas e grandezas de nosso tempo. Para isto existia – e para escrever, sem medo nem remorso. Em entrevista que, em 1972, dei a um jornal de Luanda, em Angola, perguntaram-me qual era a missão de quem escreve. Respondi:

– Cabe ao escritor dizer que o rei está nu.

Insisti posteriormente, várias vezes, nessa tese, que é hoje um lugar-comum. Ninguém conheci, como Antônio Callado, no meu tempo de vida, com mais liberdade interior para dizer verdades como essa. Muito cedo se iniciou no jornalismo, setor em que essa liberdade se tornou mais necessária àquilo que podemos chamar de causa pública. O que dele primeiro li – e nunca mais me esqueci – foi uma crônica publicada em seção chamada "Gong", no *Globo*, final dos anos de 1930. Era sobre o filme *O morro dos ventos uivantes*, na versão de William Wyler, que então alegrava os admiradores de Emily Brontë.

Em 1941, houve a mudança que marcaria a vida de Antônio Callado. Foi então contratado pela BBC de Londres para ali trabalhar. A Europa se achava de novo em guerra, e Londres era a parte do mundo que mais sentia seus efeitos. As qualidades inatas de cavalheirismo, que havia em Antônio Callado, ganharam novo tom na Inglaterra, de onde voltou com o equilíbrio e a tranquilidade de um gentleman. Jamais abandonou, porém, sua força de lutador.

Depois do volume O esqueleto da lagoa verde, livro de jornalismo puro, sobre o desaparecimento do Coronel Fawcett na Amazônia, publicou um romance, Assunção de Salviano, logo seguido de outro, A madona de cedro, que revelavam o alto nível de realização literária que o novo escritor vinha a atingir. A nitidez com que formava seus personagens mostrava que um novo tipo de narrador aparecia na ficção brasileira. Sua preocupação com a justiça levou-o a um interesse no catolicismo de que esse romance é um exemplo maior. O trecho final do livro, de contida e ao mesmo tempo veemente beleza, talvez nos dê a chave do enigma, porque então o que chamamos de interesse de Antônio Callado no catolicismo parece ser uma, até certo ponto, apaixonada curiosidade pelo fenômeno religioso em geral (como o que, no campo da História, revela Toynbee). Quando o personagem de nome Delfino sai pelas ruas de Congonhas do Campo carregando a grande cruz de madeira de Feliciano Mendes, é o Calvário que o romancista encena. Misturando as trivialidades de uma cidade pequena – com as zombarias dos garotos, os pontos de referência das casas comerciais e de pessoas nas esquinas –, é a via-crúcis que um homem do século XX segue ali. E, sem insistir muito no fato, Antonio Callado faz sua personagem sofrer três quedas sob a cruz. Numa delas, é o jornalista que tentara entrevistar o homem da cruz, quem o ajuda a se erguer. Poucos romances brasileiros atingiram tal beleza no seu clímax. O simbólico e o cotidiano se unem, nesse final do livro, de tal maneira, e com tão intensa emoção, que, como em toda boa história, os acontecimentos parecem ter convergido para aquele momento, os fatos anteriores – e foram muitos – como que existiram apenas para criar aquele caminho de um Gólgota mineiro.

O futuro criador de Nando pertencia, porém, a outra luta, a luta pela justiça. Justiça política, justiça social, justiça *tout court*. Acima de tudo, justiça imediata. Sua peça mais importante, *Pedro Mico*, seria escrita no mesmo ano de *A madona de cedro*, em 1957, quando Callado chegava aos 40 anos, isto é, à metade exata de seu tempo de vida. Seguiu-se um tempo de jornalismo para, já depois do movimento de 1964 e da perseguição das forças e dos homens no poder contra a obra e a pessoa de Callado, surgir o romance que o tornou conhecido além-fronteiras, *Quarup*.

Quarup invade a literatura brasileira com um vigor e uma violência que nela raramente havíamos tido antes. Força da natureza, tornado, tempestade furiosa, coisa indomada, *Quarup*, lançado em 1967 – pouco mais de um século depois de *Iracema*, que é de 1865 –, recolheu o indígena brasileiro, romantizado no Segundo Império, e deixou-o vestido com suas tradições nuas, presença indestrutível em nossa cultura. Pegado a uma visão total do Brasil, apanha-o Antônio Callado numa hora de crise, num momento heroico e de luta em que nossa gente se dividia perante o autoritarismo que nos era imposto, alguns achando a situação transitória, outros opinando que, sem luta, essa transitoriedade poderia tornar-se permanente, pelo menos tão permanente ao ponto de engolir duas ou mais gerações. Sabe-se hoje que o romance *Quarup* foi um dos mais contundentes instrumentos dessa oposição. Nele havia também, contudo, ou *pour cause*, o traço de misticismo que despontara em *Assunção de Salviano* e *A madona de cedro*. O personagem principal do romance não apenas é um padre católico, imerso no combate ao arbítrio, mas também interessado em discussões maiores sobre a vida religiosa, como a de possível crença matriarcal numa verdadeira matriologia, uma preeminência mariana sobre qualquer outra figura do calendário hagiológico da igreja católica, na certeza de que Maria, a Virgem, não é superada sequer pela divindade. Trechos de Antônio Vieira aparecem nas discussões sobre o assunto, quando personagens citam palavras do pregador a respeito.

Não se tenha, por isso, a ideia de que Antônio Callado haja escrito, em *Quarup*, um tratado teológico. O romance apresenta, na verdade, um estilo revolucionário, de que o indígena brasileiro faz parte, junto com uma classe média intelectual que, a exemplo de seu equivalente em outros países da América Latina, resolve intervir na composição dos quadros decisórios de cada um. Sob esse aspecto, em *Quarup*, o Brasil se levanta, de corpo inteiro, para julgar e enfrentar uma perigosa ameaça à liberdade.

Cassado em 1969, lança o romancista, dois anos depois, o romance *Bar Dom Juan*, em que a geração dele, e minha, fala pelo Brasil. Outras narrativas se acrescentariam à sua obra – *Sempreviva*, *A expedição Montaigne*, *Concerto carioca*, além de um policial, *Memórias de Alberham House*, em que, num regresso ao passado, usa Londres como espaço da história. Achava Callado que seu melhor livro era o que veio a publicar em 1976, *Reflexos do baile*. Com ele concordo, principalmente por causa da linha poética e do estilo novo com que analisa um tempo e seus desencontros. É romance de uma perfeita estrutura ficcional, que deverá ser mais agudamente compreendido no decorrer do século VI da nossa era particular. Dos menos citados dos livros de Callado, *Retrato de Portinari* é uma obra singular. Panegírico diferente, nela a figura do nosso grande pintor assume o aspecto, correto e concreto, do artista que vive para cumprir sua missão de pintar e, através dela, contribuir para, como diria Teilhard de Chardin, hominizar o homem. A escolha de Portinari para escrever sua única biografia revela o temperamento de um escritor em sua afinidade com um mestre da pintura que dizia:

> O artista é um homem diferente dos demais, pois retém a visão de uma criança.

Esta era também a visão de Antônio Callado, e sabemos que é na infância que sentimos com mais veemência a falta de justiça – e com mais barulho lutamos contra ela. Acima de tudo, é com os olhos da criança que percebemos a nudez do rei.

Formou Antônio Callado, com Ana Arruda Callado, um casal de escritores, dos muitos que temos tido na literatura brasileira, de Raimundo Magalhães Júnior e Lúcia Benedetti a Jorge Amado e Zélia Gattai.

Chego à Academia numa data que faz parte da minha memória pessoal. Pois há 42 anos – em 12 de setembro de 1955 – conheci Zora, Zora Seljan, que se tornou minha mulher. Antigo ditado popular parece ter recebido o acréscimo de uma palavra ultimamente. Este: atrás de todo homem realizado há sempre uma grande mulher. Agora a frase é: atrás de todo homem realizado há sempre uma grande mulher... exausta. Creio que, nesse particular, nossas tarefas foram sempre levadas a efeito com alegria, e a dois. Num dos nossos aniversários de casamento, um grupo de amigos promoveu jantar ao fim do qual muitos fizeram discursos, em geral curtos. O de Zora foi curtíssimo. Disse:

> Muito obrigada, Antonio Olinto, por me ter feito rir durante 40 anos.

Tempos de mudança eram aqueles em que a geração a que pertenço começou a escrever e a dizer ao que vinha. Chamaram-na de "Geração 45". Exa-

tamente em 1945, fundamos – Antonio Fraga e eu, com Luciano Maurício, Ernande Soares, Aldyr Custódio, Hélio Justiniano da Rocha e a participação de Levy Meneses, Paulo Armando e Maria Elvira Pires de Sá – um Grupo Malraux, que montou, no Rio de Janeiro, em 10 de maio daquele ano, uma exposição de poesia. Veja-se a data: dois dias após o fim da guerra na Europa. André Malraux significava, para nós, o equilíbrio entre a meditação e a ação. Terminava também naquele ano o ciclo Getúlio Vargas, iniciado em 1930 e institucionalizado a partir de 1937.
O desejo de unir a ação à meditação pode ter sido a marca de nosso tempo. Possivelmente a marca de 1945. O mesmo desejo pode ter-me conduzido à África, onde se acha uma das matrizes da alma brasileira.
Para escrever meu livro mais recente, *Alcácer-Kibir*, fiz extensas pesquisas, inclusive na crônica *Jornada del-rei Dom Sebastião à África*, na qual encontrei diálogo entre o rei e dom Álvaro da Silva, Conde de Port'Alegre. Tentava este dissuadir dom Sebastião de invadir a África e pôr em perigo a segurança de Portugal. Indignado, o rei exclamou:

> – Que coisa sois, os homens?

Ao que dom Álvaro retrucou:

> – Sabe Vossa Majestade que coisa são os homens? É que não há rei sem eles. Há momentos em que precisamos perguntar: que coisa somos, os brasileiros?

Antes de tudo, somos uma cultura mista. Com isso, quero dizer que somos uma cultura internacionalizada. Nossa raiz *mater*, Portugal, deu-nos uma linguagem e uma linhagem. O segundo elemento constitutivo da cultura brasileira, o indígena, legou-nos aquilo que Lévi-Strauss chama de "pensamento selvagem". Pensamos selvagemente. O pensamento selvagem pensa diferente. O pensamento selvagem é. O pensamento selvagem esfacela a dicotomia sujeito-objeto. A mente que pensa, diante do objeto pensado, transforma-se naquilo que pensa, passa imediatamente a ser a mesa, o rio, a mandioca, a flauta, a dança.

O africano, parte integrante da cultura brasileira, está conosco, geograficamente, há milhões de anos. Pois há milhões de anos, antes da separação dos continentes, a parte saliente do hoje Brasil vivia encravada na reentrância da África Ocidental de agora. Somos, assim, Brasil e África, por diferenças que possam existir nas características de raça, hábitos, ritmo de desenvolvimento, na história e nas instituições de cada parte separada – somos assim, repita-se, o mesmo chão, pertencemos a húmus de calor idêntico: a África é a outra face geográfica do Brasil.

Quando lá moramos, Zora e eu, nas andanças que empreendemos – pesquisando, fazendo conferências, encontrando gente –, se nos interessava identificar algumas raízes africanas do Brasil, acabamos por também achar raízes brasileiras na África. A partir de Lagos, capital da Nigéria, onde estivemos de 1962 a 1964, foi fácil verificar a influência brasileira numa série de aspectos, como a arquitetura, a religião, a língua, a alimentação, as festas, o folclore.

O grande espanto que a Nigéria e o Benin provocam no brasileiro é a existência, em Lagos e em Porto Novo, de bumbas meu boi, estruturados e amados por grande número de descendentes de ex-escravos brasileiros. Ainda hoje há um grito de guerra em ruas de Lagos quando o bumba meu boi sai, com gente exclamando:

> – Olá-lá-lá, brasileiro está na rua.

Na África, senti-me fisgado, arpoado, preso, marcado para o resto da vida. Por onde caminhei depois, comigo veio a África, com sua quentura, suas cores, sua gente, seus cheiros, seus gestos, seu ritmo.

Essa presença africana, intensamente vivida, juntou-se à minha infância e adolescência passadas em seminário católico, preparando-me para ser padre, o que me tornou impermeável a muitas vaidades.

Conversando certa vez com Alceu Amoroso Lima, tentei explicar-lhe por que nem sempre certas benesses me alegravam tanto quanto deviam. É que, depois de ter desejado o sacerdócio, com a certeza de que iria ser intermediário entre Deus e os homens, com o poder de perdoar pecados, tudo o mais parece pequeno. As duas experiências, a do seminário e a da África, se completaram, dando-me a convicção de que não podemos continuar esmagados pela injustiça e pela discriminação que nos cercam.

Estamos na Casa que norteia e orienta, analisa e impulsiona, discute e concilia, honra e enobrece. Estamos no fim de um século e de um milênio, do século XX para todos e do século V de Oliveira Viana.

A nossa geração – que nos abrange a todos, dos mais jovens aos menos – terá de usar total determinação no esforço de criar condições, reais e imediatas, para que toda a nossa população possa participar integralmente das produções do país, do pão à poesia.

Senhores acadêmicos, sou-vos grato pela escolha de meu nome para membro efetivo desta Casa e por me haverdes, com isso, permitido acesso ao que de imortalidade possamos tirar do tempo. Chego a este momento pela mão de Geraldo França de Lima, escritor que, desde o romance *Serras azuis*, nos anos de 1950, já marcara seu lugar na lista das obras permanentes da ficção brasileira. É alegria e honra ser por ele recebido em vosso nome.

Diante de vós, talvez se possa imaginar como será o Brasil do futuro. O pensamento múltiplo, diversificado, conservador ou novidadeiro, que esteja conosco, sugere a invenção de um modo de ser brasileiro, que já existe, mas pode precisar de novas contribuições e acertos. Foi o que senti ao ler, antes da posse de hoje, quase uma centena de discursos feitos por acadêmicos de anteontem, de ontem e de agora. Neles vibra uma agitação permanente que nos indica mais uma direção do que uma estrada. Para levarmos esse movimento à frente, teremos de escrever. É nosso chamado, é o nosso mistério, é a nossa única vitória contra o tempo.

Em 12 de setembro de 1955, uma escritora e um escritor se conheceram no Rio de Janeiro, e desde então dedicaram seus livros um ao outro, em amorosa reciprocidade. Dirijo, por isso, a Zora, neste final de minha fala, uma frase também curta e simples: "Muito obrigado, Zora, por ter-me feito escrever durante 42 anos".

Geraldo França de Lima

Discurso de recepção a Antonio Olinto

(12/09/1997)

Senhor Antonio Olinto,

Desde que, nas condições em que me encontro, me convidastes para receber-vos no instante de vossa sagração acadêmica, implicitamente dispensastes um discurso que, pela forma, pelo conteúdo, pela essência, pelo brilho e esmero de sua composição artística, estivesse à altura da pompa e da gala desta noite em que vos tomais consócio ilustre desta centenária companhia.

Tentei declinar deste momento que, se para mim é honroso, para vós, inesquecível. Fostes mais forte do que eu e agora aqui me tendes. Chegais a esta Casa pela cuidadosa e laboriosa obra literária que vindes realizando com paciência e carinho, através de uma longa jornada inteiramente dedicada à cultura e ao amanho das letras.

Curiosas e inexplicáveis, as estradas de nossa vida a princípio nos parecem retas, destorcem, bifurcam nas surpresas que se justificam sob o vasto espaço que se chama acaso.

Sem dúvida, o que surge em determinado instante, num célere faiscar de olhos, se amplia num acontecimento transcendente com repercussões posteriores.

Será acaso, será destino?

Sem querer entrar nas condições teóricas, inclino-me pelo livre-arbítrio porque temos a capacidade de escolher, de discernir. Incontestavelmente, um mistério envolvido nas brumas desvia nossos passos e por mais que queiramos obedecer à orça imaginada nos desligamos do rumo que tencionávamos seguir.

Será o encontro do homem consigo mesmo ou a situação apontada por Guimarães Rosa referente ao aventureiro que, ao iniciar a nado a travessia de um rio, assinala no barranco o ponto em que quer chegar e, no entanto vai dar metros além.

Como as águas que o levaram, as circunstâncias de nós se apoderam e teimosamente nos arrastam.

Será isto fatalismo?

– Não – respondo eu.

É a vocação que como um botão de rosa vai crescendo, vai constituindo-se, vai compondo-se até triunfalmente abrir-se na beleza espontânea de uma flor.

Um poeta de Minas Gerais, Honório Armond, a quem caberia justa nomeada nas letras nacionais e que preferiu ocultar-se na paz bucólica das montanhas de Barbacena, encontrou também o mistério que se esconde nas brumas e nô-lo revela nestes versos, que não são de protesto, mas ao contrário de tranquila aceitação:

> Fatalidade em vão nós te evitamos!
> Em vão traçamos nós retos caminhos.
> Mas de que servirão nossos reclamos
> Se estes caminhos pelos quais nós vamos
> Enche-los tu de meandros e de espinhos.

Deduz-se que, para o poeta, os meandros são desvios imperceptíveis e os espinhos, o embate que se dá dentro do próprio eu.

Sentia-o também Goethe no Fausto, ao afirmar que duas almas viviam no seu peito. Talvez o bem e o mal, o sim e o não.

A maior luta de um homem é consigo mesmo, entre querer e realizar, insistir e não conseguir. Triunfa aquele que atende à sua vocação. *Voccatur*, ser chamado e para as letras, senhor Antonio Olinto, fostes sorteado. De uma forma lenta, ouvistes os sonidos longínquos da vossa chamada.

Muitas voltas destes, estágios e tentativas, mas enfim nas letras vos realizastes numa obra peregrina e copiosa.

No capítulo das guerras púnicas, Cipião, o Africano, deixou na Ibéria contingentes romanos de soldados e mercenários misturando o *sermo* castrense e o *sermo plebeius* com os elementos fonéticos locais, de onde nasceu o linguajar das Hispânias e, deste, a nossa língua. Quando Portugal se constituiu, a língua já se revestia de roupagens próprias, numa evolução lenta e contínua. No século XV, os portugueses se fizeram aos mares d'outrem nunca navegados, e a língua, depois de ter passado pela África, chegou à Ásia e desembarcou na Terra de Santa Cruz.

No século XVI, Camões, o maior épico da Renascença, salvando das águas revoltas do oceano *Os Lusíadas*, salva também a língua portuguesa, dá-lhe foros de beleza, de suavidade, de independência de "turba de alto clangor", tornando-a cantante e forte.

Senhor Antonio Olinto, esta é o nosso instrumento de trabalho e é ela que vos traz de Ubá a esta Academia secular.

Meu caro consócio,

ambos somos mineiros e basta essa circunstância para que entre nós se estabeleçam laços estreitos e indestrutíveis de afinidades plurais. A cultura mineira, eu diria, os hábitos mineiros são simples mas revelam peculiaridades alicerçadas na sua psicologia e na sua estrutura social. O mineiro é o homem da convivência amena, ama a ordem e detesta o que lhe parece espalhafatoso, contrário à sua maneira de ser. Gosta da fartura e do adorno do seu lar, é prudente e reservado.

Em pleno regime colonial, sopita em Minas um núcleo cultural em que esplendem a pintura, a arquitetura, a escultura, a literatura e a música barroca. A mais antiga orquestra de toda a América nasceu em São João del-Rei e até hoje existe.

Os seminários instituíram o gosto pelo latim e Saint-Hilaire registra as casas da província em que se ouvia fluentemente o francês.

A história política de Minas se inicia com a Inconfidência. Preservamos o respeito a uma noção verdadeira de todas as atividades, mas, se as circunstâncias impõem aos mineiros a restauração da lei desrespeitada ou da ordem ameaçada, não fugiremos à luta e ainda mais uma vez Guimarães Rosa com precisão habitual: "Mas sendo a vez, sendo a hora, Minas entende, atende, toma tento, avança, peleja e faz".

O mineiro sente fascinação pela literatura, tem um xodó pelo poeta, pelo orador e pelo escritor, parecem-lhes seres privilegiados. A Academia tem para ele a altitude do Olimpo. De resto, as academias constituem uma das mais belas tradições de nossas letras. Mal se formavam na Europa, não tardou, repercutiram no Brasil e vamos encontrá-las na Bahia e no Rio. Grêmios ingênuos formados por espíritos simplórios dominados por um acendrado respeito às letras. Só essa motivação absolve seus modestos membros de qualquer pretensão vaidosa. A academia significava para eles a nave de um templo onde se pudesse homenagear a deusa das letras.

A França ensaiava seu domínio intelectual sobre o mundo quando despontou a sua Academia. Organismo composto de homens com suas fraquezas e suas exaltações, certamente terá claudicado na escolha de seus membros. Vultos preclaros, por motivos que a lógica não explica, não lograram o assento naquela jóia literária. Alguém que jamais conheceu o sucesso, assim redigiu seu magoado epitáfio:

Ci gît Piron qui ne fût rien
Pas même académicien.

[Aqui jaz Piron, que nada foi
nem mesmo acadêmico]

As investidas sem razão e com perfídia não cessavam de alvejar a Academia Francesa e então um dos seus membros compôs com graça e humor estes versos precisos:

Quand nous sommes quarante,
Tout le monde se moque de nous.
Alors que nous devenons trente et neuf
Tout le monde à nos genoux.

[Quando somos quarenta,
Todos caçoam de nós.
Mas quando ficamos trinta e nove,
Todo o mundo aos nossos pés.]

Há cem anos, ao cabo de várias tentativas, Lúcio de Mendonça e Medeiros de Albuquerque fundaram esta Casa, que também teve seus adversários e detratores, cujos nomes se esfacelaram na esteira do tempo.
Nossos cem anos representam um quinto da existência do nosso país.

Hoje, mais do que nunca, faz-se mister a vigilância atenta na defesa dos valores superiores e sociogeográficos de nosso idioma face à permissividade antissintática com que a alvejam os meios de comunicação.

Nada mais procedente do que a aspiração de um autor à auréola acadêmica. Todo aquele que preza a sua obra deseja vê-la aceita pelo voto deste colegiado. Longe de ser elitista, longe de posições predispostamente sectárias, a Academia Brasileira de Letras, esta a que ora pertenceis, ainda que pareça um paradoxo, é a mais democrática de todas as instituições nacionais. Não opõe veto à inscrição de qualquer pretendente e aqui dentro não se formam núcleos de apoio ou células de conspiração contra um candidato. Lêdo Ivo afirmou que um candidato pode ser estadista, diplomata, militar, máximo homem de letras, cientista, clérigo, magistrado, mestre de finanças, mas que, uma vez eleito passa a ser única e exclusivamente acadêmico.

As universidades se formaram sob a evocação da *alma mater* e a Academia, sob a evocação do espírito acadêmico, que é simples, ou seja, a convivência harmoniosa e a rigorosa fidelidade às letras.

Senhor Antonio Olinto,

nossa paixão pelas letras inicia-se no lar materno, pois que, para espanto de vossa família, aos 3 anos conhecíeis as letras do alfabeto e precocemente já formáveis frases com sentido nítido e completo.

Nascestes em Ubá, na mata mineira, onde a fazenda constituía a maior expressão econômica do município. No tempo da monocultura, os campos retinham o homem, as cidades eram tranquilas, hospitaleiras e risonhas.

Fostes estudar no seminário de Campos, passastes para o de Belo Horizonte e finalmente completastes vossa preparação eclesiástica no seminário de São Paulo. Mas não vos sentíeis capaz de assumir o sacerdócio católico e em boa paz com a igreja o deixastes. Viestes para o Rio e, na sequência natural dos fatos, dono de invejável formação humanística, fostes lecionar. Estabelecido nesta cidade, organizadas as vossas atividades de magistério, pudestes então convosco encontrar e abraçastes a carreira das letras, que tem sido o vosso pão e o vosso vinho. Apareceis organizando uma exposição de poesia sob a égide de Malraux e esse acontecimento literoartístico ocorreu dois dias após o término da guerra de 39. Em 10 de maio de 45, dáveis o primeiro passo no caminho da arte literária.

Crítico, poeta, contista, romancista, ensaísta, conferencista, biógrafo e jornalista, vossa atividade neste campo não sofreu solução de continuidade. Vosso talento na crítica foi imediatamente reconhecido e no jornal *O Globo* mantivestes uma coluna privativa, "Porta de Livraria", em que comentáveis autores muitos principiantes, assustados e apreensivos.

Era no tempo dos grandes suplementos literários, e a sua leitura aos sábados e domingos se impunha como festa da inteligência.

Fostes um crítico analítico, impessoal e imparcial; jamais vos deixastes levar pela emoção. Soubestes com habilidade separar o escritor de sua obra. A pessoa física do autor não vos interessava, queríeis conhecer, analisar a peça escrita. Nunca deixastes de salientar os elementos aflorados. Mesmo discordando, vossa sentença era polida, acaso encorajadora, respeitando a capacidade criadora de todo aquele que não temia atirar-se no torvelinho da audácia.

"Porta de Livraria", sem negar ou desconhecer outros méritos, é das marcas mais expressivas de vossa atividade de beletrista. No vosso magnífico trabalho sobre André Gide, manejastes a pena com um profundo conhecimento da matéria, porque o estudado apresenta muitas vezes na sua obra aspectos que aparentemente se chocam, mas, ao contrário, possuem uma fluidez serena e contínua. André Gide foi e será sempre uma presença marcante.

Sois grande no conto, não há gênero que demande tantos cuidados como requer o conto, como um relógio de peças mínimas em que cada uma destas tem de ser rigorosamente encaixada, tal como a palavra certa na sua colocação precisa, pois do contrário se perderia o equilíbrio narrativo.

Na poesia, vosso estro nada fica a dever ao estro de nossos grandes poetas. Considero a poesia brasileira das mais belas e tocantes. Observava Bernanos que a terra brasileira por seus atrativos, pelo seu telúrico poder de assimilação e sobretudo pela suavidade da nossa alma é uma sugestão permanente ao verso. Quem lê vossa poesia não a esquece, porque ela envolve o leitor numa intensa emoção.

Vossa poligrafia literária compreende conferências em que versais temas atraentes intimamente ligados à nossa terra. Centenas de palestras vindes pronunciando, posso dizer sem exagero, nas universidades da América, da Europa, da Ásia e da África.

Com uma fertilidade impressionante nunca vos repetistes. Se a originalidade não é fácil, sabeis de tal modo trabalhá-la que nas vossas mãos constantemente se renova.

Poliglota, soubestes traduzir com fidelidade o texto vernáculo sem contorcê-lo nem alterá-lo.

Como adido cultural em Lagos e em Londres, divulgastes com incessante atuação não só os escritores como igualmente o Brasil em toda sua formação econômica e cultural.

Senhor Antonio Olinto,

tendes praticado todos os gêneros da literatura, tão vasta e comprida é a vossa obra que só por amostragem posso inseri-la nesta saudação. Tenho para mim que o fulgor do vosso talento criador se acusa na prosa dos vossos romances, todos eles revestidos da característica essencial – a forma, o tema e a mensagem. Transportais para cada um deles não só experiência e vivência, mas ainda o poderio de vossa imaginação, sabendo criar um universo fictício que perfeitamente se aproxima da realidade. Vosso romance *Copacabana* é uma fotografia tão bem tirada, tão bem revelada que não necessita de retoques. O *cinema de Ubá* retrata não só a casa de projeção daquela cidade, mas os cines de todas as cidades interioranas – o filme, o piano, o violino. Esse cinema é parte integrante de vossa infância. Propriedade de vosso pai, para lá leváveis vossos companheiros daquela quadra.

Extraordinário veículo de cultura o cinema, tanto o mudo quanto o sonoro!

Tempo de palhaço é a realidade de braço com a fantasia. O mineiro de Piau deixa Minas, vai para Paris, se envolve nas manifestações estudantis de protesto a propósito do 14 de julho e acaba matriculando-se numa escola de palhaço em Londres, integrando-se na nobre profissão que só deseja fazer o bem através do riso.

Senhor Antonio Olinto,

em 1961, Tancredo Neves vos nomeou adido cultural em Lagos. Por sua natureza, um cargo de divulgação da inteligência brasileira. Não vos esquecendo de vossa obrigação principal, mergulhastes na alma da África, continente espoliado.

Iniciada a colonização da América atlântica, o negro foi trazido para cá como escravo e força de trabalho.

A ambição argentária reduziu a África a uma praça de negócios, explorando todas as suas fontes de riqueza, desde as minerais até a maior, que é o homem. Ignoraram os valores estruturais da raça camítica, a força de seus elementos morais, com suas lendas, com sua religião, com suas tradições tão fortes que, apesar da escravidão, se mantiveram acessos e sobrevivem até hoje em toda a América.

De vossa ternura pela África nasce a trilogia – *A casa da água*, *O rei de Keto* e *Trono de vidro*, que formam uma saga de uma das mais belas aventuras, com o espírito de uma gesta moderna. Extraordinária sequência de predadores, dos matadores de elefante, dos desalmados exploradores do negro, enfim, a África inviável ou então só possível se submetida ao guante dos colonialistas insaciáveis.

Senhor Antonio Olinto,
sois um africanista que traçastes da África um perfil exato, defendeis os valores da cultura local, dais-nos uma África humana, esperançosa de viver em paz com seus mitos, com seus deuses, com suas tradições.

Vossa atividade é incansável, não há muito elaborastes uma história da literatura brasileira em que, mais uma vez, mostrastes vossa capacidade de reflexão, de análise e de julgamento, que se inclui na vossa folha de serviços às letras brasileiras. Publicada na Itália, não só alcançou sucesso como se tornou fecunda fonte de informações.

Vossa obra está traduzida em todos os continentes, em 19 línguas, discutida, comentada em mais de setenta universidades e, sem exagero, sois um dos brasileiros mais lidos no exterior. Possuís o raro dom de saber comunicar-vos não só no vernáculo, quanto em inglês, francês, espanhol e italiano, que com sobranceria dominais.

Na Inglaterra, fundastes um jornal em língua inglesa, *The Brazilian Gazette*, veículo de curso rápido e com seleta receptividade.

Fui, como fostes, professor de história, já estudada sob os postuladores modernos, que afastam a narrativa e exigem o debate profundo da razão dos fatos. Na sua apreciação tanto fria quanto objetiva, Chesterton, tão amado e querido por nosso inesquecível Alceu, ensina que só existe uma lei histórica – o imprevisto.

Sem dúvida, por mais que veladamente a Espanha viesse conspirando contra a independência de Portugal, jamais se admitiu que um dia o Velho Reino, por inesperado erro na batalha de Alcácer-Kibir, favorecesse as artinhosas maquinações da corte de Madri. Esse episódio histórico desenvolveis no vosso último romance, *Alcácer-Kibir*. Soubestes escrevê-lo com maestria, fugindo da seca efabulação. Nele introduzistes ajustadas linhas de ficção sem, contudo, prejudicar aquele imprevisto estratégico no solo da África, que tão fortemente beneficiou o Brasil, eliminando a linha de Tordesilhas, que reduzia o nosso território a pouco mais de dois milhões de quilômetros quadrados.

As vossas páginas emocionam tanto como as aventuras fantásticas da trama e dos rasgos dos destemidos enamorados da morte.

Senhor Antonio Olinto,

vossas atividades gerais não se cingiram ao nobre ofício de escritor, se bem que esta haja sido a linha norteadora de vossas ações.

Diretor do Serviço de Documentação do Ministério da Viação, criastes ali um instrumento de divulgação, a revista *Brasil Constrói*, em português, francês e inglês, e mais adiante publicastes igualmente ricos volumes daquela secretaria de estudos sob a adequada denominação Coleção Mauá.

Preocupado com a dificuldade de autores encontrarem seus editores, tivestes a iniciativa de instituir prêmios literários e dentre esses o Walmap, até então o de maior valor econômico, com larga repercussão nacional e mesmo internacional.

A Academia Brasileira de Letras vos observa com interesse e, na primeira oportunidade, vos concedeu o prêmio Machado de Assis, reservado para o conjunto de obras.

Na vossa caminhada ascensional, tendes tido ao vosso lado extraordinário vulto de mulher, a vossa mulher Zora Seljan.

Escritora, também polígrafa, também teatróloga, com peças encenadas em Londres coroadas de justo e merecido sucesso.

Possuidora de grande cultura, soube entender-vos e compreender-vos, proporcionando-vos, sobretudo um lar feliz. Sempre junto de vós, tem sido a estrela que ilumina vossos caminhos, administradora eficiente, está ao vosso lado na direção do jornal *Brazilian Gazette* e jamais permitiu que, nas horas difíceis, comuns a todos os homens, o desânimo vos dominasse.

Mineira de Ouro Preto, pôde sentir-se orgulhosa de ser conterrânea do árcade Cláudio Manuel da Costa, podendo para seu gáudio repetir:

> Destes penhascos fez a natureza
> O berço em que nasci...

Vossa mulher e vós vos completais numa afinidade que vos mantém unidos.

Senhor Antonio Olinto,

nesta noite, a Academia Brasileira de Letras se engrandece, pois vem nela conviver um espírito de autêntica formação humanística, de extraordinária atividade intelectual, de rara sensibilidade, que moldura seus livros com o mais puro lavor artístico.

Esta Casa está feliz, porque de agora em diante é também vossa.

Beth Almeida: Antonio Olinto conheceu Beth Almeida em 1982-1983, quando ela foi trabalhar no escritório carioca da *Brazilian Gazette*, jornal editado pelo escritor e sua mulher, a escritora Zora Seljian em Londres. Eficiente, logo ela angariou a simpatia e confiança dos dois, sendo convidada a executar suas tarefas na casa deles, quando o casal se encontrava no Rio. De lá para cá, Beth tornou-se secretária, arquivista, bibliotecária-chefe, curadora do acervo de arte, assessora, editora-assistente, braço direito, amiga.

Neste episódio, um resumo do carinho por ela e a certeza de que, com Beth presente, tudo se torna melhor:

— A Zora, que foi comunista em sua juventude, foi presa com o filho de seis meses nos braços e levada para o DOI-Codi. Quando o Evandro Lins e Silva, então um jovem advogado, soube disso, ficou indignado, foi ter com ela e não arredou pé enquanto não obteve sua soltura. Por isso, Zora tinha por ele uma enorme gratidão. Ele morreu muito idoso, por causa daquele tombo no aeroporto em que bateu com a cabeça no meio-fio. Cheguei em casa e contei a ela o que havia acontecido. Consternada, ela comentou: "É, ele não tinha uma Beth a seu lado..."

Dom Helder Câmara: Helder Pessoa Câmara nasceu em Fortaleza no dia 7 de fevereiro de 1909. Aos 14 anos, entrou no Seminário da Prainha de São José. Sua atuação pastoral foi marcante, em favor dos pobres e oprimidos. Foi bispo com atuação no Rio de Janeiro e arcebispo emérito de Olinda e Recife, um dos fundadores da Conferência Nacional dos Bispos do Brasil (CNBB) e um campeão da luta pelos direitos humanos durante o regime militar no país (1964-1984). Recebeu o Prêmio Martin Luther King, nos EUA, e o Prêmio Popular da Paz, na Noruega, entre outros. Indicado quatro vezes para o Prêmio Nobel da Paz pelo exercício de sua "não-violência ativa". Faleceu em 27 de agosto de 1999. Corre no Vaticano em seu nome, desde 2008, um processo de beatificação.

Gerardo Mello Mourão: Poeta nascido em Ipueiras (CE), em 8 de janeiro de 1917 e faleceu no Rio de Janeiro, em 9 de março de 2007. Jornalista, poeta e escritor, assinou uma das mais vigorosas obras em língua portuguesa, com destaque para *O valete de espadas* (romance), *Os peãs* e *Invenção do mar* (poesia), *A invenção do saber* (ensaio). Católico praticante, foi integralista, tendo sido preso 18 vezes na Era Vargas (1930-1945) e durante a ditadura militar (1964-1985). Foi indicado duas vezes para o Prêmio Nobel de Literatura. Correspondente do jornal *Folha de S. Paulo*, tornou-se o primeiro jornalista sul-americano baseado na China.

José Condé: Pernambucano de Caruaru, nascido em 1917. Autor do livro *Venturas e desventuras do caixeiro-viajante Ezequiel Vanderlei Lins, o seu Quequé para os íntimos*, que narra a história de um caixeiro-viajante casado com três mulheres. A TV Globo produziu com enorme sucesso a minissérie *Rabo de saia*, baseada nesse personagem. Jornalista, Condé dirigiu pequenos jornais e trabalhou no *Correio da Manhã* e na Agência Nacional, além de atuar na Editora José Olympio. Com seus irmãos, o médico e escritor Elysio e o escritor e colecionador João, Condé fundo o *Jornal das Letras*, decisivo para o lançar e firmar carreiras, com seus concursos literários e páginas abertas para autores como Carlos Drummond de Andrade, Clarice Lispector, Rachel de Queiroz. Entre outros romances, publicou *Um ramo para Luísa* e *Pensão Riso da Noite: Rua das Mágoas*. Faleceu em 1971.

Mãe Senhora: Mãe Senhora, Maria Bibiana do Espírito Santo, foi ialorixá do Ilê Axé Opô Afonjá nas décadas de 1950 e 1960. Iniciada ainda muito jovem por Eugênia Ana dos Santos, a Mãe Aninha, fundadora do Axé, a partir de 1938, deu continuidade ao estilo de liderança dela, baseado em rigoroso respeito à tradição, à hierarquia e à dedicação aos orixás – caracterizada também pela divulgação da cultura africana entre artistas e intelectuais recebidos em sua casa. Nasceu em Salvador em 1890 e foi ialorixá do Opô Afonjá até sua morte em 1967. Estabeleceu laços com governantes e religiosos africanos e foi uma das responsáveis pela popularização do candomblé na Bahia e depois no restante do país.

Osvaldo Orico: Nascido em 1900 em Belém (PA), foi jornalista, professor, diplomata, poeta, contista, romancista, biógrafo e ensaísta. Pai da atriz do cinema brasileiro Vanja Orico (a Maria Clódia de *Os cangaceiros*, 1952). Foi um dos lançadores do Movimento Modernista no Pará. Em 1919, foi estudar direito no Rio de Janeiro e entrou para o serviço diplomático. Morreu em 1981.

Rubem Braga: Considerado o maior cronista brasileiro. Natural de Cachoeiro do Itapemirim (ES), nasceu em 12 de janeiro de 1913 e faleceu em 19 de dezembro de 1990. Estudou em Niterói, no Rio de Janeiro e formou-se em direito em Belo Horizonte – já depois de cobrir a Revolução Constitucionalista de 1932 para os Diários Associados. Ali se casou com a também jornalista Zora Seljan em 1936. Foi correspondente de guerra para o *Diário Carioca*, do que resultou *Com a FEB na Itália*, de 1945. De volta ao Brasil, sempre na imprensa, morou em Recife, Porto Alegre e São Paulo antes de fixar-se no Rio. Em 1968, fundou com os escritores Fernando Sabino e Otto Lara Resende a Editora Sabiá, responsável pela afirmação de autores brasileiros e latino-americanos. Representou o Brasil no exterior em várias ocasiões. Quando faleceu, era cronista contratado da TV Globo. Deixou uma vintena de livros, entre os quais *O conde e o passarinho*, *A cidade e a roça*, *Ai de ti, Copacabana*.

Zora Seljan: Jornalista e folclorista, nasceu em Ouro Preto, em 7 de dezembro de 1918, filha de mãe mineira e pai croata – o arqueólogo Stevo Seljan, que veio ao Brasil estudar a região amazônica com o irmão, Mirko, e não pôde regressar a seu país por causa da Segunda Guerra Mundial. Zora casou-se, aos 17, com o cronista Rubem Braga, de quem teve um filho, Roberto. É autora de diversos livros e peças inspiradas na cultura afro-brasileira: *Três mulheres de Xangô*, *Oxum Abalô* e *Exu, cavaleiro da encruzilhada*. Nos anos 60, tornou-se uma das pioneiras da prosa de ficção científica, aparecendo em *Antologia brasileira de ficção científica* e em *Histórias do acontecerá*. Reuniu seus textos do gênero em *Contos do amanhã*, de 1978, e escreveu também literatura infantil. Faleceu em 25 de abril de 2006.

Sobre o autor

João Lins de Albuquerque é jornalista e escritor. Nasceu em Sorocada (SP), em 1943, e se formou pela Faculdade Nacional de Direito do Rio de Janeiro, hoje Universidade do Brasil. Ainda estudante, trabalhou em emissoras de rádio, transferindo-se em 1968, depois de formado, para a BBC de Londres. Cursou a London School of Economics e, em 1970, passou a trabalhar na Swedish Broadcast Corporation, em Estocolmo. Em todo esse período, foi correspondente internacional de publicações de língua portuguesa, como o diário *Folha de S. Paulo* e a revista *Visão*, do Brasil, e o jornal *Expresso*, de Portugal.

A partir de 1989, a convite do Secretário Geral das Nações Unidas. foi porta-voz e chefe de informação da Missão da ONU em Angola (Unavem), chefe de informação da Missão da ONU no Camboja (Untac) e porta-voz e chefe de informação da Missão da ONU em Moçambique. Em 1955, tornou-se chefe da Rádio das Nações Unidas em Nova York. Além de ensaios e surveys, como "Suécia: o preço da prosperidade", "URSS: A fabricação de um sonho"e "Anatomia do Prêmio Nobel", entre outros, é o autor do livro *Conversações – Entrevistas essenciais para entender o mundo*, prefaciado por Antonio Olinto. Vive no Rio de Janeiro.

foto: José Aparecido Miguel

2009: AO e seu entrevistador, João Lins de Albuquerque, no apartamento da Rua Duvivier, atopetado de livros e arte africana; e, na página ao lado, com a inseparável Beth ao sol de Copacabana.

Direção editorial & Edição de texto
MIRIAN PAGLIA COSTA

Coordenação de produção
HELENA MARIA ALVES

Preparação de texto & revisão de provas
PAGLIACOSTA EDITORIAL
RITA DE SOUSA

Ensaio fotográfico 2009
JOSÉ APARECIDO MIGUEL

Iconografia do Acervo de Antonio Olinto
BETH ALMEIDA
Instituto Cultural Antonio Olinto (ICAO)

Pesquisa iconográfica complementar
MIRIAN PAGLIA COSTA

Capa, projeto gráfico & editoração eletrônica
YVES RIBEIRO FILHO

CTP, impressão & acabamento
ASSAHI

Impresso no Brasil
Printed in Brazil

Formato	16 x 23 cm
Mancha	11,3 x 17,8 cm
Tipologia	Garamond (11/13,2) e Calibri
Papel do miolo	Printmax 90gr/m²
Papel da capa	Cartão supremo 275gr/m²
Páginas	320